Billi Bierling/Karin Steinbach

Ich hab ein Rad in Kathmandu

Billi Bierling
mit Karin Steinbach

ICH HAB EIN RAD IN KATHMANDU

Mein Leben mit den Achttausendern

Tyrolia-Verlag • Innsbruck-Wien

In Andenken an meinen
Vater Erwin Bierling und an meine
Mentorin Elizabeth Hawley

Begegnungen mit Menschen

Vorwort von Gerlinde Kaltenbrunner

Als Billi mich fragte, ob ich das Vorwort für ihr Buch schreiben würde, kamen mir unzählige Dinge in den Sinn, da sie wohl einer der vielseitigsten Menschen ist, die ich kenne. Es gibt wenig, was sie nicht ausprobiert, sie sagt selten Nein und ist immer offen für Neues. Manchmal ist es schwierig, mit ihr mitzuhalten und nachzuvollziehen, wo sie sich gerade befindet oder welchen Job sie gerade ausübt. Sie mag Menschen und hat keine Scheu, mit ihnen in Kontakt zu treten. Egal mit wem sie ins Gespräch kommt, sie ist verbindlich, vermittelnd und wohlwollend. Ob in Kathmandu, Kyiv oder Duschanbe, die Menschen erinnern sich an Billi, da sie mit ihrer positiven Einstellung, ihrer Fröhlichkeit und ihren aufmunternden Worten einen bleibenden Eindruck hinterlässt.

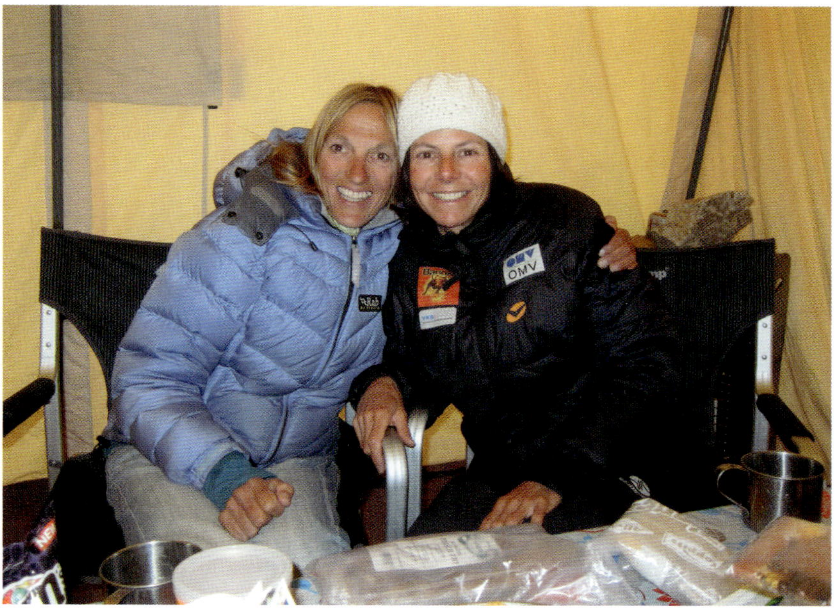

Der Beginn einer langen und tiefen Freundschaft: 2012 mit Gerlinde im Basislager des Mount Everest.

Ihre wohlwollende Art durfte ich selbst erleben, als ich 2006 von meiner unglücklichen Dhaulagiri-1-Expedition nach Kathmandu zurückkam. Damals wurde das Lager 2 von einer Lawine verschüttet, aus der ich mich befreien konnte; zwei spanische Freunde im Nebenzelt schafften das nicht und starben. In Kathmandu wollte ich eigentlich mit niemandem darüber sprechen, da ich selbst noch so verzweifelt war. Aber dann kam Billi, die mich für die Himalayan Database von Miss Hawley, die ich bereits seit vielen Jahren kannte und sehr schätzte, interviewen wollte. Anfangs zögerte ich, aber als ich sie sah, wusste ich, dass ich ihr vertrauen und ihr meine Erlebnisse schildern konnte. Sie kam zwar als Journalistin zu mir, jedoch konnte ich in ihr sofort den Menschen Billi erkennen. Sie war eine Frau, die mir einfach nur zuhörte und mich verstand. Einerseits weil sie selbst Bergsteigerin ist, andererseits weil sie ein großes Einfühlungsvermögen hat.

Über die Jahre sind wir sehr enge Freundinnen geworden und haben einiges miteinander erlebt, was uns zusammengeschweißt hat. Sie hat mich in ihre Welt eintauchen lassen und ich sie in meine. Wir teilen viele gemeinsame Interessen, haben ähnliche Passionen, freuen uns beide über Begegnungen mit anderen Menschen und Kulturen und möchten mehr über sie erfahren.

Aus diesem Grund freue ich mich sehr, dass Billi ihre faszinierenden Erfahrungen mit den unterschiedlichsten Persönlichkeiten aus der ganzen Welt in Worte gefasst hat. Denn in diesem Buch geht es nicht um die Besteigungen von Bergen, die ja oft sehr ähnlich ablaufen. Es handelt von Billis Begegnungen mit den Menschen rund um die Himalaya-Gipfel und während ihrer Arbeit mit der Humanitären Hilfe der Schweiz. Genau diese Geschichten sind es, die spannend und prägend sind und die uns lange in Erinnerung bleiben.

Attersee, im Dezember 2022
Gerlinde Kaltenbrunner

Inhalt

Ganz unten und ganz oben 9

Erste Schritte im Himalaya 13

Das rosa Clipboard 41

Jenseits der Berge 89

Von Garmisch in die Welt 141

Die Chefs am Berg 157

Abschied von Miss Hawley 195

Eine neue Ära 213

Mit dem Bike durch Nepals Hauptstadt 233

Dank 236

Ganz unten und ganz oben

AN DIESEN MOMENT ERINNERE ICH MICH, als wäre es gestern gewesen. Es war wohl im Januar, vor ziemlich genau 20 Jahren. Ein Föhntag, blauer Himmel, einzelne Linsenwolken. Die Stadt Bern leuchtete. Ich hatte es in meiner Wohnung in der Wyttenbachstraße nicht mehr ausgehalten und war zu einem Spaziergang aufgebrochen, was auf den Krücken anstrengend war und lange dauerte. Vom Breitenrain humpelte ich am Kursaal vorbei in Richtung Aare. Als ich über die Kornhausbrücke den Fluss überquerte, standen sie direkt vor mir: Eiger, Mönch und Jungfrau, das Dreigestirn der Berner Alpen. Auf ihre Gipfel hatte ich es noch nicht geschafft, obwohl ich in den beiden vergangenen Jahren, seit ich als Journalistin in der Schweiz arbeitete, einige große Bergtouren unternommen hatte mit den vielen netten Menschen, die ich in dieser Zeit kennengelernt hatte.

Ich spreche oft von meinem schönen, bunten Leben, wenn ich von mir erzähle. Meistens empfinde ich mein Leben auch als genau das: reich an Erlebnissen, reich an Begegnungen, reich an Abwechslung. In diesem Moment aber fühlte ich mich am Boden zerstört. Im Sommer zuvor hatte ich beim Joggen immer häufiger einen ziehenden Schmerz in meiner rechten Leiste wahrgenommen. Dazu muss man wissen, dass ich eine leidenschaftliche Läuferin bin und es kaum einen Tag gibt, an dem ich nicht mindestens acht Kilometer jogge; es können aber auch durchaus 15 oder 20 Kilometer sein. Ohne gelaufen zu sein, fühle ich mich nicht wohl. In jenem Jahr hatte ich für den Berlin-Marathon trainiert. Ich hatte den Schmerz ignoriert, mir gesagt, dass es sicher nur eine Muskelverspannung sei, und war weiter gejoggt. Eines Morgens, als ich wieder beim Laufen war, tat die Leiste so heftig weh, dass ich dann doch zum Arzt ging. Der konnte keinen klaren Befund erstellen, gab mir zur Entlastung Krücken und überwies mich, als meine Beschwerden nicht besser wurden, schließlich an einen Sportarzt.

So war es Ende September geworden, der Berlin-Marathon stand vor der Tür. Obwohl an Joggen nicht mehr zu denken war, wollte ich, bevor in der Woche darauf der Termin beim Sportarzt anstand, wie geplant nach Berlin reisen, um wenigstens meine Freunde zu sehen. Am Flughafen in Zürich rutschte ich mit meinen Krücken aus und stürzte zu Boden. Irgendwo in meinen Knochen krachte es, und ich schrie vor Schmerz so laut auf, dass die Leute um mich herum stehen blieben. In meinem Kopf war aber immer noch der Gedanke: »Das ist nur eine Muskelverspannung.« Immerhin bat ich die Stewardess am Gate, mir einen Rollstuhl zu organisieren. Das ganze Wochenende über hatte ich furchtbare Schmerzen. In Berlin wollte ich aber nicht ins Krankenhaus, denn ich war ja in der Schweiz krankenversichert. So lag ich also, während meine Freunde am Marathon teilnahmen, auf dem Sofa und verfolgte den Lauf am Fernseher. Zu den körperlichen Schmerzen kam noch etwas anderes: Auch Mike war von England nach Berlin gekommen, um den Marathon mitzulaufen. Wir waren erst seit drei Monaten kein Paar mehr. Auch wenn ich es gewesen war, die sich von ihm getrennt hatte, tat es trotzdem weh, ihn zu sehen – erst recht, weil er nicht verbergen konnte, wie verliebt er in seine neue Partnerin war.

Am Montagmorgen flog ich zurück in die Schweiz. Ich bat einen Freund, mich abzuholen und zum Arzt zu fahren. Nach dem Röntgen war der Befund klar: Der Oberschenkelhals war durchgebrochen, vermutlich war er vor meinem Sturz im Flughafen schon angebrochen gewesen. Mein Arzt sagte dazu nur: »Ich habe in meinem Leben schon viele Simulanten gesehen, aber eine solche Dis-Simulantin wie Sie habe ich noch nie erlebt.« Ich wurde operiert und der Bruch mit Schrauben fixiert, anschließend standen mir acht Wochen auf Krücken bevor. Unglücklicherweise rutschte ich drei Wochen nach der Operation noch einmal aus. Ich befürchtete, dass sich etwas verschoben haben könnte, und ließ das überprüfen. Trotz der Entwarnung von ärztlicher Seite verließ mich das Gefühl nicht, dass etwas nicht stimmte. Als ich nach zwei Monaten wieder zur Kontrolle ging, wurde festgestellt, dass der Bruch falsch zusammengewachsen war. Ich musste also nochmals operiert werden.

Fast das Schlimmste an dieser niederschmetternden Diagnose war, dass ich noch eine ganze Woche auf den zweiten Operationstermin warten musste, in dem Wissen, dass der Arzt die Schrauben entfernen und den Oberschenkelhals durchsägen würde, um den Bruch neu zu justieren. Und sie bedeutete, dass ich noch einmal von vorn anfangen musste, noch einmal acht Wochen mit Krücken gehen würde, noch einmal ein Jahr lang eine dritte Operation vor mir hätte, um die Schrauben wieder herausnehmen zu lassen. Als ich nach dem Eingriff im Krankenhaus lag, fiel ich psychisch in ein tiefes Loch. Ich hatte keine Geduld mehr, und ich konnte es nicht mehr hören, wenn meine Freundinnen sagten, das habe schon seinen Sinn, mein Körper müsse sich endlich einmal ausruhen. Bei einem Besuch meiner Familie in Garmisch soll ich sogar, auf dem Sofa liegend, den Wunsch geäußert haben, nicht mehr leben zu wollen – eine Aussage, die dann doch eher untypisch für mich ist.

Außerdem fühlte ich mich einsam. In der neunjährigen Beziehung mit Mike hatten wir alles gemeinsam unternommen, es hatte uns eigentlich nur zu zweit gegeben. Wir waren gemeinsam geklettert, hatten gemeinsam unsere Begeisterung für den Himalaya entdeckt, waren Tag und Nacht zusammen gewesen. Mir hatte das Bergsteigen mit Mike Freude gemacht, aber ich hatte mir auch oft die Frage gestellt, ob ich es nur ihm zuliebe machte oder ob ich selbst wirklich Spaß daran hatte. Zuletzt wurde mir unsere Partnerschaft zu eng, ich wollte wieder mehr mein eigenes Leben leben. In dieser Phase der Ablösung lernte ich den Schweizer Bergführer Stéphane Schaffter kennen, der schließlich der Auslöser dafür war, dass ich mich von Mike trennte. Auch er war ein fanatischer Bergsteiger, ein faszinierender, aber sehr vereinnahmender Mensch. Wieder hinterfragte ich, ob die Touren, die ich mit Stéphane unternahm, wirklich meinen eigenen Wünschen entsprachen. Unsere Beziehung hielt nicht lange; als ich das zweite Mal operiert wurde, war ich bereits wieder allein.

So war ich auch auf meinen Krückenspaziergängen meist allein unterwegs. Damals auf der Kornhausbrücke blieb ich stehen und schaute auf die weiß leuchtenden Schneekuppen von Eiger, Mönch und Jungfrau – in Bern liegen die Berge bei Föhn praktisch vor der Türschwelle. Von ihnen ging ein regelrechter Sog aus. Ich empfand eine große Sehnsucht nach den Gipfeln, die nicht nur darauf beruhte, dass ich aufgrund meiner Verletzung schon lange nicht mehr in der Höhe gewesen war. In diesem Moment wurde mir klar, dass es mich in die Berge zog, nicht irgendjemand anderem zuliebe, sondern weil ich sie mochte, weil ich gern dort unterwegs war. Die Frage, die ich mir so oft gestellt hatte, löste sich auf. Ja, ich wollte weiterhin bergsteigen, auch ohne Mike, auch ohne Stéphane, nur für mich.

Zu diesem Zeitpunkt hatte ich noch keine Ahnung, welch wichtige Rolle die Berge für mich noch spielen würden. Hätte mir damals, an diesem Tiefpunkt meines Lebens, jemand prophezeit, dass ich eineinhalb Jahre später nach Nepal gehen und mich intensiv mit dem Höhenbergsteigen beschäftigen würde – oder eines Tages selbst auf sechs der höchsten Berge der Welt, einschließlich des Mount Everest, stehen würde –, ich hätte ihn für verrückt gehalten.

Erste Schritte im Himalaya

WENN ICH GEFRAGT WERDE, wie meine Beziehung zu Nepal begann, antworte ich immer, dass ich mich auf meiner ersten Trekkingreise 1998 in das Land verliebt habe. Bewusst geworden ist mir das aber erst im Nachhinein. Lese ich in meinem Tagebuch nach, stehen da durchaus auch kritische Töne. Sie haben allerdings vor allem damit zu tun, dass ich damals, mit Anfang dreißig, körperliche Anstrengungen weit weniger schätzte als heute. Zudem war es meine erste Reise nach Asien, alles war neu für mich. »Kathmandu selbst ist eine erstaunliche Stadt. Es wimmelt dort nur so von Menschen, Autos und Fahrrädern. Die Autofahrer sind ständig am Hupen«, beschrieb ich meine ersten Eindrücke. Das Tagebuch liest sich aus heutiger Sicht recht amüsant, etwa wenn ich froh war, dass wir vom Flughafen abgeholt wurden, denn »in diesem Chaos hätte ich wahrscheinlich gleich Panik bekommen«.

Ich lief mit großen Augen durch das Touristenviertel Thamel mit seinen vielen Shops und fand es unglaublich, dass es in Kathmandu vom Pub bis zum Internet-Café alles gab. Schon am dritten Tag ging es mit dem Bus weiter zum Ausgangspunkt unseres Trekkings, nach Barabise, gute 200 Kilometer östlich von Kathmandu. Unterwegs war ich mit Mike, meinem damaligen Lebenspartner, mit dem ich in England lebte, und dreien seiner Freunde, von denen zwei wie er Mediziner waren. Sie hatten ihr Studium beendet und wollten, bevor der Ernst des Lebens losging, ein halbjähriges Sabbatical einlegen und bergsteigen gehen. Ihr Plan war, drei Monate nach Nepal zu reisen und anschließend, wenn der Monsun begann, für drei Monate nach Südamerika. Irgendwann hatte Mike mich gefragt, ob ich auch mitkommen wollte. Natürlich wollte ich das, ich will ja überall dabei sein! Wie es so meine Art ist, hatte ich mir im Vorfeld keine großen Gedanken gemacht, was da auf mich zukam und was es bedeuten würde, sechs Monate unterwegs zu sein – ich fuhr einfach mal los. Und so machte ich mir auch gar nicht bewusst, dass »normale« Trekkingreisen in Nepal nie so lang dauern: Mike hatte 73 Tage geplant.

Für diese Reise musste ich richtig investieren. An Ausrüstung hatte ich nichts, ich musste mir alles kaufen: Schalenbergschuhe, Steigeisen, Schlafsack, Daunenbekleidung. Mir wurde richtig schwindlig, wie viel Geld ich ausgeben musste. Die großzügigen 500 Mark, die meine Schwester und ich jeweils von meinem Vater zum Geburtstag bekamen, gingen schon nur für die Plastikbergschuhe drauf, die man damals trug. Ich stand bei Sport Conrad in meiner Heimatstadt Garmisch an der Kasse, und mein Herz blutete, als ich bezahlte. Was tat ich hier? Gab so viel Geld aus für eine Unternehmung, von der ich nicht wusste, ob sie mir Spaß machen würde – ich, die in jungen Jahren schon zum Spazierengehen zu faul gewesen war und das Wandern immer gehasst hatte? Ein paar dieser allerersten Ausrüstungsstücke fürs Höhenbergsteigen, eine knallrote Fleece-Latzhose und einen viel zu großen Daunenanorak, habe ich aus einer nostalgischen Anwandlung heraus bis heute behalten. Auch liegen die völlig durchlöcherten Wanderschuhe von dieser ersten Trekkingtour noch immer im Keller meines Elternhauses.

Als es dann losging und wir uns mit unseren Sherpas und mehr als dreißig Trägern ins Rolwaling-Tal aufmachten, wunderte ich mich, dass wir westliche Kunden so zuvorkommend bedient und uns am Morgen heißer Tee und warmes Waschwasser zum Zelt gebracht wurden. Ich brauchte eine Weile, um mich daran zu gewöhnen und dabei kein schlechtes Gewissen mehr zu bekommen. Im Lauf dieser Wochen lernte ich noch einiges andere: etwa die Hierarchie zwischen dem Sirdar – dem Chef der Träger –, den

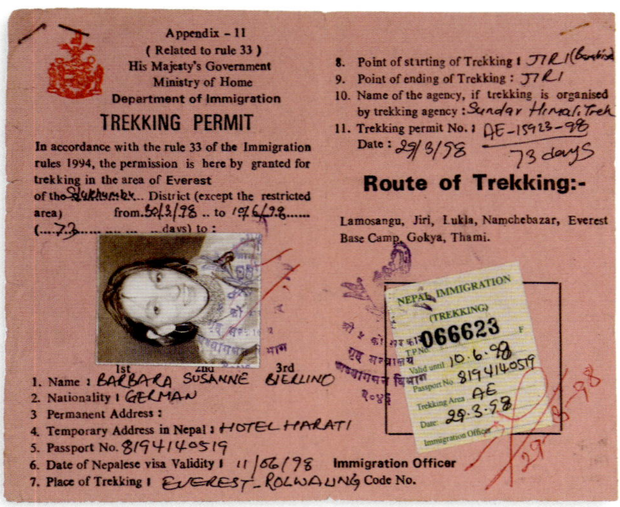
Appendix – 11
(Related to rule 33)
His Majesty's Government
Ministry of Home
Department of Immigration

TREKKING PERMIT

In accordance with the rule 33 of the Immigration rules 1994, the permission is here by granted for trekking in the area of Everest of the Solukhumbu District (except the restricted area) from 30/3/98 .. to 10/6/98 (73 days) to :

1. Name : BARBARA SUSANNE BIELLINO
2. Nationality : GERMAN
3. Permanent Address :
4. Temporary Address in Nepal : HOTEL HARATI
5. Passport No. 8194140519
6. Date of Nepalese visa Validity : 11/06/98
7. Place of Trekking : EVEREST-ROLWALING
8. Point of starting of Trekking : JIRI
9. Point of ending of Trekking : JIRI
10. Name of the agency, if trekking is organised by trekking agency : Sundar Himali Trek
11. Trekking permit No. : AE-15923-98
Date : 29/3/98

73 days

Route of Trekking:-

Lamosangu, Jiri, Lukla, Namchebazar, Everest Base Camp, Gokya, Thami.

NEPAL IMMIGRATION
(TREKKING)
T.P.No. 066623
Valid until 10.6.98
Passport No 8194140519
Trekking Area AE
Date 29.3.98
Immigration Officer

Immigration Officer
Code No.

Mein Trekking-Permit für 1998 war auf ganze 73 Tage ausgestellt – ausreichend Zeit, um Nepal kennenzulernen und meine Liebe für das Land und seine Berge zu entdecken.

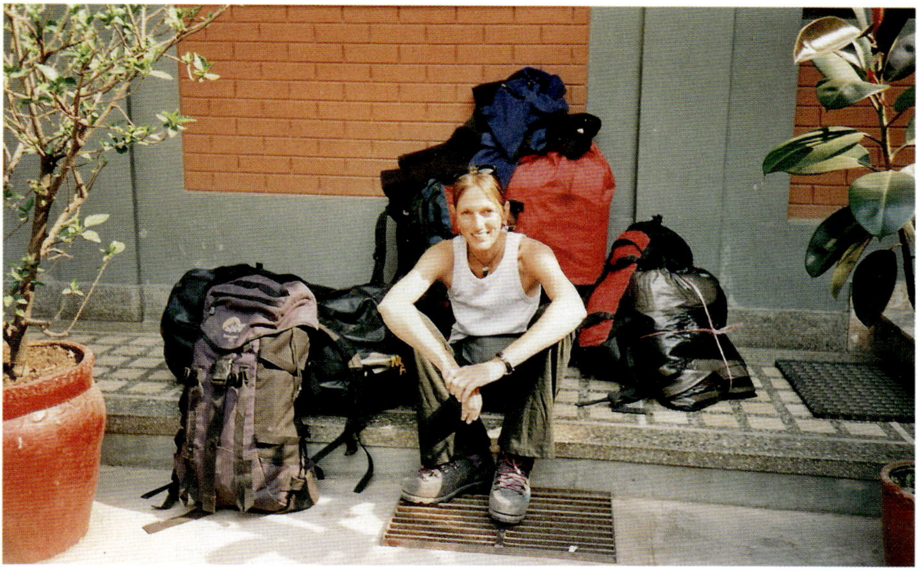

Erschöpft, aber glücklich, dass mich meine teuer erstandenen Schalenbergschuhe wohlbehalten die Berge hinauf- und wieder heruntergebracht haben: vor dem Hotel Hama.

Sherpas und den Trägern selbst. Oder auch, wie lange man überleben kann, ohne zu duschen. Die Landschaft fand ich fantastisch, ich war begeistert von der nepalesischen Bevölkerung, aber mit dem Wandern an sich konnte ich mich nicht so recht anfreunden. Im Tagebuch diskutierte ich auf jeder zweiten Seite, ob es mir nun gefiel oder nicht. »Irgendwie macht mir das Bergaufgehen nicht so viel Spaß. Ich finde es ungeheuer anstrengend – besonders auf 3000 Metern«, schrieb ich am 2. April. Fünf Tage später heißt es hingegen: »Wir sind endlich im Rolwaling-Tal angekommen, und ich beginne das Bergauflaufen zu genießen.« Außerdem hielt ich fest: »Ich glaube, ich war noch nie so weit von einer Straße entfernt wie momentan!«

Auch von zu Hause war ich weit entfernt, und vor allem für eine lange Zeit. Es dauerte nur ein paar Tage, bis ich meine Familie und meine Freundinnen bereits schrecklich vermisste. Schon in der ersten Trekkingwoche konnte ich es kaum erwarten, endlich mit ihnen telefonieren zu können. Ich wusste allerdings nicht einmal, ob es im Sherpa-Hauptort Namche Bazaar überhaupt ein Telefon gab.

In der Sommersiedlung Na angekommen, auf 4183 Metern, schrieb ich: »So hoch war ich noch nie! Ist schon interessant, wie man die Höhe spürt.

Alles geht etwas langsamer.« Hier begann der Aufstieg ins Basislager für unseren ersten Gipfel, den 5900 Meter hohen Ramdung. Bis dorthin war ein Höhenunterschied von 1000 Metern zu überwinden, wobei ich mich völlig verausgabte. Einen Tag nachdem wir das Basislager erreicht hatten, schrieb ich: »Gestern war der schrecklichste Tag meines Lebens! Ich glaube, ich war noch nie in meinem Leben so erschöpft. Ich schaffte zehn Schritte und musste dann fünf Minuten Pause machen, um meinen Atem zu fangen. Ich schimpfte und fluchte und wollte eigentlich nur daheim bei meinen Freunden sein. Ich glaube, ich bin einfach kein Bergkind.« Und mit Blick auf den Ramdung schrieb ich weiter: »Ich weiß nicht, wie ich jemals auf den Gipfel dieses Berges kommen soll, und ich weiß auch nicht, ob ich das unbedingt will.«

Diese Entscheidung wurde mir abgenommen, denn es schneite an den nächsten Tagen so intensiv, dass wir auf die Gipfelbesteigung verzichteten. Stattdessen setzten wir unseren Weg zum 5750 Meter hohen Pass Tashi Lapcha fort, um den Parchamo (6273 m) zu besteigen und anschließend nach Namche Bazaar zu wandern. Wieder war ich unschlüssig, ob mir der Gipfel die Anstrengung wert war: »Ich weiß noch nicht, ob ich so richtig Lust dazu habe, allerdings kann ich dann behaupten, auf einem Sechstausender gewesen zu sein.« Schon einen Tag später jubelte ich dann, einen Berg mit mehr als 6200 Metern bestiegen und dafür sogar einen richtigen Eisfall bezwungen zu haben. »Wir saßen um 8 Uhr morgens auf dem Gipfel und hatten ein atemberaubendes Panorama – Mount Everest, Lhotse und viele andere Achttausender. Ich hätte nie gedacht, dass mich so etwas jemals vom Hocker reißen könnte, aber es hat mich absolut umgehauen!«

Auf der anderen Seite des Passes stiegen wir in zwei Tagen nach Namche Bazaar ab, wo erst einmal die Erholung im Vordergrund stand. Dazu gehörte neben einer ausführlichen Dusche auch, so viel wie möglich zu essen, denn ich hatte durch die Anstrengungen der letzten Wochen ziemlich abgenommen. Ich muss so erschöpft gewesen sein, dass mir sogar das Bier schmeckte, denn trotz meines vielversprechenden Nachnamens halte ich von dem Gerstensaft gewöhnlich Abstand. Das Wichtigste war mir aber, endlich mit meiner Mutter und meiner engen Freundin Elke telefonieren zu können. Erleichtert hatte ich festgestellt, dass es in Namche ein Telefon gab – aber eben nur eines. So stand ich stundenlang an, um ein Gespräch führen zu können. Ich wollte meiner Mutter von meinen Erlebnissen berichten, aber es fiel mir schwer, ihr das alles auf Deutsch zu erzählen, weil ich vier Wochen lang nur englisch gesprochen hatte. All meine Erfahrungen und Gefühle waren in meinem Kopf auf Englisch gespeichert.

Jeder normale Mensch hätte hier seine Trekkingtour beendet und wäre nach Kathmandu zurückgekehrt. Aber nicht wir: Für uns war erst Halbzeit, denn wir hatten noch ein höheres Ziel, den 6476 Meter hohen Mera Peak. Mike hatte alles genau geplant, darin war er großartig, und er wollte dieses halbe Jahr bis zum Letzten auskosten, bevor er sich in seine Karriere als Anästhesist stürzte. Im Lauf der Jahre sollte er es bis zum Professor of Anaesthesia and Critical Care Medicine an der University of Southampton bringen. Aus Begeisterung für das Höhenbergsteigen spezialisierte er sich auch auf die Höhenmedizin; inzwischen gilt Mike Grocott als Koryphäe auf diesem Gebiet. Das führte dazu, dass er 2007 die Caudwell Xtreme Everest Expedition organisierte, um am höchsten Berg der Welt medizinische Forschung zu betreiben. Dafür schleppten die Sherpas sogar ein Fahrradergometer bis zum Südsattel, auf fast 8000 Meter! Mike erreichte einen Tag nach seinem 41. Geburtstag den Gipfel des Mount Everest, was mich sehr freute, denn das war seit seiner Kindheit sein größter Wunsch gewesen.

MIKE HATTE ICH KENNENGELERNT, während ich in England als Assistant Teacher arbeitete. Nach meinem Au-pair-Jahr in den USA war ich von Garmisch nach München gezogen, um an der Fachakademie für Fremdsprachenberufe die Ausbildung zur Dolmetscherin und Übersetzerin für Englisch und Spanisch zu absolvieren. In meinem dritten Jahr an der Sprachenschule brachte mich meine Freundin Andrea, die einen Job als Assistant Teacher in England hatte, auf die Idee, ich könnte auch für ein Jahr aussetzen und nach England gehen. Mal etwas anderes zu sehen und gleichzeitig mein Studentenleben ein wenig zu verlängern erschien mir reizvoll, denn die Vorstellung, schon in ein geregeltes Arbeitsleben eintauchen zu müssen, erfüllte mich mit Angst und Bange. Als ich meiner Mitbewohnerin Elke, die ich in den USA kennengelernt hatte, von meinen Plänen erzählte, wies sie mich darauf hin, dass ich für so einen Job wohl das Abitur bräuchte. Damit stach sie mir einen Dolch ins Herz, denn ich schämte mich ohnehin dafür, kein Abitur zu haben wie alle anderen um mich herum. Vor lauter Minderwertigkeitskomplexen schwindelte ich sogar manchmal und behauptete, ich hätte Abitur. Das brachte mich oft in eine schwierige Lage, denn ich wusste weder, was ein Leistungskurs war, noch hatte ich mir ein Thema für meine vermeintliche Facharbeit überlegt und hätte nicht darüber berichten können, wenn mich jemand gefragt hätte.

Ich ließ mich nicht entmutigen und bewarb mich einfach ohne Abitur. Und siehe da, ich wurde genommen! Ab dem Sommer 1991 unterrichtete ich für ein Jahr Deutsch an der Sutton High School, einer Privatschule südlich von London, wo es mir so gut gefiel, dass ich meinen Aufenthalt um ein weiteres Jahr verlängerte. Außerdem war das die beste Gelegenheit, meinen Start in ein geregeltes Arbeitsleben um ein weiteres Jahr zu verzögern. Ich wollte aber nicht mehr im Vorort Sutton, sondern in London leben und suchte mir ein WG-Zimmer. Eines der infrage kommenden Zimmer lag in einem ziemlich chaotischen Haus, das fünf Medizinstudenten bewohnten, die gerade ihr Examen machten. In dem Moment, in dem ich das Zimmer sah, machte ich auf der Stelle kehrt. Es hatte kein Fenster, roch vermodert und war düster und kalt. Ich war schon zurück auf der Straße, da rannte mir einer der angehenden Ärzte nach und rief: »Hey, das Zimmer von Simon, oben, wird in einem Monat frei!« Meine Freundin Elke, die mich zu dieser Zeit in London besucht hatte und mitgekommen war, meinte nur: »Na, die wollen dich aber wirklich in ihrer WG haben.«

Einer der Mediziner in diesem Haus war Mike Grocott. Wir verstanden uns gut, aber da er meist rund um die Uhr arbeitete, blieb kaum Zeit, ihn näher kennenzulernen. Nach einem Jahr löste sich die WG auf, und ich ging zurück nach München auf die Sprachenschule. Mike reiste mit ein paar Freunden nach Südamerika, um dort bergzusteigen; damit hatte er gerade angefangen. Er war schon als Kind vom Himalaya fasziniert gewesen und wusste alles über das Höhenbergsteigen. Immer mal wieder erhielt ich Postkarten von ihm, unter anderem eine vom Aconcagua, auf der lediglich »Mi amiga ùnica« stand. Da hätte ich schon hellhörig werden sollen, aber ich freute mich einfach und dachte nicht darüber nach, was Mike mit »Meine einzige Freundin« meinen könnte. Zurück in London, rief er mich an und eröffnete mir, dass er mich gern in München besuchen wollte. Ich hatte in der folgenden Woche jeden Tag eine Prüfung und antwortete ohne große Begeisterung: »Na ja, du kannst schon kommen.« Und dachte mir immer noch nichts dabei. Mike kam typisch englisch in München an, in kurzen Hosen und Schläppchen, und das mitten im Winter. Als wir uns abends in mein Zimmer zurückzogen – die Wohnung in der Steinstraße war sehr klein, und wir hatten kein Gästezimmer –, sagte er: »Weißt du, ich wachte in Südamerika eines Morgens auf und dachte mir: ›I'm in love with Billi.‹« Ah, das war also der Grund für die vielen Postkarten.

So begann unsere gemeinsame Geschichte. Die folgenden Monate führten wir eine Wochenendbeziehung, und ich war überglücklich, als ich endlich meine Abschlussprüfungen hinter mir hatte und zu Mike nach London ziehen konnte. Nach ein paar Wochen rief mich meine Freundin Bernadette an und erzählte mir niedergeschlagen, sie sei durch die Abschlussprüfung gefallen. Da wurde mir zum ersten Mal bewusst, dass eine Prüfung machen und eine Prüfung bestehen nicht zwangsläufig dasselbe ist. Auch wenn ich mir meiner Sache recht sicher war, rief ich Elke an und bat sie, den Brief von der Schule zu öffnen, der inzwischen in der Steinstraße angekommen sein musste. Nervös saß ich neben dem Telefon; es dauerte bestimmt eine halbe Stunde, bis sie endlich zurückrief. »Billi, ich weiß nicht, wie ich es dir sagen soll«, begann sie. »Du bist durchgefallen.« Diese Hiobsbotschaft bedeutete, dass ich zurück nach Deutschland musste, um die Prüfung zu wiederholen.

Nachdem ich weitere sechs Monate die Schulbank gedrückt hatte, kehrte ich mit meinem Diplom in der Tasche nach London zurück und übersetzte von zu Hause aus für verschiedene Auftraggeber. An den Wochenenden waren wir fast immer unterwegs, außer Mike musste arbeiten. Lake District, Peak District, North Wales, manchmal auch Schottland: Überall, wo man in Großbritannien klettern kann, kletterten wir, meistens Mehrseillängenrouten und immer im traditionellen Stil, also mit mobilen Sicherungsmitteln. Mike hatte alle möglichen Lehrbücher studiert und sich die Klettertechnik selbst beigebracht. Wenn wir am Freitagabend um 18 Uhr losfuhren, waren wir beispielsweise bis Fort William, dem Ausgangspunkt für den Ben Nevis, acht Stunden unterwegs. Wir kamen um 2 Uhr morgens an, kletterten zwei Tage und fuhren wieder zurück nach London. Dabei waren wir meist eine ganze Gruppe, üblicherweise mit Mikes Freunden Steward, Chris und Mark. Später zog ich mit meiner deutschen Freundin Dagmar, die ebenfalls in London lebte, auch allein los, was immer ein Riesenspaß war. Damals kam es noch selten vor, dass man am Fels zwei Frauen ohne männliche Begleitung sah.

Besonders gefiel mir, wenn Mike und ich das Klettern mit Urlaubsreisen verbanden, etwa nach Mallorca. Eines meiner Highlights war unsere Reise nach Südafrika. Am Table Mountain kletterten wir »African Crag«, eine

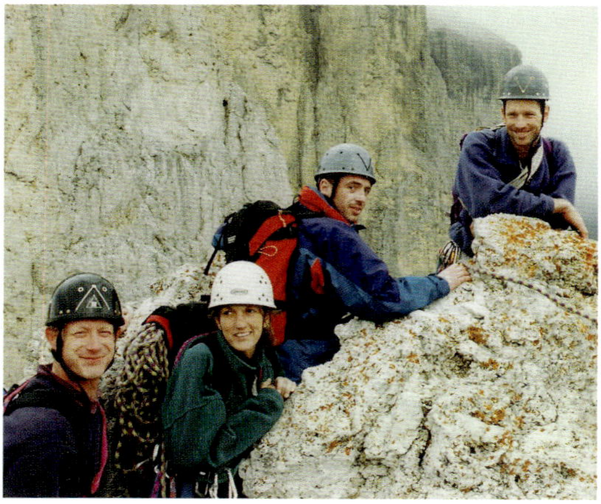

Mike (rechts) und ich waren fast jedes Wochenende in den Bergen oder am Fels unterwegs: mit Freunden in den Dolomiten.

Route, die gar nicht schwierig war, uns aber trotzdem die Bewunderung der Touristen einbrachte, als wir oben auf der Aussichtsplattform ausstiegen. Außerhalb von Johannesburg besuchten wir das Gebiet Waterval Boven, von dem Mike im Bergmagazin *High* gelesen hatte, ein traumhaftes und überhaupt nicht überlaufenes Kletter-Mekka mit Felsen in leuchtendem Orange. Wenn ich zwischendurch mal in Deutschland war, ging ich weniger zum Klettern, sondern unternahm etwas mit meinen Freunden und meiner Familie. Ich zeigte Mike meine Heimat, wir besuchten auch manchmal Klettergärten, aber in den heimischen Alpen kletterten wir nur selten. So muss ich zu meiner Schande gestehen, dass ich noch nie im Oberreintal war, dem Garmischer Kletter-Hotspot im Wettersteingebirge.

Ich war sehr gern am Fels unterwegs, aber weil Mike eine Zeitlang ein Auge auf eine schottische Ärztin geworfen hatte, die sehr gut kletterte – ihretwegen hatten wir uns für kurze Zeit getrennt –, stand ich dabei immer etwas unter Druck. Überhaupt fühlte ich mich schnell minderwertig, vor allem neben Mike, dem erfolgreichen Arzt. Ich begleitete ihn mehrmals zu Konferenzen, denn er hatte mich gern dabei. Dort kamen mir alle Teilnehmer so wahnsinnig gescheit vor, und ich fühlte mich oft wie eine Landpomeranze, die nichts konnte und nichts wusste. Das hatte auch damit zu tun, dass ich beruflich in England noch nicht viel erreicht hatte und unzufrieden war. Insgeheim beneidete ich Mike um seinen spannenden Job. Ich übersetzte unter anderem Zeitungsartikel, und irgendwann dachte ich mir, dass ich die eigentlich auch selbst schreiben könnte. Als ich mich nach journalistischen Ausbildungsmöglichkeiten umschaute – ich interessierte mich am meisten fürs Radio, da man dort viel reden darf –, entdeckte ich einen Aufbaulehrgang in International Journalism an der City University, der im

September 1998 beginnen sollte. Mir fehlten jedoch die Voraussetzungen für diesen Kurs, da ich weder Abitur noch einen Universitätsabschluss hatte. Alles, was ich bieten konnte, war mein Wald- und Wiesendiplom von der Münchner Sprachenschule. Mike schlug mir vor, an der City University vorbeizuradeln und mich zu erkundigen. Gleich am nächsten Tag machte ich mich auf den Weg dorthin und hatte Glück: Die Leiterin der Abteilung hatte zufällig Zeit für eine Tasse Tee. Sie bestätigte mir, dass mein Abschluss wohl nicht ausreichend sei, schlug mir aber vor, mich trotzdem zu bewerben. In England wird vor der Vergabe von Studienplätzen ein Bewerbungsgespräch geführt. Ich bat deshalb in meiner Bewerbung, mich noch vor März 1998 zum Interview einzuladen, weil ich zu diesem Zeitpunkt mit Mike auf unsere halbjährige Reise aufbrechen würde. Im Februar 1998 erhielt ich einen Brief mit der Nachricht, dass ich aufgenommen sei und es gar kein Gespräch mehr brauche. Wie entscheidend es doch sein kann, mit der richtigen Person im richtigen Moment eine Tasse Tee zu trinken … Nach der langen Reise nach Nepal und Südamerika erwartete mich also ein wichtiger neuer Schritt. Doch das war für mich noch weit weg, jedenfalls verlor ich in meinem Reisetagebuch kein Wort darüber.

NACH UNSEREN RUHETAGEN IN NAMCHE trekkten wir Anfang Mai nach Lukla und dann über den Zatwra La ins Basislager des Mera Peak. Meine Gefühle waren weiterhin gemischt: Mal gefiel mir das »harte Leben« als Höhenbergsteigerin, mal hasste ich es. Jedenfalls konnte ich am 12. Mai jubeln: »Ich hab's geschafft! Ich war auf Nepals höchstem Trekking-Gipfel (6476 m), und der Weg dorthin war grausam.« Wir hatten durch Neuschnee stapfen müssen, es war eiskalt gewesen und am Gipfel so windig, dass wir die Aussicht nicht genießen konnten. Wieder einmal notierte ich, dass »der Aufstieg keinen Spaß machte«. Wir stiegen ins Hinku-Tal ab, das noch einsamer als das Rolwaling war und das ich traumhaft schön in Erinnerung habe, mit einem atemberaubenden Panorama. Dann mussten wir, um wieder ins Khumbu zu kommen, den Mingbo La südlich der Ama Dablam überqueren. Der Aufstieg zu diesem Pass fiel mir schwer (»ich hasse diese Hatscherei«), und der Abstieg war nur mit Abseilen zu bewerkstelligen. Entsprechend zog er sich in die Länge. Ich schleppte mich »mit meinen letzten Kräften« ins Ama-Dablam-Basislager. Von dort erreichten wir über Pangboche wieder Namche Bazaar.

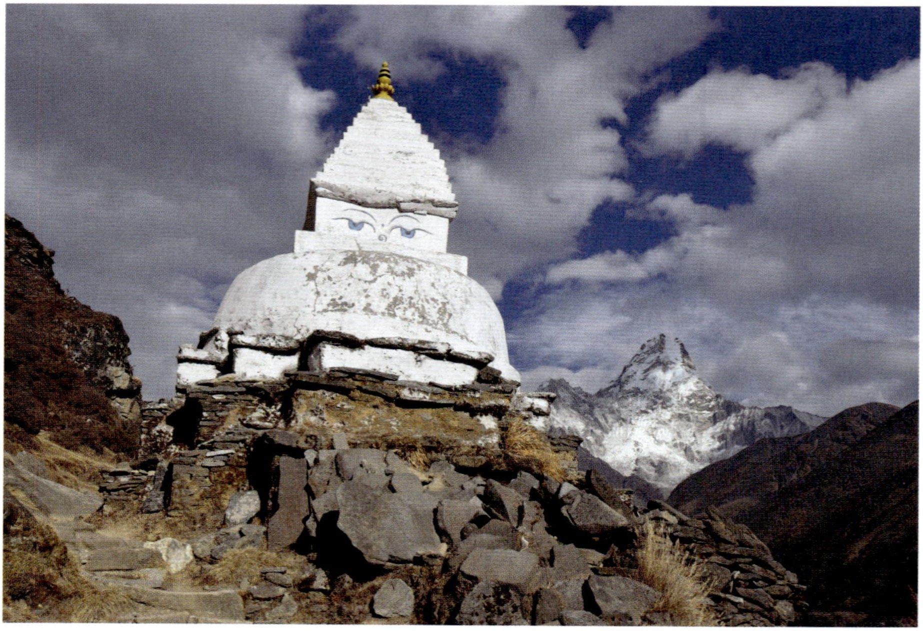

Einer der wunderbarsten Plätze im Khumbu-Tal: Tschörten mit Blick auf die Ama Dablam knapp über Namche Bazaar.

Noch bevor wir unsere letzte Tour ins Gokyo-Tal und auf den 5357 Meter hohen Gokyo Ri angingen, verkündete ich: »Wir sind nun schon 55 Tage unterwegs, und ich muss zugeben, dass mir die ganze Trekkerei schon ziemlichen Spaß gemacht hat.« Ende Mai waren wir zurück in Lukla, doch anstatt von dem berüchtigten kleinen Flughafen mit der nur gut 500 Meter langen, steilen Start- und Landepiste in Richtung Kathmandu abzuheben, saßen wir erst einmal fest. Das Wetter war so schlecht, dass schon mehrere Tage kein Flugzeug mehr gelandet war. Wir hatten uns so lange in den Bergen aufgehalten, und ich konnte es nicht mehr erwarten, endlich wieder in Kathmandu anzukommen, mich zu duschen, eine Jeans anzuziehen und eine Pizza zu essen. Nach zwei Tagen, in denen sich an der Wetterlage nichts änderte, entschlossen wir uns, nach Jiri zu laufen. Dort endete damals die Busverbindung von Kathmandu; heute führt die Straße weiter, bis nach Shivalaya. Wir verkauften unsere Flugtickets an andere Touristen, schulterten unsere Rucksäcke und liefen los – vor lauter Ungeduld so schnell, dass wir für diese Strecke, die man normalerweise in vier bis fünf Tagen zurücklegt, nur 48 Stunden brauchten. Im Endeffekt erreichten wir Kathmandu noch vor den Leuten, an die wir unsere Tickets verkauft hatten.

Ein paar Tage später waren wir schon wieder unterwegs und radelten zusammen mit zwei Freunden aus England mit Leihrädern nach Pokhara. Heute sieht man nur noch wenige Radfahrer auf dieser Straße, und ich frage mich immer noch, wie wir das damals gemacht haben. Der Verkehr ist horrend, die Luft verpestet und die Abgründe, in die man ohne Weiteres von einem Lastwagen geschubst werden kann, sind sehr tief. Nach zwei Tagen kamen wir in Pokhara an und starteten gleich zu unserer viertägigen Rafting-Tour. Anschließend nahmen wir an einer Jeep-Safari im Chitwan-Nationalpark teil, wo wir Panzernashörner und Elefanten zu Gesicht bekamen – das volle touristische Programm also. Weil wir noch Zeit hatten, flogen wir im Rahmen einer organisierten Gruppenreise von Kathmandu nach Lhasa, wo wir die wichtigsten Sehenswürdigkeiten besuchten und manches über den Buddhismus lernten. Die Rückreise von Tibet nach Nepal im Jeep führte dann am Rongbuk-Kloster auf der Nordseite des Mount Everest vorbei. Als Mike und ich außerhalb von Tingri auf einen Hügel wanderten, brachte ich es endlich übers Herz, Mike zu sagen, was mich schon während der ganzen Reise beschäftigt hatte. Ich wollte nicht, wie geplant, am 9. 9. 1999 heiraten. Nicht, dass ich mich von ihm trennen wollte, aber ich schreckte vor dem Endgültigen einer Heirat zurück, vor dem Lebensentwurf einer Familie, den sie bedeuten würde. Das war nichts für mich. Ich stellte Mike vor vollendete Tatsachen, was ihn betrübte, aber da er mir wie immer jeden Wunsch erfüllen wollte, nahm er es hin.

Mikes optimierte Planung sah vor, dass wir zwischen Nepal und Südamerika nur eine Nacht in London verbrachten. Am Flughafen erwartete mich eine große Überraschung: Meine Freundinnen Elke und Evi waren eigens für mich aus Deutschland angereist, damit wir uns wenigstens kurz sehen konnten. Ich freute mich riesig, denn der Kontakt zu ihnen hatte mir in den Wochen zuvor gefehlt – ich war die einzige Frau gewesen und hatte zudem mit niemandem deutsch sprechen können. Dagmar hatte für den Tag unserer Ankunft ein riesiges Picknick im Tooting-Common-Park organisiert, all unsere englischen Freunde waren ebenfalls da, und ich war rundum glücklich. Als wir am Abend unsere müden Häupter in Dagmars Wohnung niederlegten, war Mike sehr bedrückt. Der Grund dafür war, dass ich den ganzen Tag kaum mit ihm geredet hatte. Dabei hatten wir doch drei Monate lang Tag und Nacht miteinander verbracht und waren drauf und dran, in den kommenden drei Monaten dasselbe zu tun!

Am nächsten Tag flogen wir schon wieder ab, am übernächsten landeten wir in La Paz. Unser erstes Ziel in Bolivien war der Titicacasee, danach ging es in die Berge, auf den Sechstausender Huayna Potosí. In Ecuador gelang uns der Fünftausender Iliniza Norte, bevor wir nach Peru weiterreisten, wo wir meine Freundin Duska in Urubamba besuchten und auf dem Inka-Trail in die Ruinenstadt Machu Picchu wanderten. Während ich in Nepal meine Eindrücke sehr ausführlich im Tagebuch festhielt, brechen die Berichte in Bolivien recht bald ab. Vermutlich gab es dafür praktische Gründe, aber für mich ist es auch ein Zeichen, dass mich Südamerika weniger berührte als der Himalaya. Wobei mich 1998 noch weniger die Berge faszinierten, sondern vielmehr das Land. Natürlich war es sehr eindrucksvoll, als ich das erste Mal den Everest sah oder auch die Ama Dablam, aber die Berge waren damals noch nicht das für mich, was sie heute sind. Damals war ich vor allem damit beschäftigt, Mike und seinen Freunden zu beweisen, dass ich mit ihnen mithalten konnte, und noch gar nicht fähig, die Schönheit der Berge in mich aufzunehmen. Das entwickelte sich erst mit der Zeit.

Heute kann mich die Schönheit der Bergwelt sogar zu Tränen rühren. 2015 zum Beispiel, bei meinem ersten Versuch, den Broad Peak zu besteigen, war ich bereits im Lager 2, als am frühen Morgen der ecuadorianische Bergsteiger Ivan Vallejo aus dem Lager 1 aufstieg. Ivan hatte auf allen vierzehn Achttausendern gestanden, ich kannte ihn aus Nepal. Es war erst 5 Uhr morgens, und ich kam gerade aus meinem Zelt, als er daran vorbeiging. Ich freute mich sehr, ihn zu sehen. Wir umarmten uns, schauten uns um und waren beide von dem Naturschauspiel ergriffen: Die Sonne ging auf und beschien die obersten Spitzen der Gipfel um uns herum, vor allem die des majestätischen K2. In solchen Momenten fühle ich mich privilegiert, dass ich so etwas erleben darf, ganz unabhängig davon, ob ich auf den jeweiligen Gipfel komme oder nicht. Wir standen beide da und weinten. Diesen Moment werde ich nie vergessen.

IN MEINEM TAGEBUCH VON 1998 beklagte ich zwar manchmal, wie anstrengend das Trekken war, dennoch war diese Nepalreise der zündende Funke dafür, dass ich anfing, Ausdauersport zu treiben und jeden Tag zu joggen. Ich merkte, welch gutes Gefühl es war, fit zu sein, das wollte ich nie mehr verlieren. Ich fand mehr und mehr Gefallen daran, mich anzustrengen, und ich lernte die Müdigkeit, die Erschöpfung hinterher richtig schätzen. Außerdem hatte ich in Nepal die Erfahrung gemacht, wie gut es tut, einmal weit weg zu sein von der Zivilisation. Man lernt die kleinen Annehmlichkeiten im Leben ganz anders zu schätzen, wenn man eine Zeitlang darauf verzichtet. Es geht mir heute noch so, dass ich nach einer Expedition gern wieder nach Kathmandu zurückkomme. Meistens dauert es aber nicht lange, bis mich erneut die Sehnsucht nach den Bergen packt und ich die nächste Expedition plane.

Bevor wir 1998 nach London zurückflogen, schrieb ich in mein Tagebuch: »Unser letzter Tag in Kathmandu, und ich bin richtig traurig, dass ich dieses Land verlassen muss.« Ich fühlte mich erfüllt von den Wochen im Himalaya. Ich war stolz auf mich und darauf, dass ich mich in den Bergen so gut geschlagen hatte. Nepal faszinierte mich. Ich wusste, dass ich dorthin zurückkehren wollte.

AN EINER ENGLISCHEN UNIVERSITÄT ZU STUDIEREN genoss ich sehr. Ende der Neunzigerjahre steckte die Digitalisierung noch in den Kinderschuhen, so lernte ich etwa im Bereich Rundfunk noch, wie man Tonbänder mit dem Teppichmesser schneidet. Die Ausbildung dauerte ein Jahr, und als ich 1999 ganz klassisch im schwarzen Umhang und mit Hut mein Master-Abschlusszeugnis erhielt, waren Mike und meine Familie sehr stolz auf mich. Im Anschluss arbeitete ich für verschiedene Auftraggeber, koordinierte und produzierte eine Firmenzeitschrift und erledigte weiterhin Übersetzungen. Wir lebten inzwischen im Südwesten Londons, in einem kleinen, klassisch englischen Reihenhaus in Streatham, das Mike gekauft hatte. Ich liebte dieses Haus, die Villa Kunterbunt: Jeden Raum hatte ich in einer anderen Farbe gestrichen. Das Schlafzimmer war gelb, die Küche himmelblau, das Esszimmer so giftgrün, dass es die Leute, die sich dort aufhielten, blass aussehen ließ. Für das winzige Arbeitszimmer hatte ich Knallorange gewählt, für das Gästezimmer Grellgelb, und das Wohnzimmer war ganz im deutschen Stil weiß und somit ein wenig farblos. London, unsere Villa Kunterbunt und Mike waren meine Heimat, und ich gewöhnte mir eine tägliche Routine an. Jeden Morgen machte ich Mike ein Sandwich und begleitete ihn zur U-Bahn, wenn er in die Klinik fuhr. Danach joggte ich oder ging schwimmen, denn gleich um die Ecke lag das Tooting Bec Lido, ein Freibad

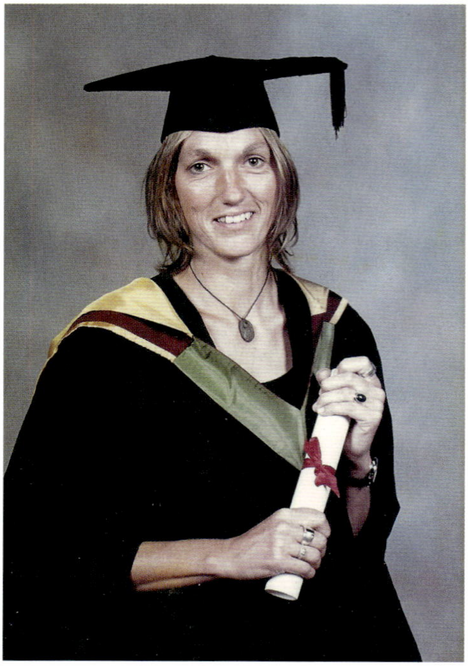

Stolz mit Doktorhut und Robe. Nach einem Jahr an der City University hatte ich 1999 meinen Master of Arts in der Tasche.

mit einem 100 Meter langen Becken. Bis Mike nach Hause kam, übersetzte ich, und am Wochenende fuhren wir zum Klettern. Wir machten alles gemeinsam; mit den Jahren waren wir keine Einzelpersonen mehr, sondern wurden zu »Mike und Billi«.

Natürlich verbrachten wir auch unsere Urlaube gemeinsam. Im Frühjahr 1999, noch bevor ich das Studium abgeschlossen hatte, reisten wir ein zweites Mal nach Nepal. Wieder wollten wir einen Sechstausender besteigen, den Island Peak. Diesmal ging die Initiative nicht nur von Mike aus, sondern auch von mir, da ich unbedingt wieder nach Nepal wollte. Ich reiste sogar eine Woche vor ihm nach Kathmandu, weil ich Interviews für meine Abschlussarbeit an der City University führen wollte. Für die fünfzehnminütige Radio-Dokumentation ging ich der Frage nach, wie sich der Tourismus auf die Kultur der Sherpas in der Everest-Region ausgewirkt hatte. Ich freute mich auf diese Woche, auch weil ich es genoss, einmal etwas allein zu unternehmen, ohne Mike. Grundsätzlich bin ich eher jemand, der mitmacht und anderen Menschen folgt, ob das nun beim Bergsteigen ist oder sonst im Leben. Wahrscheinlich liegt das daran, dass ich davon ausgehe, die anderen können es besser als ich. Ich plane nicht gern und vermeide es, für die Organisation verantwortlich zu sein, doch ich bin die Erste, die überall dabei ist. Mike hingegen übernahm gern die Planung, und so musste ich mich nie um etwas kümmern.

Mit den Interviews hatte ich nun etwas Eigenes, das tat mir gut. In Kathmandu führte ich einige Gespräche, unter anderem mit Pertemba Sherpa, der den Everest dreimal bestiegen hatte. Er war bei der Erstdurchsteigung der Südwestwand 1975 im Rahmen einer Expedition mit den britischen

Bergsteigern Chris Bonington und Doug Scott dabei gewesen und konnte einen langen Zeitraum überblicken. Einem Zufall verdankte ich das Interview mit dem damals 81-jährigen Toni Hagen, einem Schweizer Pionier der Entwicklungshilfe, der in den 1950er-Jahren als Geologe bei der nepalesischen Regierung angestellt war. Anfang der Sechzigerjahre, nach der Annexion Tibets durch China, setzte er sich für die Aufnahme tibetischer Flüchtlinge in Nepal und auch in der Schweiz ein. Er hielt sich gerade für Dreharbeiten zu seinem Film *Der Ring des Buddha* in Kathmandu auf und war bereit, mir ein paar Fragen zu beantworten. Den Tourismus generell zu verurteilen hielt er für den falschen Ansatz: »Wäre der Tourismus nicht gewesen, hätten die Sherpas ihre Region verlassen müssen, weil sie kein Einkommen mehr hatten, nachdem der Einmarsch der Chinesen den Handel mit Tibet verunmöglicht hatte«, erklärte er mir.

Nachdem Mike in Kathmandu angekommen war, machten wir uns zu Fuß auf den Weg von Jiri nach Lukla, um die Strecke, die wir im Vorjahr in Rekordzeit zurückgelegt hatten, in Ruhe genießen zu können. Je näher wir dem Khumbu kamen, desto nervöser wurde ich. Ich hoffte, dass ich mich trauen würde, die Menschen anzusprechen und um ein Interview zu bitten. Für das Radio-Feature hatte ich viele Ideen, aber keine Ahnung, wie ich sie realisieren sollte. Auf dem Weg von Lukla nach Namche verbrachten wir einen halben Tag in Phakding, wo mir verschiedene Leute bereitwillig meine Fragen beantworteten, und so hörte ich langsam auf, mir Sorgen wegen der Interviews zu machen. In Namche angekommen, konnte ich es kaum glauben, dass uns manche Bewohner wiedererkannten. Im Dorf hatte sich seit unserem letzten Besuch einiges verändert: Es gab mittlerweile weit mehr als ein Telefon, im Sagarmatha Pollution Control Committee konnte man sogar E-Mails herunterladen und verschicken (Sagarmatha ist der nepalesische Name des Mount Everest, in der Sprache der Sherpas lautet er Chomolungma). Fließendes Wasser gab es allerdings immer noch nicht.

Da ich den Trubel und die Atmosphäre in Namche Bazaar sehr genoss und mir weitere Interviews erhoffte, blieben wir ein paar Tage im Sherpa-Hauptort. Ich nutzte die Zeit, um mich mit Menschen zu unterhalten, mehr über ihre Kultur zu erfahren und Hintergrundgeräusche für meine Dokumentation aufzunehmen. Im Nachbardorf Khumjung befand sich die erste Schule, die Sir Edmund Hillary in den Sechzigerjahren über seine Stiftung

Himalayan Trust hatte bauen lassen, aus dem Wunsch heraus, den Sherpas nach seiner gemeinsam mit Tenzing Norgay geglückten Erstbesteigung des Everest etwas zurückzugeben. Den Direktor dieser Schule wollte ich unbedingt interviewen. Während unseres Gesprächs erzählte er mir so ganz nebenbei, dass Hillary selbst in zwei Tagen komme, weil er einmal im Jahr die Schule besuche. Was für ein Zufall! Ich konnte mein Glück kaum fassen, und so blieben Mike und ich noch zwei weitere Tage in Namche.

Sir Edmund Hillary flog mit dem Helikopter ein, begleitet von seiner zweiten Frau June und seinem Sohn. Es war eindrücklich, mitzuerleben, wie sehr er von den Sherpas verehrt wurde, weil er ihnen so viel Gutes getan hatte. Eine Khata nach der anderen bekam er umgehängt, den traditionellen Begrüßungsschal, mit dem man Gästen seine Ehrerbietung zeigt. Am Ende war er kaum mehr zu sehen, so viele Schals hatte er um den Hals! Die Schüler führten eine Darbietung für ihn auf, und ich saß mit meinem Minidisc-Rekorder im Publikum und hoffte auf ein Zitat. Es wäre so schön gewesen, eine Originalaufnahme von dem Mann zu bekommen, der am Everest gemeinsam mit Tenzing Norgay Geschichte geschrieben hatte, aber mir fehlte der Mut, ihn anzusprechen. Die Frau, die neben mir saß, bemerkte meine Unruhe. Als ich ihr von meiner Misere erzählte, ermutigte sie mich und schubste mich fast schon in Richtung Sir Edmund. Schließlich stand ich vor ihm, doch seine Frau blockte sofort ab und sagte, sie müssten so schnell wie möglich zurück, weil ihr Mann die Höhe nicht mehr vertrage. Hillary mischte sich ein und sagte: »No, no, let the young lady tell me what she wants.«

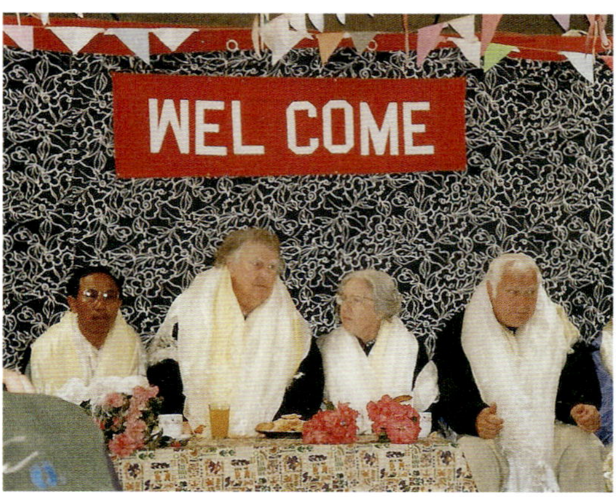

Der Everest-Erstbesteiger Sir Edmund Hillary mit seiner zweiten Frau June bei den Festlichkeiten in der Schule von Khumjung.

Ich fragte ihn, wie er den Einfluss des Tourismus auf die Kultur der Sherpas einschätze. In seinen Augen überwogen die Vorteile die Nachteile: »Der Tourismus im Khumbu hatte viele gute Effekte. Er verbesserte den Lebensstandard der lokalen Bevölkerung, schaffte Arbeitsplätze, durch ihn lernten sie die englische Sprache. Einer der Nachteile ist, dass wir ihnen in einem gewissen Maß die westliche Kultur aufgedrängt haben, was nicht immer gut ist. Aber die Sherpas sind auf der anderen Seite sehr stark in ihrer Kultur verwurzelt. Sie besuchen religiöse Zeremonien, und im Winter übernehmen sie innerhalb der Familie die traditionellen Aufgaben. Sie haben noch immer eine starke Bindung zu den Klöstern. Natürlich bringt der Tourismus die Sherpas mit der Moderne und dadurch mit vielen Verbesserungen in Berührung, aber sie sind sehr traditionell eingestellte Menschen, und ich habe keine Angst um die Sherpa-Kultur.«

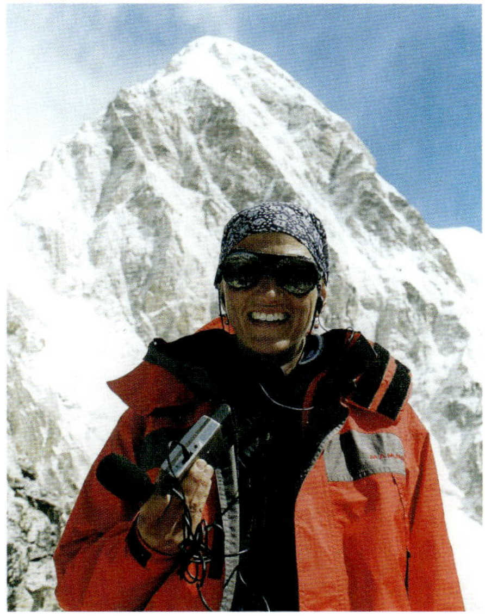

Mit Mikrofon und Minidisc-Rekorder auf der Pirsch nach Interviewpartnern für mein Radio-Feature, hier vor dem Pumori in der Everest-Region.

Ich war überglücklich, denn ich hatte eine Minute und 20 Sekunden Originalton von Sir Edmund Hillary, mit denen ich meine Dokumentation wunderbar abschließen konnte. Meinem Master of Arts in International Journalism stand nichts mehr im Wege!

Anschließend machten Mike und ich uns mit Pasang Sherpa, mehreren Trägern und einem Koch auf den Weg nach Chukhung, um von dort den Island Peak zu besteigen. Unsere Kleinstexpedition verlief relativ unspektakulär. Inzwischen soll der Island Peak technisch schwieriger geworden sein, weil das Eis so stark zurückgegangen ist. Zu unserem Glück hatten wir damals sehr gute Bedingungen, denn wir hatten ja noch nicht sehr viel Erfahrung. Wir freuten uns, dass wir diesen klassischen Sechstausender im Khumbu-Gebiet besteigen konnten; er war zwar niedriger als der Mera Peak, aber viel interessanter.

MIKE WAR SO FASZINIERT VOM HIMALAYA, dass er als Nächstes einen Siebentausender angehen wollte. Das verschob sich allerdings auf zwei Jahre später, weil wir 2000 ausnahmsweise nicht nach Nepal reisten. Wir waren nach Neuseeland zur Hochzeit seiner ehemaligen Freundin eingeladen. Wie immer wollten wir das Angenehme mit dem Nützlichen verbinden und hatten vor, dort einige Berge zu besteigen. Wir waren allerdings wenig erfolgreich. Auf die Besteigung des Aoraki/Mount Cook verzichteten wir, und am Mount Aspiring zwang uns schlechtes Wetter zur Umkehr.

Für 2001 hatte sich Mike den Baruntse (7129 m) in den Kopf gesetzt. Ich hinterfragte mit keinem Gedanken, ob ich das konnte, und freute mich darauf, mit Mike und einem Bekannten namens Gary meinen ersten Siebentausender zu besteigen. Nach Kathmandu begleiteten uns meine Freundinnen Elke und Christl sowie mein Berliner Freund Jan, der ein Stück weit mit uns trekken wollte. Kaum waren wir in Kathmandu in unserem Hotel angekommen, sagte der Mann an der Rezeption zu Mike: »Doctor Grocott, there is a phone call for you.« Ich wunderte mich. Mike nahm den Telefonhörer und redete, offensichtlich mit einer Person, vor der er große Ehrfurcht zu haben schien. Nachdem er aufgelegt hatte, kam er auf mich zu und grinste über das ganze Gesicht. »Weißt du, wer uns gerade angerufen hat? Miss Elizabeth Hawley!« Ich hatte keinen blassen Schimmer und fragte: »Wer ist denn das?« Während ich komplett ahnungslos war, hatte Mike alles über die Himalaya-Chronistin gelesen, und dass Miss Hawley sich für solch eine kleine Expedition wie die unsere interessierte, war für Mike eine große Ehre. Aber Miss Hawley war das egal, für sie waren alle gleich. Ob jetzt ein Reinhold Messner kam oder ein junger Mediziner aus London, davon ließ sie sich nicht beeindrucken. Ihr war wichtig, dass alle Expeditionen registriert wurden.

Am nächsten Morgen fuhr ein hellblauer VW Käfer vor, aus dem eine ältere Dame mit hochgezogenem Rock und Aktentasche ausstieg. Sie ließ sich von ihrem Fahrer zu unserem Tisch im Garten des Hotels bringen. Das war also die legendäre Miss Hawley. In unserem Gespräch setzte sie mir den Floh ins Ohr, ich könnte die erste deutsche Frau auf dem Baruntse werden – wenn ich hinaufkäme. In meinem Tagebuch, das ich inzwischen auf Englisch führte, hielt ich dazu fest: »Miss Elizabeth Hawley, the elderly American woman who lives in Kathmandu and records EVERY expedition, came to interview us about our trip and told me that there might be this possibility!« Mike hatte die Idee gehabt, ich solle Miss Hawley doch erzählen, dass ich eine Radio-Dokumentation über den Einfluss des Tourismus auf die Kultur der Sherpas gemacht hatte, vielleicht interessiere sie sich ja dafür. Das tat ich dann auch, jedoch erwiderte sie nur kurz: »Thank you, but I'm not interested.« Ich schluckte erst einmal. Das war, wie ich später herausfinden sollte, typisch Miss Hawley. Aber eigentlich hatte sie recht, wieso sollte sie sich das Radio-Feature aus Höflichkeit geben lassen und dann doch nie anhören? Es beeindruckte mich, dass sie so klar ihre Meinung sagte.

Als wir vom Baruntse zurückkamen, interviewte uns ihr nepalesischer Mitarbeiter Jeevan Shrestha, der schon lange für sie arbeitete und noch heute für die Himalayan Database tätig ist – die Besteigungschronik ist seit 2004 unter diesem Namen als digitale Datenbank verfügbar. Allerdings waren wir bei Weitem nicht auf den Baruntse gekommen. Mike hatte sich, das war typisch für ihn, eine anspruchsvollere Route ausgedacht. Deshalb führte uns unser Anmarsch über das Basislager des Makalu, des fünfthöchsten Berges der Welt. Nach einem schrecklich turbulenten Flug in einem kleinen Flugzeug kamen wir in Tumlingtar an und wanderten durch das Arun-Tal aufwärts. Es fiel mir sofort auf, dass die Menschen im unteren Tal ganz anders aussahen als die Sherpas, denn hier lebte die ethnische Gruppe der Rai. Wir erreichten Tashigaon und schließlich das Makalu-Basislager, wo sich Jan von uns verabschiedete und nach Tumlingtar zurückkehrte. Ich bedauerte das, denn ich hatte es genossen, mit jemandem unterwegs zu sein, mit dem ich deutsch reden konnte. Wir setzten unseren Weg zum Baruntse-Basislager fort. Schon da merkte ich, dass ich schwächer wurde. Ich hatte nach einer gewissen Zeit keinen Appetit mehr auf das nepalesische Nationalgericht Dal Bhat, Linsen mit Reis, das uns fast jeden Tag serviert wurde. Deshalb hatte ich Gewicht verloren und spürte, dass mir langsam die Energie ausging.

Als wir den Sherpani Col angingen, stellte sich heraus, dass der Gletscher völlig zerschrunden war und tiefe Spalten hatte. Wir hatten keine Chance, ihn zu überqueren, auch nicht mit Steigeisen und Eisgeräten. Am nächsten Tag versuchten wir es über den East Col, die Alternative, um auf den Barungletscher zu kommen. Auch der war nicht unproblematisch, und uns wurde klar, dass wir auf dem Weg dorthin noch ein Vorgeschobenes Basislager errichten mussten. Das bedeutete viele anstrengende Aufstiege mit schweren Rucksäcken, und ich war einfach nur noch erschöpft. Innerlich schob ich Mike dafür die Schuld in die Schuhe, weil ich ohne ihn gar nicht in eine solche Situation gekommen wäre, mir nie eine so schwierige Tour vorgenommen hätte. Wieder einmal sagte ich mir, dass das Höhenbergsteigen für mich zu hart sei und ich es lieber beim Felsklettern belassen sollte.

Nachdem wir viermal mit schwerem Gepäck ins Vorgeschobene Basislager aufgestiegen waren und uns dort eingerichtet hatten, waren wir körperlich völlig ausgezehrt. Außerdem hatte ich Probleme mit meinem Magen und große Schmerzen an einer Rippe, auf die ich bei einem unglücklichen Stolperer gestürzt war. Zusammen mit dem Umstand, dass Gary jegliche Energie und auch die Motivation verloren hatte, den Gipfel noch ernsthaft anzugehen, führte das zu unserer Entscheidung, den Baruntse abzublasen. Das hier war richtiges Höhenbergsteigen, und das hatten wir noch nicht drauf. Mike und ich waren endlos enttäuscht, Gary war erleichtert. Mir tat Mike leid: Ihm war es so wichtig gewesen, auf einen Siebentausender zu kommen, und er hatte monatelang unsere Expedition geplant und sich darauf gefreut.

Während Gary mit einem Träger nach Kathmandu zurückkehrte, kämpften Mike und ich uns mit Pasang Sherpa über den East und den West Col sowie den Amphu Laptsa nach Chukhung, damit wir den Baruntse wenigstens umrundet hatten. Alpinistisch war das wahrscheinlich das Anspruchsvollste, was ich bis dahin gemacht hatte, noch dazu mit dem schweren Gepäck auf dem Rücken. In mein Tagebuch schrieb ich häufig etwas von meinem viel zu schweren Rucksack, der zeitweise die Hälfte meines eigenen Gewichts hatte. Zugegeben hatten wir auf dieser Expedition auch sehr viel Pech, wir hatten schwierige Bedingungen und schlechtes Wetter, intensiven Regen und weiter oben immer wieder Schneestürme, aber wir hatten eben auch viel zu viel Gepäck dabei. So lernten wir auf die harte Tour, dass man, wenn man Himalaya-Gipfel im Alpinstil besteigen will, unbedingt leichtgewichtig unterwegs sein muss. Das hatte Mike wohl zu wenig bedacht, als er bei seiner Planung den Rückweg über die Pässe wählte. Und dann bildeten wir uns auch noch ein, von Lukla nicht zurückzufliegen, sondern wieder zu Fuß zum Bus nach Jiri zu gehen!

Obwohl ich auf dieser Expedition so viel gelitten hatte und im ersten Moment »Nie wieder!« dachte, überlegte ich schon bald, wo wir als Nächstes hingehen könnten. Unsere neueste Idee war, mit dem Rad von London

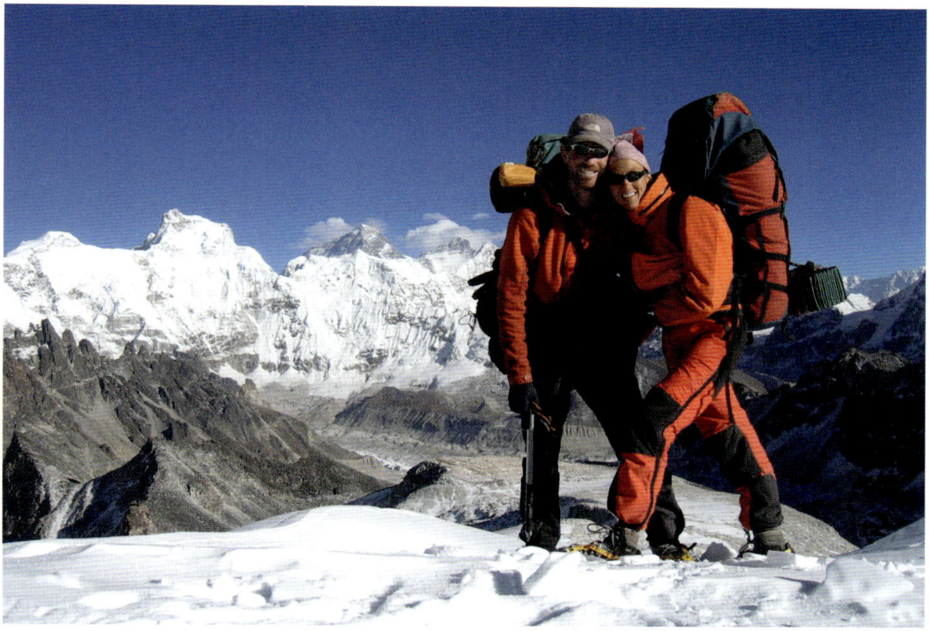

In unserer Anfangszeit in Nepal trugen wir noch riesige und schwere Rucksäcke: mit Mike unterwegs im Khumbu, mit dem Mount Everest im Hintergrund.

nach Kathmandu zu fahren. Sobald eine neue Unternehmung anstand, verdrängte ich die Anstrengungen der letzten. Mike hatte mich mit seiner Passion angesteckt. Auch wenn ich ihn, solange ich mit ihm unterwegs war und ihm die Führung überließ, für jedes Übel verantwortlich machte, ist mir doch bewusst, dass ich all das, was heute einen Großteil meines Lebens ausmacht, ohne ihn nie erlebt hätte. Ich bin Mike heute noch dankbar dafür, dass er mir diese Welt eröffnete – die Berge, das Land, die Menschen. Nepal war so ganz anders, ich fühlte mich dort einfach wohl und tue es heute noch. Ich komme in Kathmandu an und denke mir: »Wie ich dieses Chaos liebe!«, und wenn ich nach Lukla fliege, dann geht mir das Herz auf.

Nach dem Baruntse hatten wir noch drei oder vier Tage in Kathmandu. Am 2. Juni 2001 war unser Rückflug. Ich ging am Morgen hinunter zur Rezeption, weil ich einen Kaffee bestellen wollte. Der Mann hinter der Theke sah betroffen aus und sagte: »Es ist etwas Schreckliches passiert. In der Nacht ist unsere Königsfamilie erschossen worden.« Danach überschlugen sich die Nachrichten. Weil es Unruhen gab, wurde eine Ausgangssperre verhängt. Der Flughafen sollte geschlossen werden, und wir kehrten mit einem der letzten Flugzeuge nach Europa zurück. Insgeheim hatte ich gehofft, dass wir nicht zurückfliegen könnten, so gespannt war ich, wie sich die Situation in dem schon seit 1996 von einem Bürgerkrieg zwischen den maoistischen Kommunisten und der Monarchie erschütterten Land entwickeln würde. Außerdem hätte ich es interessant gefunden, zu dieser Zeit in Nepal zu sein und vielleicht sogar journalistisch etwas bewirken zu können.

AM BARUNTSE HATTEN WIR EIN KURZWELLENRADIO dabeigehabt, damals war das noch üblich. Als ich irgendwann im Zelt saß und den BBC World Service suchte, hörte ich plötzlich: »Good afternoon. This is Swiss Radio International from Berne.« Das versetzte mich in helle Aufregung, denn ich würde schon ein paar Wochen später genau dort, bei Swiss Radio International, meinen neuen Job antreten. Ich hatte während des Studiums an der City University ein paar Freundschaften fürs Leben geschlossen, unter anderem mit Jonathan Summerton und Karin Kamp. Jonathan und drei weitere Absolventen waren nach unserem Abschluss in die Schweiz gegangen, um bei Swiss Radio International zu arbeiten, dem Auslandsdienst des Schweizer Radios. Er bot in zehn Sprachen Informationen in erster Linie zur Schweiz und wandte sich an Auslandsschweizer und an der Schweiz interessierte Ausländer.

Jonathan hatte mich vor unserer Baruntse-Expedition angerufen und mir erzählt, dass Swiss Radio International weitere zweisprachige Mitarbeiter suche. Er hatte mich gefragt, ob ich nicht zu ihnen in die Schweiz kommen und dort im englischen Dienst arbeiten wolle. Zu diesem Zeitpunkt war ich als Coordinating Editor für die *Financial Times* tätig. Ich war das Bindeglied zwischen der englischen und der deutschen Redaktion und koordinierte, welche Geschichten die deutsche *Financial Times* von der englischen übernahm. Für diese renommierte Tageszeitung zu arbeiten mag sich spannend anhören, allerdings war ich in der englischen Redaktion, deren Hauptsitz am Ufer der Themse lag, eher abkömmlich. Meine Übersetzungskünste waren nur dann gefragt, wenn die deutsche Redaktion eine Story an Land zog, welche die englische nicht hatte, und das kam sehr selten vor. Mir gefiel die Aussicht auf eine interessante Tätigkeit, und mich reizte die Vorstellung, in ein anderes Land zu gehen und mir dort etwas Eigenes aufzubauen, unabhängig von Mike zu sein. Als ich ihm davon erzählte, war er ebenfalls begeistert von dieser Chance. Er fand es nicht schlimm, eine Wochenendbeziehung zu führen, und malte sich aus, welche Berge wir in der Schweiz besteigen könnten. Der zuständige Abteilungsleiter von Swiss Radio International kam sogar nach London, um mich zu treffen, und ich sagte zu, noch bevor wir zum Baruntse abflogen.

Eines Tages kam Mike von der Arbeit im Krankenhaus heim und strahlte über beide Ohren. Er sagte: »Ich kann mit dir in die Schweiz gehen! Ich habe die Möglichkeit, mein Forschungsprojekt am Inselspital in Bern zu machen. Ist das nicht wundervoll?«

Ich schaute ihn an und sagte: »Aber Mike, ich will nicht, dass du mitkommst.«

»Aber warum denn nicht?«, fragte er mich völlig perplex.

»Weil ich etwas für mich brauche.« Es fiel mir nicht leicht, ihm das zu erklären, und wenn ich heute davon spreche, bricht es mir immer noch das Herz. Meine Reaktion muss sehr hart für Mike gewesen sein, aber damals konnte ich nicht anders. Einerseits wollte ich ihn nicht verlassen, denn er war mein bester Freund, mit dem ich alles unternehmen konnte, er war erfolgreich und immer für mich da. Er war der Mann, den ich liebte. Andererseits wollte ich nicht mehr »Mike und Billi« sein, ich musste mich auf meine eigenen Füße stellen. Ich hatte meinen Platz in der Welt noch nicht gefunden. Der Gedanke, bald in der Schweiz zu arbeiten, beflügelte mich schon wegen der Vorstellung, mir eine eigene Wohnung zu suchen, mir selbst ein Auto zu kaufen, einfach wieder allein etwas zu tun.

Mike nahm auch das hin. Nachdem ich im Juli 2001 meine Arbeit bei Swiss Radio International begonnen hatte, kam er so oft wie möglich nach Bern, wir trafen uns bei meiner Familie in Garmisch oder ich flog übers Wochenende nach London. Die Schweiz, ein Land, in dem ich bis zu diesem Zeitpunkt aufgrund der hohen Preise und der notwendigen Autobahnvignette noch nie gewesen war, gefiel mir. Ich hatte eine schöne Wohnung im Stadtviertel Breitenrain gefunden und war von Bern aus schnell in den Bergen. Und ich liebte meinen Job, der sehr vielseitig war: Ich moderierte ein Nachrichtenprogramm, produzierte Drei-Minuten-Reportagen, schrieb für unsere Website, arbeitete mit meinen besten Freunden zusammen. Wir waren ein geniales Team. Leider dauerte diese Zeit nur drei Jahre. 2004 wurde aufgrund von Sparmaßnahmen das Radioprogramm eingestellt; seither werden die Informationen unter dem Namen SWI swissinfo.ch nur noch online verbreitet. Ich schied aus dem Team aus und arbeitete nur noch freiberuflich für SWI swissinfo.ch. Was meinem Leben wiederum eine neue Wendung gab – aber das ist eine andere Geschichte.

Zunächst konnte ich den Beruf wieder einmal mit meinem Hobby verbinden, denn 2002 jährte sich die Fast-Erstbesteigung des Mount Everest durch eine Schweizer Expedition zum fünfzigsten Mal. Ein Jahr vor der eigentlichen Erstbesteigung hatte diese Expeditionsmannschaft entscheidende Vorarbeit geleistet, den Zugang zum Südsattel gefunden, und Raymond Lambert war mit Tenzing Norgay Sherpa bis auf eine Höhe von 8650 Metern gekommen. Mike hatte die Idee, ich könnte für Swiss Radio International einen Beitrag über die Leistung der Wegbereiter von damals produzieren. Ich fand heraus, dass Westschweizer Alpinisten im Frühjahr 2002 eine Jubiläumsexpedition zum Everest planten, bei der auch ein Film entstehen sollte. Im Vorfeld machte ich die Teammitglieder ausfindig und lernte dabei Stéphane Schaffter kennen, den Expeditionsleiter und Regisseur des Films, der unter dem Titel *Everest 1952–2002. Le Rêve achevé* veröffentlicht wurde. In Genf interviewte ich außerdem Jean-Jacques Asper, der an der Frühjahrsexpedition 1952 teilgenommen und den Zugang ins Tal des Schweigens ermöglicht hatte, indem er wagemutig eine riesige Querspalte durchkletterte. Daraufhin konnte an dieser Stelle eine Seilbrücke aufgebaut werden. Auch mit Yves Lambert, dem Sohn von Raymond, sprach ich sowie mit Jean Troillet, der auf mehreren Expeditionen der Seilpartner von Erhard Loretan gewesen war und ebenfalls an der Jubiläumsexpedition teilnehmen sollte. Da Mike und ich für Mai 2002 eine kleine Unternehmung

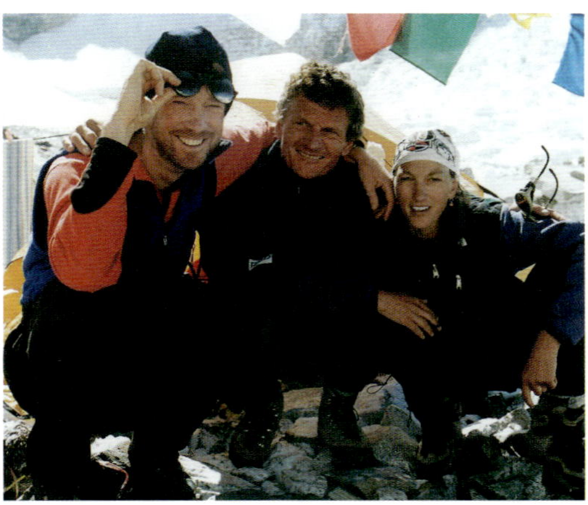

Mit Mike (links) und Stéphane während unseres Besuchs bei der Schweizer Jubiläumsexpedition 2002. Damals ahnte keiner, welche Folgen dieses Treffen haben würde.

zum Lobuche East vorgesehen hatten, konnte ich das gut damit verbinden, das Westschweizer Team im Basislager des Mount Everest zu besuchen. Das Basislager interessierte mich sowieso, denn ich war noch nie an diesem Ort gewesen, hatte aber schon viel von ihm gehört.

DAMALS WAR DER LOBUCHE EAST unser Expeditionsziel und nicht nur ein Akklimatisierungsgipfel. Für unseren Erfahrungsstand war der 6119 Meter hohe Berg, der noch ein bisschen anspruchsvoller ist als der Island Peak, eine ernsthafte Sache. Inzwischen stand ich schon zehnmal am Lobuche East, ich besteige ihn, um mich an die Höhe zu gewöhnen, bevor ich an einen Achttausender gehe, aber vor 20 Jahren war das noch ganz anders. Ich hatte großen Respekt vor dem Berg, der sich mit einer beeindruckenden Silhouette über dem Dorf Lobuche erhebt, der zweitletzten ganzjährig bewohnten Siedlung des Tals. Danach folgt nur noch Gorak Shep, wo der Aufstieg zum bekannten Aussichtsgipfel Kala Patthar beginnt, und dann der Khumbugletscher mit dem Basislager des Mount Everest.

Für die Besteigung des Lobuche East war kein Zwischenlager notwendig, wir konnten an einem Tag vom Basislager direkt über Felsplatten zum Gipfel gelangen. Diesmal fiel mir der Aufstieg erstaunlich leicht. Während Mike mit einer Magenverstimmung kämpfte, ging es mir körperlich gut. So musste ich mehr Verantwortung übernehmen, als ich es sonst tat. Ich erreichte sogar als Erste unserer Seilschaft den Gipfel, und das motivierte mich sehr. Zum ersten Mal hatte ich das Gefühl, dass ich selbstständig bergsteigen konnte. Ich fühlte mich gegenüber dem Alleskönner Mike nicht mehr minderwertig, und plötzlich machte das Höhenbergsteigen richtig Spaß. Abgesehen von meinem Erfolgserlebnis war der Lobuche auch einfach ein schöner Berg: Er war interessanter als unsere anderen Sechstausender im Khumbu und bot eine unglaubliche Aussicht. Als ich auf dem Gipfel saß, stellte sich ein erfüllendes Gefühl ein: Ich war glücklich. Ich schaute hinüber zum Mount Everest, und der Anblick dieses riesigen, Ehrfurcht gebietenden Berges machte mich sprachlos. Nie hätte ich mir träumen lassen, dass ich ihn einmal besteigen würde, ja nicht einmal, dass ich jemals den Wunsch empfinden würde, das zu tun.

Nach unserer Besteigung des Lobuche East verbrachten Mike und ich noch zwei Tage im Everest-Basislager, zu dem es nicht mehr weit war, und besuchten die Schweizer Jubiläumsexpedition. Stéphane Schaffter führte

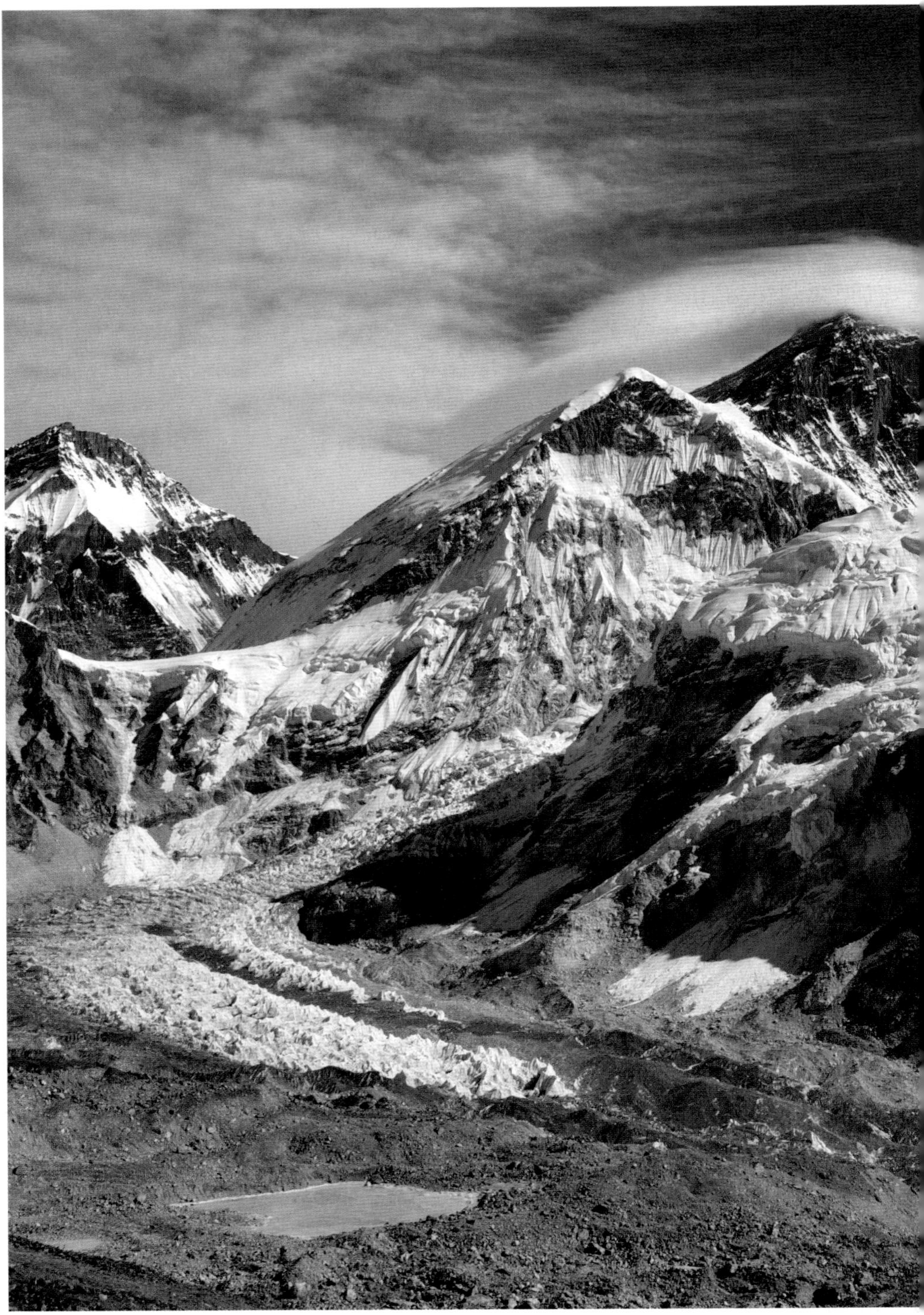

Blick vom Kala Patthar auf den wolkenumspielten Mount Everest und die Westabstürze des Nuptse. Links unten auf dem Khumbugletscher wird im Frühjahr und Herbst das Everest-Basislager aufgebaut.

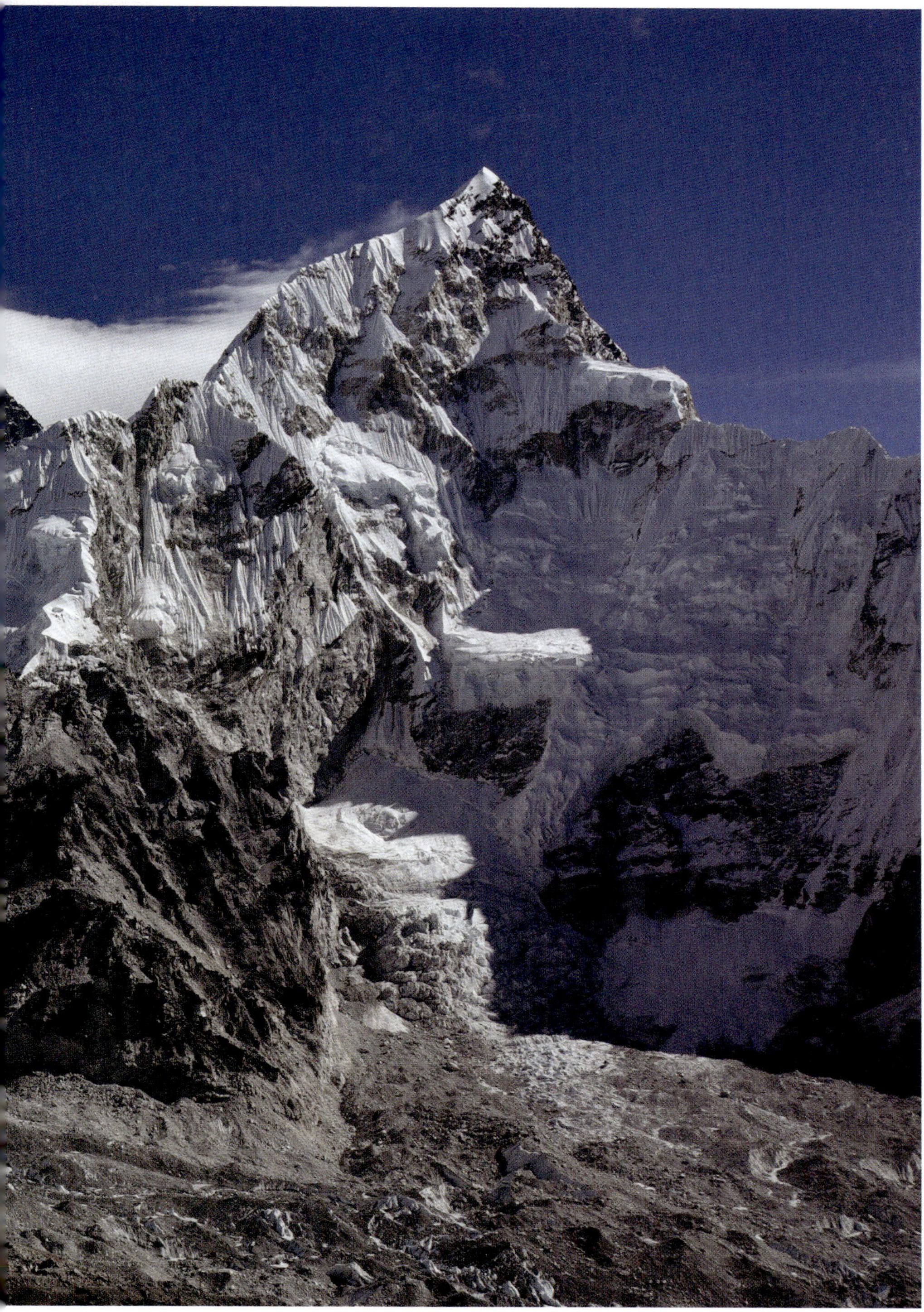

mich durchs Lager und zeigte mir unter anderem, dass es dort Duschen gab. Das war völlig neu für mich. Ich hatte Gelegenheit, weitere Gespräche für meine Reportage zu führen, außerdem fand ich es einfach spannend, am Ausgangspunkt für den Mount Everest zu übernachten. Damals konnte man noch ins Basislager wandern und einfach sein Zelt aufschlagen. Heute kommt man als Trekker nicht einmal mehr hinein ins Basislager, das während der Gipfelsaison meist überfüllt ist. Übernachten geht schon gar nicht, darauf achten die Verbindungsoffiziere. Die Höhenbergsteiger wollen sich die Trekker vom Hals halten, erst recht seit der Covid-19-Pandemie.

Nun hatte ich mehr als genug Material für meine Dokumentation über die Schweizer Vorreiter der Everest-Erstbesteigung zusammen. Sie wurde in zwei Teilen ausgestrahlt und war meine erste große Radio-Dokumentation für Swiss Radio International. Mike war nach England zurückgekehrt, und mir in Bern gingen Stéphanes stechend blaue Augen nicht mehr aus dem Kopf. Als er mich im Sommer anrief und vorschlug, oberhalb von Martigny zusammen klettern zu gehen, begann eine kurze, aber heftige Liebesgeschichte. Sie war der Anlass dafür, dass ich bald darauf nach England flog und mich, nach neun Jahren, von Mike trennte. Dann wirbelten der Ermüdungsbruch meines Oberschenkelhalses und die Ablösungsphase von Stéphane mein Leben noch einmal tüchtig durcheinander, bevor ich wieder bereit zu neuen Abenteuern war.

Das rosa Clipboard

ALS ICH AN EINEM VERREGNETEN SOMMERTAG meine durchnässten Klamotten im Großraumbüro der Redaktion von Swiss Radio International aufhängte, sah ich ein Klemmbrett auf meinem Schreibtisch liegen. Darauf lag ein getipptes Fax. Seltsam, dachte ich und sah mir das Fax genauer an. Es war von der Himalaya-Chronistin Miss Elizabeth Hawley, der ich ein paar Wochen zuvor per Brief bestätigt hatte, dass ich Ende August 2004 in Kathmandu ankommen würde, um meine Arbeit bei ihr aufzunehmen. Der erste Satz lautete: »The first thing you need to bring is a clipboard. It is important for our work.« Und da lag schon das Clipboard, rosa und aus stabilem Plastik. Mein Kollege Urs Geiser steckte seinen Kopf ins Büro und fragte: »Na, gefällt dir die Farbe?« Er hatte Miss Hawleys Schreiben auf dem Faxgerät gefunden und keine Mühe gescheut, gleich das angeforderte Clipboard zu besorgen.

Im Frühjahr 2004 stand bei Swiss Radio International eine Umstrukturierung an, und weil das einige Entlassungen bedeutete, wurden »Freiwillige« für diese Kündigungen gesucht. Da der Sozialplan überdurchschnittlich gute Bedingungen vorsah, rannten wir unseren Chefs regelrecht die Bude ein. Niemand wollte sich die verlockende Abfindung entgehen lassen. Auch ich nicht, und so überlegte ich, was ich, wenn ich meine Festanstellung beendete, stattdessen tun könnte. Ich war zwei Jahre nicht mehr in Nepal gewesen und merkte, dass es mich dorthin zog. Aber irgendetwas musste ich dort tun; ich wollte nicht nur eine Touristin sein, die vom Land fasziniert ist. So kam ich auf die Idee, Miss Hawley einen Brief zu schreiben und sie zu fragen, ob sie bei ihrer Arbeit Unterstützung brauchen könnte. Sie schrieb mir zurück, und wir einigten uns darauf, dass ich im September des gleichen Jahres bei ihr anfangen würde.

Inzwischen hatten unsere Vorgesetzten ein neues Problem, denn es wollten mehr Leute gehen, als nötig war. Der damalige Chefredakteur Jonas Hughes rief mich an, um mich zum Bleiben zu überreden. Das brachte mich in eine schwierige Lage, denn einerseits wollte ich keine Umstände machen, andererseits hatte ich mit Miss Hawley bereits vereinbart, dass ich ab September in Kathmandu sein würde. Nach langem Hin und Her einigten wir uns darauf, dass ich Jonas mein Schicksal überlassen und er mich mit seiner Entscheidung überraschen würde. Als er mir schließlich mitteilte, dass ich der Reorganisation zum Opfer gefallen war und ab Juli keinen Job mehr hatte, stiegen mir die Tränen in die Augen. Jonas sah mich fassungslos an, denn er hatte gedacht, mir mit dieser Entscheidung einen Gefallen zu tun. Ich hatte jedoch in diesem Moment das Gefühl, dass mir jemand den sicheren Boden unter den Füßen wegzieht und ich in ein tiefes, ungewisses Loch falle. Ich erholte mich aber schnell und freute mich auf meine interessante Aufgabe in Nepal.

IM JUNI RÄUMTE ICH MEINEN SCHREIBTISCH bei Swiss Radio International, packte meine sieben Sachen und fuhr nach Garmisch, wo ich den Sommer bei meiner Familie verbrachte. Ende August war es dann so weit: Endlich durfte ich zurück in mein geliebtes Nepal! Doch dieses Mal war es anders. Ich hatte keine Expedition geplant, war ohne Mike unterwegs und ganz auf mich gestellt. Auf dem Hinflug war ich sehr nervös, denn ich hatte Miss Hawley als eher strenge ältere Dame in Erinnerung. Was sich sehr bald als zutreffend herausstellen sollte.

Ich kam am Morgen des 30. August 2004 in Kathmandu an. Es war ein wunderbares Gefühl, mich wieder in das Chaos der nepalesischen Hauptstadt zu begeben. Ich stieg aus dem Flugzeug und atmete tief durch. Der Geruch von verbrannten Maiskolben, die auf der Straße verkauft wurden, gemischt mit dem weniger angenehmen Geruch der Abgase stieg mir in die Nase, und ich war glücklich, wieder hier zu sein. Ich nahm ein Taxi zum Hotel Hama in Chhetrapati, wo ich zuvor mit Mike immer gewohnt hatte. Ich freute mich, von den Menschen dort erkannt und herzlich begrüßt zu werden. Nachdem ich mein Gepäck abgelegt hatte, rief ich sofort Miss Hawley an, die nicht sehr gesprächig zu sein schien und mir lediglich anordnete, einen Stadtplan von Kathmandu zu kaufen und mir alle Hotels in der Stadt einzuprägen, denn ich würde die Expeditionen dort treffen. Sofort machte ich mich auf die Suche nach einem guten Stadtplan, jedoch nicht ohne mir vorher in Sonam Gurungs Fahrradladen »From Dawn Till Dusk« ein Rad zu kaufen. Das war sehr wichtig für mich, denn nur so konnte ich mich in Kathmandu frei, schnell und vor allem unabhängig bewegen. Nach weniger als fünfzehn Minuten war ich stolze Besitzerin eines grauen Trek-4300-Mountainbikes, das mich heute noch begleitet und mir in Kathmandu einen gewissen Bekanntheitsgrad verliehen hat.

Während meiner Einkaufstour nahm ich in der Stadt eine seltsame und fast aggressive Atmosphäre wahr. Die meisten Geschäfte waren geschlossen, und diejenigen, die es nicht waren, zogen ganz schnell ihre Rollläden herunter, als sich die Menschenhorden, die auf den Straßen herumlungerten, näherten. Ich war immer noch guter Dinge, radelte glücklich und stolz auf meinem neuen Bike und mit dem erstandenen Stadtplan durch Kathmandu, suchte aber noch keine Hotels, sondern das öffentliche Schwimmbad. Auf meinem Weg dorthin kam ich an brennenden Autoreifen vorbei, und irgendwie hatte ich das Gefühl, dass mich die Leute auf der Straße erstaunt anstarrten. Das war kein Wunder, denn zehn Minuten später begann die Ausgangssperre, welche die nepalesische Regierung für diesen Tag angeordnet hatte und von der ich nichts wusste. Die Stimmung schien immer aggressiver zu werden. Schließlich befahl mir ein Polizist, mich sofort auf den Weg nach Hause zu machen. Da trat ich ein wenig kräftiger in die Pedale und kam kurz nach 18 Uhr im Hotel Hama an. Mir war immer noch nicht klar, was los war, und so war ich froh, als mich der Rezeptionist im Hotel schließlich aufklärte.

Am Tag zuvor waren im Irak zwölf nepalesische Geiseln auf grausame Weise von Extremisten ermordet worden, und nun richtete sich die Aggression der Nepalesen gegen ihre muslimischen Landsleute, mit denen sie jahrzehntelang friedlich zusammengelebt hatten, sowie gegen die nepalesische Regierung, der sie vorwarfen, sich nicht ausreichend um die Freilassung der Geiseln bemüht zu haben. Sie attackierten muslimische Geschäfte, Restaurants, Werkstätten und zündeten das Dharahara-Minarett an, das seit Jahrzehnten am südlichen Rand des Stadtparks stand. Laut Angaben der Regierung wurden bei den Unruhen zwei Menschen getötet und bei Straßenschlachten Hunderte verletzt. Die Krawalle, die sich während der nächsten Tage ausbreiteten, spiegelten in meinen Augen die allgemeine Unzufriedenheit der nepalesischen Bevölkerung wider. Zu diesem Zeitpunkt herrschte noch Bürgerkrieg, bei dem die kommunistischen Maoisten gegen die Monarchie und das hinduistische Klassensystem kämpften. Drei Jahre zuvor waren der regierende König Birendra und seine Frau, zwei ihrer Kinder und fünf weitere Verwandte von dessen Sohn, dem Kronprinzen Dipendra, erschossen worden.

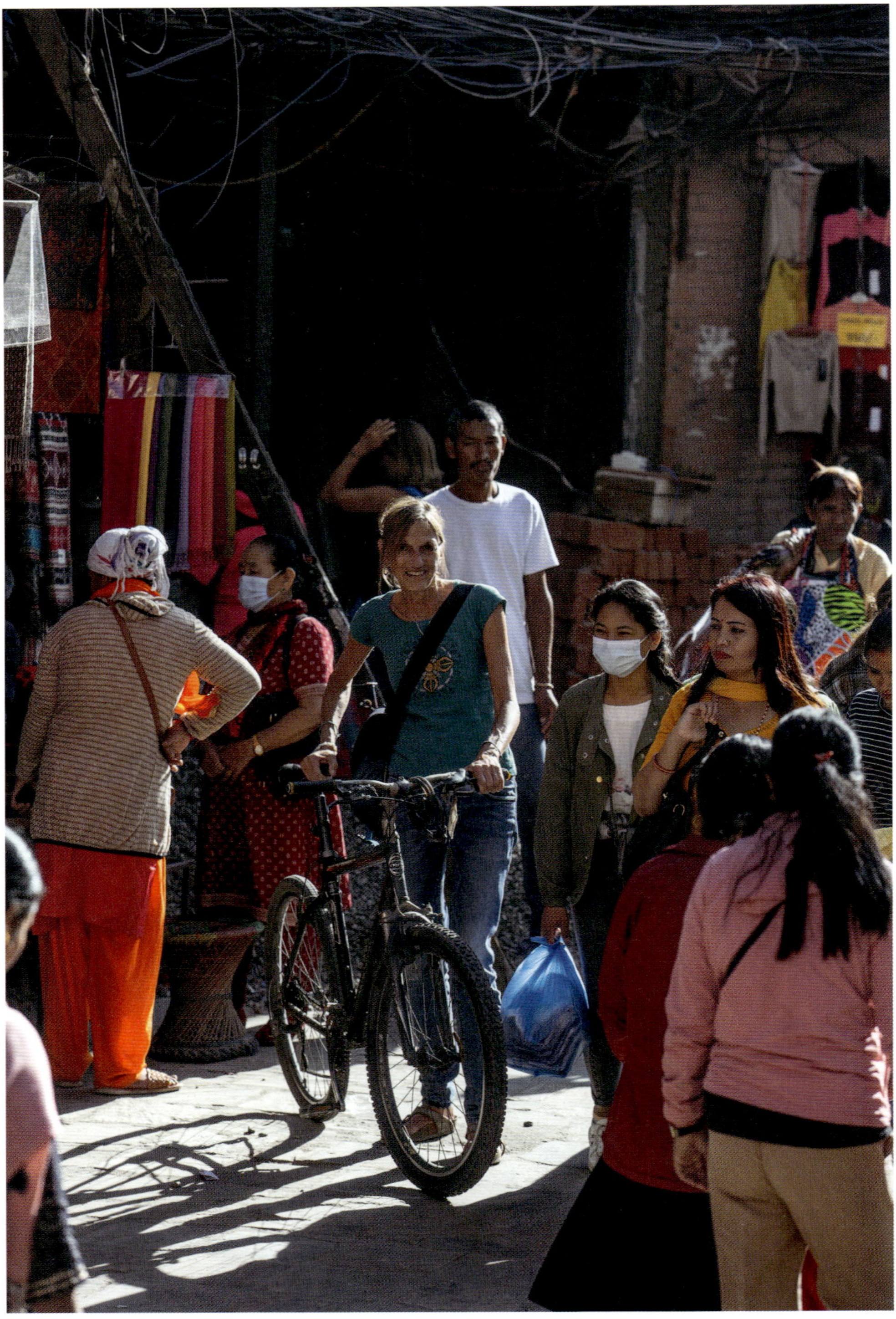

In Kathmandu bin ich so gut wie nie ohne mein Rad unterwegs. Im Sattel fühle ich mich sicherer als zu Fuß, auch wenn ich im Menschengewirr manchmal absteigen muss.

Da die Unruhen und Aggressionen gegen die muslimische Bevölkerung anhielten, verlängerte die Regierung die Ausgangssperre um weitere fünf Tage. Da saß ich nun mit meinen zwei Rucksäcken, meinem Stadtplan und meinem nagelneuen Fahrrad. Es gab noch kein WLAN, kein Whatsapp oder andere günstige Möglichkeiten für Telefongespräche nach Hause. Ich kannte noch niemanden in der Stadt, außer meinem Fahrradhändler und dem Trekking- und Expeditionsleiter Jamie McGuinness, den Mike und ich während unserer ersten Nepalreise kennengelernt hatten. Ich fühlte mich einsam und fragte mich, ob die Entscheidung, nach Nepal zu kommen, richtig gewesen war. Ab und zu telefonierte ich mit Miss Hawley, in der Erwartung, dass sie mir gut zureden würde, aber das war nicht der Fall. Sie war primär damit beschäftigt, die Expeditionen zu erreichen, die sie nun nicht mit ihrem Fahrer Suben und ihrem legendären hellblauen Käfer, den sie 1963 Prinz Basundra abgekauft hatte, persönlich aufsuchen konnte.

Nach fünf langen Tagen, an denen wir jeweils nur für zwei Stunden das Haus verlassen durften, zog ich in das Haus von Jamie McGuinness im Stadtteil Naya Bazaar, was sich später als gravierender Fehler für meine Arbeit bei Miss Hawley herausstellen sollte. Aber dort fühlte ich mich endlich zu Hause, denn ein Hotel ist nicht die optimale Umgebung, wenn man sich einsam und verlassen vorkommt. Am gleichen Tag besuchte ich zum ersten Mal Miss Hawley in ihrer Residenz im Stadtteil Dilli Bazaar. Dummerweise kam ich gleich zu unserem ersten Treffen zu spät, weil ich mit ihrer Wegbeschreibung nach Himmelsrichtungen nicht viel anfangen konnte. Miss Hawley war von meinem Erscheinen offenbar nicht sehr beeindruckt, da sie mich gleich fragte: »I hope you are not planning to see teams like this?« Ich nehme an, sie bezog sich auf meine ungekämmten Haare und meine vom Straßenstaub bedeckte Kleidung.

Ihre Wohnung lag im ersten Stock eines Hauses, das von Edmund Hillarys Stiftung Himalayan Trust gemietet wurde, und fühlte sich düster und kalt an. Vermutlich hatte sie in den mehr als 40 Jahren, in denen sie dort lebte, nicht viel verändert. Ihr Büro, in dem sie entweder ihre Notizen in den Computer eintippte oder an ihrem Schreibtisch Patience spielte, war vollgestellt mit Büroschränken aus schwerem, dunklem Eichenholz. Dort bewahrte sie ihre unzähligen handgeschriebenen Expeditionsberichte auf. Sie zeigte mir ihre Formulare und erklärte mir kurz, worauf ich achten sollte. Jedes Mal, wenn ich etwas nicht verstand und nachhakte, wurde sie laut, und ich wusste nicht, ob sie mich anschrie, weil ich eine dumme Frage gestellt hatte oder weil sie dachte, dass ich schlecht höre. Ich lernte schnell, dass Miss Hawley einfach rasch energisch wurde.

Nachdem sie mein Clipboard, meine Stifte und meinen Stadtplan auf ihre Korrektheit überprüft hatte, wurde ich mit dem Befehl entlassen, mich am nächsten Tag um 10 Uhr morgens im Hotel Nepa International einzufinden. Dort hatte sie einen Termin mit dem amerikanischen Expeditionsleiter Ryan Waters, der eine kommerzielle amerikanische Expedition zum sechsthöchsten Berg der Welt leitete, zum Cho Oyu in Tibet. Miss Hawley traf die Gruppen immer vor und nach ihrer Expedition. Vorher nahm sie die persönlichen Daten der Teilnehmer auf und erkundigte sich nach den Plänen des Teams: nach der Route, der Anzahl der Sherpas, ob Flaschensauerstoff verwendet werden würde oder nicht. Für die persönlichen Daten hatte sie ein vorgefertigtes Formblatt, die »Bioform«, die alle Expeditionsmitglieder ausfüllen mussten. Hier wollte sie nicht nur Name, Geburtsdatum, Nationalität, Wohnort und Beruf wissen, Miss Hawley war auch daran interessiert, ob die Teilnehmer »single«, »married«, »divorced« oder »living with girlfriend« waren. Sie erzählte, dass der Südtiroler Bergsteiger Reinhold Messner einmal alle vier Kästchen angekreuzt habe, was Miss Hawley, die eigentlich einen guten Humor hatte, gar nicht witzig fand. Messner, den die betagte Dame bereits seit vielen Jahren kannte und schätzte, hatte jedoch eine gute Erklärung für seine vier Kreuze: »In Italien bin ich noch verheiratet, in Deutschland bin ich schon geschieden, ich lebe mit meiner Freundin zusammen, aber ich fühle mich single.« Beim Treffen nach der Expedition, dem »Debriefing«, erkundigte Miss Hawley sich nach dem Verlauf der Besteigungen, den erreichten Gipfeln und etwaigen Vorkommnissen. Dabei ging ihr der Ruf voraus, durch genaues Nachfragen, etwa nach dem Verlauf der Route oder der Aussicht vom Gipfel, Widersprüche aufzudecken und Schwindlern auf die Schliche zu kommen.

Ich fuhr noch am gleichen Tag am Hotel Nepa International vorbei, um sicherzugehen, dass ich es am nächsten Tag ohne Probleme finden und pünktlich erscheinen würde. Und siehe da, ich war am kommenden Morgen sogar vor Miss Hawley, ihrem blitzblanken VW Käfer und ihrem Chauffeur Suben dort, der die alte Dame wie immer am Arm zum Expeditionsteam führte. Es war interessant, zu beobachten, mit welcher Ehrfurcht und Hochachtung das Team die »Grande Dame des Himalaya« begrüßte.

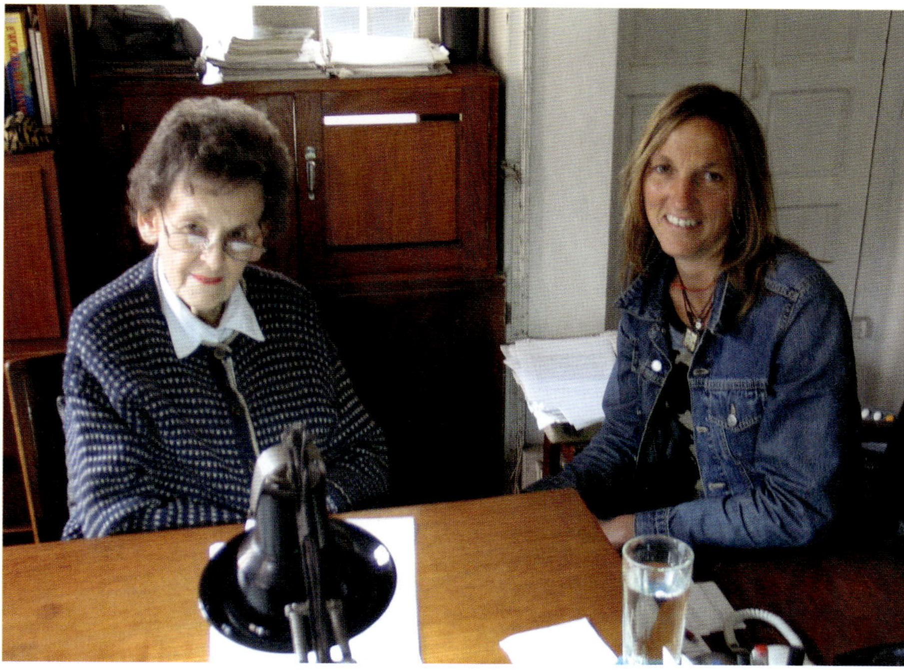

In Miss Hawleys Büro in Dilli Bazaar verbrachte ich viele Stunden: eine Aufnahme aus meinen ersten Jahren bei ihr.

Ryan, ein typisch amerikanischer Bergführer mit Baseballkappe und längeren Haaren, hieß Miss Hawley mit den Worten »Your hair looks nice today« willkommen. Später fand ich heraus, dass Ryan den wöchentlichen Friseurtermin von Miss Hawley wusste und sie, wenn er sie zeitnah traf, mit diesem Kompliment milde zu stimmen versuchte. Ryan war zwar groß und kräftig, neben der eher kleinen und zierlichen Himalaya-Archivarin sah er jedoch aus wie ein kleiner Schuljunge.

Miss Hawley wollte alles akribisch genau wissen. Wer zum Team gehörte, welche Pläne sie hatten, wie viele Sherpas sie begleiteten und natürlich, wann das Team plante, wieder in Kathmandu zu sein. All dies notierte sie auf ihren nach Mottenkugeln riechenden Formularen, wobei es mir bis heute unerklärlich ist, wie sie jemals in der Lage war, ihre Schrift wieder zu entziffern. Manchmal gelang ihr das auch nicht. Dann musste Namita Shrestha einspringen, die mehr als ein Jahrzehnt Miss Hawleys handgeschriebene Expeditionsberichte in das Computersystem einspeiste, das die Grundlage für die digitale Datenbank war. Die Himalayan Database wurde 2004 von dem US-Amerikaner Richard Salisbury und dem American Alpine Club (AAC) veröffentlicht. Richard traf Miss Hawley 1991 nach seiner Expedition zur Annapurna 4. Er war so von ihrer Arbeit fasziniert, dass er ihr vorschlug, die Informationen zu digitalisieren. Das war der Beginn eines langwierigen Prozesses. Nach seinen Aussagen verbrachten Namita Shrestha und Neeta Karmachary zwölf Jahre und insgesamt 11 000 Stunden damit, Miss Hawleys Notizen einzugeben. Richard Salisbury verwaltet bis heute die digitale Datenbank von seinem Heimatort Ann Arbor im US-Bundesstaat Michigan aus und speist die Informationen, die wir ihm schicken, in das System ein. Er steht im Hintergrund unserer Arbeit, und ohne ihn würde das digitale Archiv, das man kostenlos unter www.himalayandatabase.com herunterladen und abfragen kann, nicht existieren.

ELIZABETH HAWLEY HATTE IHRE KARRIERE als Himalaya-Chronistin im Jahr 1963 begonnen, als die erste amerikanische Everest-Expedition unter der Leitung von Norman Dyhrenfurth in Kathmandu ankam. Sie war damals als junge Journalistin in Nepal hängen geblieben und berichtete zunächst für das amerikanische Magazin *Time Life* und später für die Nachrichtenagentur Reuters. Da sie eine der wenigen ausländischen Reporterinnen in Kathmandu war, wurde sie damit beauftragt, über diese heute legendäre Expedition zu berichten. Miss Hawley verfolgte die Expedition der Amerikaner akribisch, und als am 1. Mai 1963 James Whittaker und Nawang Gombu um 13 Uhr am höchsten Punkt der Erde standen, war sie die erste Journalistin, welche die Welt darüber informierte. »I didn't make a lot of friends but we got a few scoops that way«, kommentierte sie das in der Reportage *The Keeper of the Mountains*. Als sich im Frühjahr 1965 eine indische Expedition auf den Weg zum Mount Everest machte, verfolgte Miss Hawley diese Expedition genauso sorgfältig. Das war der Anfang ihrer langen Karriere als Himalaya-Chronistin. Da zu dieser Zeit nur eine Handvoll Expeditionen die hohen Berge erkundete und wöchentlich nur zwei oder drei internationale Flüge am Tribhuvan Airport ankamen, war es noch einfach, mit den Bergsteigern Kontakt aufzunehmen. »I would go to the airport and have a look who was wearing heavy mountaineering boots. I called them over and asked them about their plans. It was as easy as that«, erklärte sie mir ihre damalige Taktik.

Miss Hawley war nie am Bergsteigen oder Wandern interessiert, und das auf 3860 Metern gelegene Kloster Tengboche in der Everest-Region ist der höchste Punkt, den sie jemals erreicht hat. Sie hatte auch nie Interesse daran, das Everest-Basislager zu besuchen. »What would I do there? I don't like going into the hills. I like to sleep in a comfortable bed; I like eating warm food at a table; I like comforts – I'm a city woman«, betonte sie immer wieder. Das zeigt auch, dass ihre Unermüdlichkeit hinsichtlich ihres Archivs eher in den Menschen als in den Bergen begründet lag.

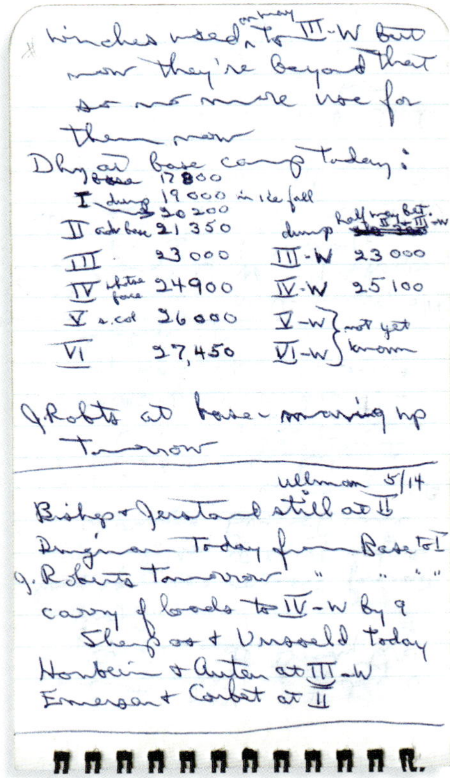

winches used on way to III-W but
now they're beyond that
so no more use for
them now
Dhy at base camp today:
base 17800
I dump 19000 in ice fall 20200
II adv base 21350 dump half way bet. III & III-W
III 23000 III-W 23000
IV top of face 24900 IV-W 25100
V s. col 26000 V-W not yet
VI 27,450 VI-W known
J. Roberts at base – moving up
tomorrow
Ullman 5/14
Bishop + Jerstad still at II
Dingman today from Base to I
J. Roberts tomorrow " " "
carry of loads to IV-W by 9
Sherpas + Unsoeld today
Hornbein + Auten at III-W
Emerson + Corbet at II

Miss Hawleys Handschrift war eine große Herausforderung für sie selbst und Namita. Kein Wunder, dass die Eingabe für die Datenbank mehr als zehn Jahre dauerte!

ALS ICH 2004 MEINE ARBEIT bei Miss Hawley aufnahm, hatte sie bereits seit 41 Jahren diese Interviews geführt, und ich war fasziniert davon, mit welcher Hingabe sie ihrer Aufgabe noch immer nachging. Die Zeiten, als man Expeditionsteilnehmer am Flughafen an den Bergschuhen erkannte und zu sich zitierte, waren längst vorbei. Wir standen jetzt vor der herausfordernden Aufgabe, die Expeditionen über die Trekkingagenturen in Kathmandu ausfindig zu machen.

Miss Hawley hatte nach ihren Anfängen im Jahr 1963 weitere Everest-Unternehmungen verfolgt, und nach einiger Zeit hatte sie begonnen, ihre Befragungen auf Expeditionen zu anderen Achttausendern in Nepal auszuweiten. Bald kamen auch noch Siebentausender und Sechstausender dazu, und irgendwann entschied sie sich, alle Berge, welche die nepalesische Regierung als Expeditionsgipfel klassifizierte, in ihr Archiv aufzunehmen. Heute sind das 469 Gipfel zwischen 6500 und 8848 Metern.

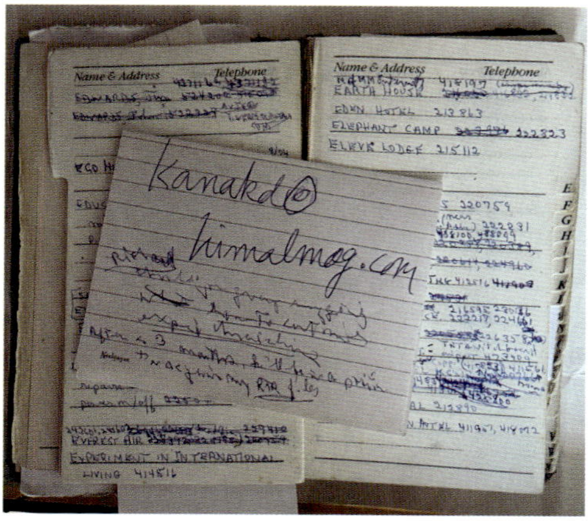

Miss Hawleys Adressbuch, das über die Jahrzehnte immer umfangreicher wurde und heute bei Lisa Choegyal gut aufbewahrt ist.

Nachdem ich Miss Hawley zu drei dieser Briefings begleitet hatte und sie davon überzeugt war, dass ich diese Aufgabe nun ohne sie meistern konnte, ließ sie mich allein auf die Expeditionen los. Sie gab mir eine handgeschriebene Liste mit den Namen von Teams, von denen sie wusste, wann sie in Kathmandu ankamen und in welchem Hotel sie abstiegen. Sobald es mir gelungen war, die Informationen zu entziffern, machte ich mich mit meinem Clipboard und den Mottenkugel-Formularen auf meinem blitzblanken Trek 4300 auf den Weg zu den Hotels. Miss Hawley war dafür berüchtigt, dass sie die Expeditionsleiter just in dem Moment kontaktierte, in dem sie ihre Hotelzimmer bezogen, und es war ein großes Mysterium, woher sie diesen Riecher hatte. »Sobald man das Hotelzimmer betrat, klingelte bereits das Telefon, und es war Liz. Ihr Anruf war ein fester Bestandteil unserer Expeditionen«, erinnert sich der neuseeländische Expeditionsleiter Guy Cotter. Was die Bergsteiger jedoch nicht wussten, war, dass Miss Hawley bereits geraume Zeit vor dem Eintreffen der Expeditionsleiter alle zehn Minuten im Hotel anrief, bis sie Glück hatte und im Zimmer endlich jemand ans Telefon ging. »You have to catch the people as soon as they arrive«, ermahnte sie mich. »Once they dump their luggage and go out to the bars and restaurants in town, it is hard to catch them. Well you might catch them in bars, but I certainly won't.«

Ich erinnere mich an eine Begebenheit, als sie den australischen Höhenbergsteiger Andrew Lock suchte. Ich war gerade in ihrem Büro in Dilli Bazaar, wo ich täglich meine ausgefüllten Formulare abgab, als sie mit der Dame an der Rezeption des Hotels Marshyangdi sprach, oder sagen wir besser, sie inbrünstig anschrie. »I am looking for Andrew Lock. L-O-C-K. Like the lock you put a key in«, schrie sie in den Apparat, verdrehte die Augen und zwinkerte mir zu. Nach ein paar weiteren Minuten legte Miss

Hawley sichtlich genervt den Hörer auf, sah mich an und meinte mit einem verschmitzten Lächeln: »I think I might have just booked a room in the name of Andrew Lock.« Das waren die Momente, die ich liebte, wenn ihr unschlagbar guter Humor zur Geltung kam.

Für mich war die Arbeit bei Miss Hawley eine harte Schule, denn es war anfangs sehr schwierig, ihr irgendetwas recht zu machen. Der Gegensatz, dass ich eher schnell als genau bin, Miss Hawley aber jede Einzelheit wissen wollte, machte es nicht einfacher. Wenn ich nur an die »Bioforms« mit den Personalien der Bergaspiranten denke: Miss Hawley hatte mir eingebläut, alle Formulare genau durchzusehen, bevor ich die Expeditionen verließ, da manchmal eine Handschrift unleserlich war oder anstatt des Geburtsdatums das aktuelle Datum angegeben war, was nicht selten passierte. Ich gab mein Bestes. Eines Tages übergab ich ihr ein Formular, in dem jemand als Beruf »Lehrer« eingetragen hatte. Als sie das las, fragte sie mich verärgert, warum ich nicht nachgefragt hätte, welches Fach die Person unterrichte. »For God's sake, woman«, begann sie wie gewöhnlich ihre Tirade. »You as a journalist should be interested in what he teaches. Now go back and find out.« Tja, da stand ich nun. Weil ich sie nicht anschwindeln wollte, fuhr ich zurück ins Hotel, um herauszufinden, welches Fach der bergsteigende Lehrer unterrichtete. Auch meine Handschrift war ihr ein Dorn im Auge, insbesondere mein K. Miss Hawley fand, dass mein K aussah wie ein V, und so musste ich mich eines Tages mit ihr hinsetzen und lernen, wie man in schönster Druckschrift K schreibt. Das blieb mir in Erinnerung, denn ich schreibe meine Ks heute noch so wunderschön, und dafür sind mir sicherlich viele Menschen dankbar.

In den ersten paar Jahren erwartete Miss Hawley von mir, dass ich sie dreimal pro Tag anrief – das erste Mal um 8.30 Uhr, dann um 13 Uhr und noch einmal um 19 Uhr, und das musste pünktlich geschehen. Der morgendliche Anruf war eine große Herausforderung, da ich zu dieser Tageszeit oft schon mit meinen Freunden auf meinem Trek 4300 die Hügel von Kathmandu erkundete. Es konnte schon mal vorkommen, dass ich kein Netz hatte oder die Verbindung so schlecht war, dass ich Miss Hawley kaum verstand. Das machte mich immer sehr nervös, und es passierte öfter, dass ich mich schnell von meinen Freunden verabschieden musste, um so rasch wie möglich in Kathmandu zu sein und herauszufinden, was Miss Hawley von mir wollte. Vorher musste ich aber noch schnell unter die Dusche springen, da ich unmöglich so schmutzig, wie man beim Mountainbiken nun mal wird, bei ihr vorbeischauen konnte. Manchmal blieb dann nicht mehr viel Zeit zum Frisieren. Ich kann mich erinnern, wie ich eines Tages abgehetzt bei ihr ankam, sie mich von oben bis unten betrachtete und verwundert sagte: »Have you looked in the mirror today? For God's sake, woman, go into my bathroom and fix your hair.« Und genau das tat ich, mit meinen mehr als 40 Jahren. Ich ging in Miss Hawleys rustikales Badezimmer, das mit einem schweren Teppich und einer flauschigen Auflage auf der WC-Brille ausgestattet war, und band meine dünnen Haare, die zu diesem Zeitpunkt ziemlich lang waren, zu einem Pferdeschwanz zusammen. Als ich wieder vor ihr stand, musterte sie mich erneut und meinte nur: »Your hair is pretty long.« Ich erklärte ihr stolz, dass ich gerade dabei sei, meine Haare wachsen zu lassen, worauf sie mich fassungslos ansah und meinte: »And then – what are you going to do with it?« Tja, was sollte ich mit langen Haaren anfangen? Und so vereinbarte ich sofort einen Termin mit meiner Friseurin Sangita.

Es ist mir bis heute schleierhaft, warum ich mich so lange von Miss Hawley dominieren ließ. Mir war wohl damals schon bewusst, dass sie es wert war – auch wenn es nicht einfach war und ich auch schon mal weinend bei meiner Mutter in Garmisch anrufen musste. »Wenn ich so mit dir umspringen würde, dann hättest du mir schon längst den Kopf gewaschen«, meinte meine Mutter oft. Miss Hawley den Kopf zu waschen lag mir fern, aber vielleicht hätte ich ihr früher widersprechen sollen, denn als ich es endlich tat – das dürfte so im Jahr 2013 gewesen sein –, merkte ich sofort, dass sie mir mit mehr Respekt begegnete und es vollkommen in Ordnung fand, dass ich nicht sofort sprang, wenn sie mich brauchte. Sie rief mich eines Abends an und wollte, dass ich sofort bei ihr vorbeikomme. Das war nichts Ungewöhnliches, und normalerweise wäre ich sofort zu ihr geeilt, aber an diesem Abend legte ich den Schalter im Kopf um und sagte: »Nein, Miss Hawley, ich komme jetzt nicht, sondern morgen früh um neun.« Sie sagte nur kurz »Okay« und war zufrieden. Hätte ich gewusst, wie einfach das war, hätte ich ihr wohl schon früher Paroli geboten, aber ich wollte es mir nicht mit ihr verscherzen. Denn ich respektierte sie sehr, mochte sie und erfreute mich an den interessanten Geschichten, die sie mir erzählte. Unter ihrer Regie zu arbeiten war jedoch eine sehr harte Schule, zumal fast ohne Lohn.

In der ersten Herbstsaison bezahlte mir Miss Hawley 500 nepalesische Rupien pro Interview, das sind rund vier Euro, was rückblickend gar nicht so schlecht war. Die Abrechnung machten wir am Ende der Saison, indem ich ihr die Liste meiner geführten Gespräche zeigte. Als ich ihr am Ende der Frühjahrssaison 2005 die Liste mit meinen Interviews gab, sah sie mich erschrocken an und meinte: »I can't possibly pay you that much.« Meine Antwort darauf war: »Ah, don't worry about it, Miss Hawley. It's fine.« Ab diesem Tag bezahlte sie mir keinen Cent mehr. Für mich war das vollkommen in Ordnung, denn die Arbeit mit ihr öffnete mir viele Türen und war trotz der Herausforderungen mehr wert als jedes Geld dieser Welt. Ich hatte das Privileg, Miss Hawley sehr gut kennenzulernen und zuletzt, neben der in Kathmandu lebenden Britin Lisa Choeygal, sogar eine ihrer engsten Bezugspersonen zu werden. Ich war bestens informiert, was in der Himalaya-Szene lief, lernte viele Menschen kennen, die auf nepalesischen Gipfeln Bemerkenswertes erreichten, schloss so manche enge Freundschaft und wurde selbst zu einem Bestandteil der Himalaya-Welt.

Wenn ich heute zurückblicke, wird mir allerdings erst bewusst, wie sehr ich um die Gunst von Miss Hawley kämpfte. Ich mochte sie, hatte jedoch gleichzeitig Angst – oder vielleicht eher großen Respekt – vor ihr. Wenn ihr Name auf meinem Telefondisplay erschien, und das war einige Male pro Tag der Fall, sank mir der Mut, denn ich wusste nicht, ob sie mich wieder für irgendetwas rügen würde. Im Mai 2005 schrieb ich in mein Tagebuch: »Ich habe das Gefühl, dass sich Miss Hawley langsam an mich gewöhnt und dass sie mich vielleicht sogar mag. Manchmal sitzen wir in ihrem Büro, und sie erzählt mir von ihren Eltern, der Zeit, zu der sie reiste, und von ihrer Gesundheit, mit der sie sicherlich gesegnet ist. Vorgestern hat sie mir sogar etwas vorgesungen. Sie trällerte ›What do people do when it rains in Rio‹, und dabei lächelte sie mich sogar an!«

Es fiel mir schwer, zu akzeptieren, dass ich Miss Hawley so nehmen musste, wie sie war. Jeevan Shrestha, der bereits seit dem Jahr 2000 für sie arbeitete, hatte die notwendige Distanz, er ließ sich von ihren Ausbrüchen nicht irritieren. Während eines Treffens mit Jeevan in einem Café brach ich plötzlich in Tränen aus: »Jeevan, ich halte das nicht mehr länger aus. Ich glaube, Miss Hawley mag mich einfach nicht.« Jeevan sah mich fassungslos an und sagte: »Aber Billi, sie meint es doch nicht persönlich – sie ist einfach so. It's Miss Hawley!«

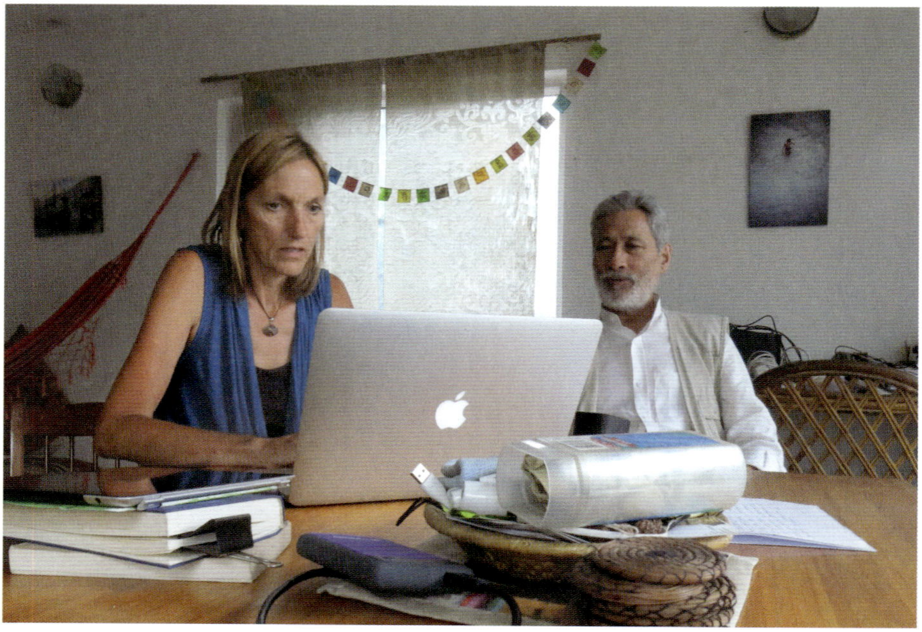

Lagebesprechung über die Zukunft der Himalayan Database mit meinem Kollegen Jeevan Shrestha in meiner Wohnung in Lazimpat.

Namita Shrestha, die jeden Vormittag in Miss Hawleys Büro die Interviews in das Computersystem eingab, hatte sich über die Jahre ebenfalls ein dickes Fell zugelegt. Mir tat Namita oft leid, denn Miss Hawley hatte wenig Geduld mit ihr und schrie sie nicht selten an. »Am Anfang hatte ich Angst vor ihr, aber mit der Zeit gewöhnte ich mich an ihre ruppige Art«, erzählte mir Namita bei einem Gespräch im Mai 2022. »Ich habe sie einfach ignoriert und nicht auf ihre Wutausbrüche reagiert. Nur so konnte ich es aushalten«, erklärte sie ihre Strategie. Und ergänzte: »Aber ich habe auch sehr viel von ihr gelernt, beispielsweise, dass man den Mund aufmachen muss, um etwas zu erreichen. Miss Hawley sagte immer: ›Namita, wenn du nichts sagst, bekommst du nichts – auch nicht von mir.‹ Das ist mir bis heute geblieben und hat mich in meinem Leben weitergebracht.« Miss Hawley bläute Namita ein, dass Frauen für ihre Rechte kämpfen müssen und dass das auch für sie gelte. Sie ging sogar so weit, dass sie Namita ihren Urlaub nicht freiwillig gab, sondern ihr die freien Tage erst dann gewährte, als Namita darauf bestand. »Namita, why didn't you say so? Of course, you can have a paid holiday, but if you don't ask, you will not get anything, not even from me«, erwiderte Miss Hawley auf ihre Forderung. »Being nice won't get you anywhere in life!« Und so kam es, dass Namita nach zehn Jahren Arbeit endlich ihren wohlverdienten bezahlten Urlaub erhielt.

Ich denke, nur so konnte Namita lernen, dass sie als nepalesische Frau auf ihre Rechte pochen musste. Wenn ich heute zurückblicke, war Miss Hawley tief in ihrem Herzen eine wahre Frauenrechtlerin, die viele Frauen inspirierte. Sie schwang zwar keine Fahnen und ging nicht mit erhobener Hand auf die Straße, um für Frauenrechte zu kämpfen, aber sie lebte den Feminismus und wurde für viele zum Vorbild. Sie inspirierte und motivierte nicht nur Frauen, sondern gab auch Männern die Möglichkeit, sich weiterzuentwickeln. »Liz hatte eine harte Schale, aber einen sehr weichen Kern«, sagte etwa Kunda Dixit, der Herausgeber und Chefredakteur der englischsprachigen nepalesischen Wochenzeitung *Nepali Times.* »Sie war meine Mentorin, und ohne ihre harte Schule wäre ich als Journalist nicht so weit gekommen. Sie lehrte mich Präzision, und ich denke sehr oft an sie, wenn ich meine Artikel schreibe.«

NACH MEINER ZWEITEN SAISON IN KATHMANDU wurde ich ungeduldig. Es zog mich in die Ferne und zu den hohen Bergen, denn auch wenn es interessant war, Expeditionsteams zu interviewen und Genaueres über ihre Abenteuer zu erfahren, wollte ich doch selbst auch etwas erleben. Meine Mountainbike-Freunde hatten die Idee, mit dem Rad von Lhasa nach Kathmandu zu fahren. Ich wollte unbedingt mitkommen, allerdings fiel die Tour zeitlich genau in die Expeditionssaison. Die Vorstellung, Miss Hawley über mein Vorhaben zu unterrichten, bereitete mir schlaflose Nächte. Eines Tages nahm ich all meinen Mut zusammen und erzählte ihr von meinem Plan. »You are a restless soul. If you were a child, you would be diagnosed with hyperactivity«, schrie sie mich an. »Today you are here, tomorrow in Lhasa and one day I will find you on top of Mount Everest.« Wenn sie gewusst hätte, dass ihre Vorhersage nur ein paar Jahre später wahr werden würde! Aber zu diesem Zeitpunkt dachte ich noch nicht im Traum daran, jemals auf den höchsten Berg der Welt zu steigen.

Wir flogen in die tibetische Hauptstadt Lhasa, um von dort die rund 1000 Kilometer zurück nach Kathmandu zu radeln, was eine fantastische, aber körperlich sehr herausfordernde Erfahrung war. Da damals der so-

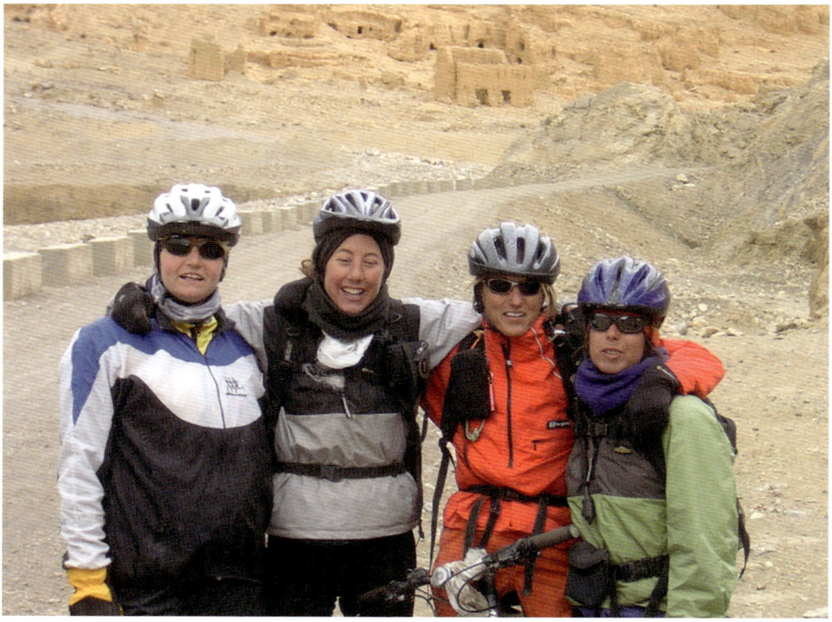

Auf dem Rad über Stock und Stein. Mit Kirstin, Chrissie und Agustina (von links) auf unserem Weg von Lhasa nach Kathmandu und zum nördlichen Everest-Basislager.

genannte »Friendship Highway« zwischen Nepal und Tibet, der heute eine vierspurige, geteerte Autobahn ist, noch eine Schotterstraße war, bewegten wir uns die meiste Zeit in einer dichten Staubwolke. »Als ob man mit einer Zigarette im Mund radeln würde«, beschrieb mein Radkollege Christian die Luftverhältnisse in Tibet. Unsere Route führte uns in die Nähe des Basislagers auf der Nordseite des Mount Everest. Dort arbeitete der australische Bergführer Duncan Chessell, den ich aus Kathmandu kannte, unter der Leitung des arrivierten neuseeländischen Expeditionsveranstalters Russell Brice für dessen Agentur Himalayan Experience. Um Duncan zu besuchen, machten wir uns vom Kloster Rongbuk auf rund 5000 Meter Höhe auf den Weg zum Everest-Basislager auf 5200 Metern. Für mich war das die schwierigste Radetappe, was weniger an der Höhe als vielmehr an den unendlichen Bodenwellen lag. Die relativ kurze Strecke ins Basislager zog sich in die Länge, und manchmal waren die Furchen auf dem Weg so tief, dass ich nur noch laut schreien wollte. Als wir endlich im Basislager von Himalayan Experience ankamen, waren wir nicht nur gut durchgeschüttelt, sondern auch von oben bis unten verstaubt. Duncan begrüßte uns herzlich und bot uns eine Tasse Tee an. Mir war das fast unangenehm, denn ich war besorgt, was Russell davon halten würde, in seinem sauberen Camp eine Gruppe verschwitzter Radfahrer zu haben. Er kam kurz vorbei und begrüßte uns mit Misstrauen. Nachdem wir unsere Tasse Tee getrunken hatten, machten wir uns schnell wieder auf den Weg zurück zum Kloster Rongbuk, und ich wurde das Gefühl nicht los, dass wir uns mit diesem Besuch nicht unbedingt einen Freund gemacht hatten.

Ganz unrecht hatte ich damit nicht. Russell war offensichtlich nicht gerade beeindruckt von mir und betrachtete mich am Anfang meiner Karriere bei Miss Hawley mit Argwohn. Wir hatten kaum Berührungspunkte, denn er gehörte zu der privilegierten Gruppe von Expeditionsleitern, die Miss Hawley für sich beanspruchte und die ich in den ersten Jahren nie interviewen durfte. Sie hatte Freude daran, renommierte Expeditionsleiter wie Guy Cotter, Henry Todd oder eben Russell Brice zu treffen. Diese waren äußerst genau und wussten, welche Informationen Miss Hawley wollte. »If all expedition leaders were like this, our job would be a lot easier«, pflegte sie zu sagen. »Russell writes down the exact dates and times by the minute. It's wonderful!« Erst als sie 2007 für eine medizinische Behandlung in Bangkok war, hatte ich die Möglichkeit, die Koryphäen des kommerziellen Expeditionsbergsteigens in Nepal kennenzulernen. Nach unseren anfänglichen Schwierigkeiten wurde Russell über die Jahre ein guter Freund, der mir unter anderem ermöglichte, auf vier der vierzehn Achttausender zu stehen.

Als ich von meiner Radtour zurückkam, stürzte ich mich sofort in die Arbeit. Ich hatte ein schlechtes Gewissen, dass ich Miss Hawley mehr als zwei Wochen im Stich gelassen hatte, und so hängte ich mich noch mehr ins Zeug als zuvor. Damals empfand ich es als riesiges Versagen, wenn ich ein Team verpasste. Expeditionen zu suchen und zu finden wurde für mich zu einer Art Schnitzeljagd, und ich gab alles, um wirklich jede zu erwischen – einerseits für mich, andererseits für Miss Hawley, da ich ständig in der Angst lebte, sie zu enttäuschen. Die Tätigkeit für die Himalayan Database gab mir auch eine gewisse Freiheit, Leute einfach auf den Straßen von Kathmandu anzusprechen. Wenn ich beispielsweise eine italienische Dhaulagiri-1-Expedition suchte und mir in Thamel Leute entgegenkamen, die aussahen wie italienische Bergsteiger, hatte ich keine Skrupel, sie anzusprechen und nach ihren Plänen zu fragen. Das geschah manchmal mitten auf der Straße und manchmal auch in Sam's Bar, einer Institution in Kathmandu, die zu meiner Stammkneipe wurde. Zu Expeditionszeiten trifft man hier alles, was in der Bergsteigerszene Rang und Namen hat, und Verena Westreicher aus Tirol, die diese Bar bereits seit 25 Jahren führt und mit der ich mich schnell anfreundete, weiß immer, wer in der Stadt ist und wer nicht. Auch wenn Miss Hawley meine Vorgehensweise zunächst suspekt war, sah sie später die Vorteile darin: »I have never said it before but one of the very useful things about you is that you bump into people in bars and hotels and the streets of Thamel. You get around the haunts of climbers much more than Jeevan and I do, and this is very helpful. Got the message?«, schrieb sie mir zu einer späteren Gelegenheit, und ich denke, dass das ein Kompliment gewesen sein könnte.

Es kam auch vor, dass ich von einer Expedition nachts um elf aus dem Bett geklingelt wurde, um das Interview jetzt oder nie zu machen, da sie am nächsten Morgen um 6 Uhr nach Hause flogen. Heute würde ich ihre E-Mail-Adresse notieren und das Debriefing per E-Mail machen oder ihnen unseren Online-Fragebogen schicken. Damals schälte ich mich noch aus dem Bett, setzte mich bei Nacht und Nebel auf mein Rad und interviewte das Team kurz vor Mitternacht in seinem Hotel. Aber all das war ein Kinderspiel im Vergleich zu den wirklich schwierigen Gesprächssituationen mit Expeditionen, bei denen jemand ums Leben gekommen war. Miss Hawley wollte ihre Informationen wie Höhe und Zeitpunkt der ersten Nacht in den verschiedenen Lagern am Berg trotzdem, egal ob am Berg Menschen gestorben waren oder nicht. Ich kann mich sehr gut an ein Treffen mit Caroline Letrange im Jahr 2006 erinnern. Ich hatte sie und ihren Mann Jacques vor ihrer Expedition zur Nordseite des Mount Everest getroffen, und da sie ein interessantes klimabezogenes Projekt durchführen wollten, wurde es eine lange, angeregte Unterhaltung. Leider erfuhr ich später, dass Jacques, der am 17. Mai 2006 ohne seine Frau Caroline auf dem höchsten Punkt der Welt stand, beim Abstieg kollabierte und an Erschöpfung starb. Ich informierte Miss Hawley in der Hoffnung, dass ich Caroline nicht mehr treffen musste, aber die wurde enttäuscht. »Of course, you have to meet her. You need to find out exactly what happened – and don't forget to get the exact dates for the climb!«, befahl sie mir.

So zog ich mit meinem Rad los und war sehr nervös, denn Caroline hatte gewiss andere Dinge zu tun, als mit mir die Höhe ihrer Lager zu besprechen. In der Lobby des Hotels Shanker kam mir eine gebrochene, aber gefasste Frau entgegen. »Natürlich können wir das Interview machen. Ich muss das tun, was ich tun muss, und ich nehme mir gern die Zeit, mit dir zu sprechen«, entgegnete sie mir auf meine einleitende Entschuldigung, dass ich sie in dieser Situation mit so etwas wie dem Fragebogen belästigte. Für mich war dieses Interview eines der schwierigsten in meiner Laufbahn bei der Himalayan Database, und heute würde ich wohl davon absehen. Damals saß mir Miss Hawley im Nacken, und ich wusste, dass sie sehr verärgert wäre, wenn ich ihr die notwendigen Informationen vorenthalten würde. Caroline war sehr kooperativ, zog ihr Tagebuch heraus, gab mir die wichtigsten Daten der Expedition und erzählte mir sachlich, fast mechanisch, was mit ihrem Mann dort oben geschehen war.

Nach Jacques' Tod besuchte Caroline regelmäßig Nepal, wir sahen uns oft und wurden Freundinnen. Als wir Jahre später über die damalige Situation sprachen, war ich überrascht zu hören, dass meine Präsenz für sie damals wohltuend war. »Billi, du warst die Einzige, bei der ich nicht das Gefühl hatte, dass sie mich ausquetschen wollte wie eine Zitrone. Jeder wollte etwas von mir. Mein Handy klingelte ununterbrochen, und ich wurde überflutet mit Fragen von Journalisten, Versicherungsmaklern, der Botschaft, der Trekkingagentur … Du warst einfach da, warst rücksichtsvoll und sensibel, und ich fühlte mich in deiner Gegenwart wohl.« Das war eines der größten Komplimente für mich. »Ich kann mich gut erinnern, wie wir im Hotel saßen und redeten«, erzählte sie weiter. »Deine Stimme war weich, du hast mir einfach nur zugehört. Dieses Gespräch verband mich mit dir und wird es immer tun.« Ihre Worte berührten mich sehr, und ich bin heute froh, dass ich Caroline in diesem schwierigen Moment mit Pietät begegnet bin. Sie wurde über die Jahre ein fester Bestandteil der Himalaya-Szene. Sie bot selbst Trekkings und Expeditionen an und bestieg 2013 den achthöchsten Berg der Welt, den Manaslu.

DER TOD BEGEGNET MIR BEI MEINER ARBEIT für die Himalayan Database immer wieder, und es macht mich jedes Mal betroffen, wenn Menschen, die ich für unser Archiv interviewt habe, nicht mehr vom Berg zurückkommen, auch wenn ich sie nur flüchtig kannte. Während der Arbeit an diesem Buch erfuhr ich, dass die bekannte amerikanische Skibergsteigerin Hilaree Nelson im Alter von 49 Jahren am Manaslu tödlich verunglückte. Solche Nachrichten versetzen mir einen Stich. Ich weiß nicht, wie Miss Hawley mit diesen tragischen Begebenheiten umging. Sie war sehr viel pragmatischer als ich, aber ich weiß zum Beispiel, dass ihr der Tod des slowenischen Bergsteigers Tomaž Humar am Langtang Lirung im Jahr 2009 sehr naheging. Sie hatte ihn als Bergsteiger und Mensch sehr geschätzt, am meisten wohl, weil er immer sehr kooperativ und hilfreich für ihr Archiv war.

Eine der schwierigsten Todesbotschaften, die ich erhielt, war die Nachricht über den Absturz des Schweizer Bergsteigers Ueli Steck. Sie erreichte mich in Duschanbe, der Hauptstadt Tadschikistans, wo ich im Frühjahr 2017 zwei Monate als Kommunikationsexpertin für die Humanitäre Hilfe der Schweiz tätig war. Ich war gerade mittendrin, Uelis Buch *Der nächste Schritt* ins Englische zu übersetzen, als meine Freundin Monica Piris mir eine Nachricht schickte und mir mitteilte, dass Ueli am Nuptse abgestürzt sei. »Billi, Ueli is dead«, las ich auf meinem Handy-Display. Mir schnürte es regelrecht die Luft ab. Ueli war für viele in der Bergsteigerwelt ein unerreichbares Idol, und jetzt sollte er nicht mehr unter uns sein? Ich konnte es nicht glauben. Es traf mich wohl noch ein bisschen härter, weil ich die vorhergehenden zwei Monate die Unternehmungen von Ueli zu hundert Prozent absorbiert hatte, denn wenn ich eine solche Übersetzung mache, tauche ich völlig in das Leben des Autors ein. Ich holte tief Luft, schrieb noch kurz mit Monica hin und her, die mir erklärte, dass er mehr als 1000 Meter in die Tiefe gestürzt sei, und kam innerhalb von ein paar Minuten zur Überzeugung, dass ich das Buch nicht fertig übersetzen konnte. Es ging mir einfach zu nahe.

Ich schaltete den Computer aus und ging im Stadtpark von Duschanbe joggen, um mich zu sammeln. Ueli war ganz nah bei mir, und mir fiel wieder ein, wie wichtig ihm die englische Übersetzung seines Buches gewesen war. »Billi, wenn der Verlag es mit dem Buch nicht auf die Reihe bekommt, dann schreib ich mein eigenes auf Englisch«, hatte er einmal gesagt und mich gefragt, ob ich ihm bei der englischen Version seines Buches helfen würde. Natürlich hätte ich das getan, jedoch beauftragte mich kurz darauf der amerikanische Verlag Mountaineers Books, für den ich auch Gerlinde Kaltenbrunners Buch *Ganz bei mir* ins Englische gebracht hatte, mit der Übersetzung. Für Ueli und mich passte das sehr gut, denn es macht einen großen Unterschied, ob man die Person, deren Buch man übersetzt, persönlich kennt oder nicht. Man kann sich besser in denjenigen einfühlen und sich vorstellen, wie er in gewissen Situationen reagiert. Während des Joggens wurde mir bewusst, dass es gerade jetzt, nach Uelis Tod, wichtiger denn je war, die englische Ausgabe fertigzustellen. Dennoch dauerte es einige Zeit, bis ich mich von dem Schock erholte und mich wieder an die Arbeit machen konnte. Im Sommer 2017 übersetzte ich das Buch zu Ende, das schließlich unter dem Titel *My Life in Climbing* erschien.

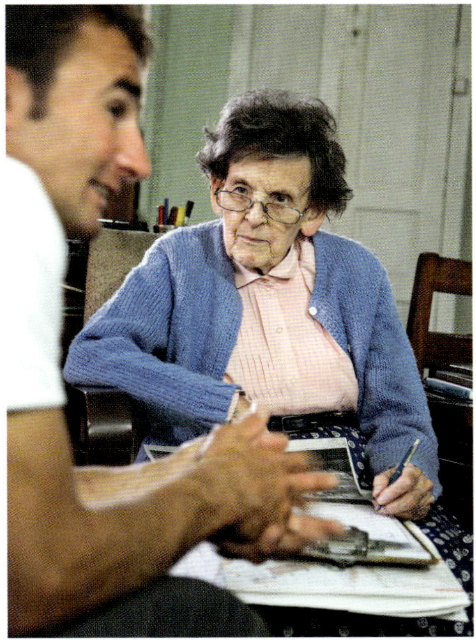

Eines der letzten Highlights in Miss Hawleys Karriere: das Interview mit Ueli Steck nach seiner Solodurchsteigung der Annapurna-Südwand im Jahr 2013.

Es wird immer schwer sein, den vorzeitigen Tod von geschätzten Menschen zu akzeptieren, und ich weiß, dass ich in meiner Arbeit für die Himalayan Database weiterhin damit konfrontiert sein werde. Ich möchte die Namen derjenigen, deren Tod mir sehr naheging, hier nicht auflisten, aber es waren einige. Ich will und muss in dem Glauben leben, dass der Tod in den Bergen für sie bestimmt war und dass sie ihren Weg gegangen sind.

NACHDEM ICH ZUM ERSTEN MAL DAS EIS GEBROCHEN und mich getraut hatte, mitten in der Expeditionszeit von Lhasa nach Kathmandu zu radeln, dachte ich bald über größere Ziele nach. Jamie McGuinness plante für den Herbst 2005 eine Expedition, die unter der Leitung des Australiers Andrew Lock zum Cho Oyu, dem sechsthöchsten Berg der Welt, gehen sollte. Zu dieser Unternehmung motivierten mich zweierlei Interessen: Zum einen wollte ich mein Glück an einem Achttausender versuchen und wissen, wie es sich anfühlt, auf mehr als 8000 Meter zu kommen, zum anderen war ich unsterblich in Andrew Lock verliebt. Er kam seit den Achtzigerjahren nach Nepal und wollte alle vierzehn Achttausender besteigen. Ich traf Andrew im Oktober 2004, kurz nachdem er von seiner ersten erfolgreichen Cho-Oyu-Besteigung nach Kathmandu zurückgekehrt war. Sein Name war mir nach Miss Hawleys missglücktem Versuch, ihn im Hotel Marshyangdi ausfindig zu machen, in Erinnerung geblieben, und damals war ich noch sehr beeindruckt, wenn ein Bergsteiger mehrere Achttausender bestiegen hatte.

Im Rückblick muss ich über mich selbst schmunzeln. Heute ist es nicht mehr ungewöhnlich, dass Alpinisten sogar mehrere Achttausender pro Saison besteigen. 2019 schaffte es der Nepalese und ehemalige Gurkha-Offizier Nirmal Purja, bekannt unter dem Namen Nims Dai, innerhalb von sechs Monaten und sechs Tagen auf den vierzehn höchsten Gipfeln dieser Erde zu stehen. Allerdings unterscheidet sich die Art und Weise, wie heutzutage Achttausender bestiegen werden, enorm von den Expeditionen Andrew Locks und seiner Zeitgenossen. Zu Andrews Zeiten trekkte man noch zu den Basislagern, fixierte die Seile selbst – zumindest diejenigen, die sich unabhängige Bergsteiger nannten – und bestieg die meisten Achttausender ohne Flaschensauerstoff. Heute werden sie fast nur noch mit zusätzlichem Sauerstoff bestiegen, die Expeditionsteilnehmer sind durch ein Höhenzelt, das sie zu Hause benutzen, vorakklimatisiert, fliegen mit dem Helikopter zwischen den Basislagern hin und her und verlassen sich darauf, dass die Sherpas die Seile fixieren. Es hat sich sogar eingebürgert, dass Everest-Aspiranten nach erfolgreicher Akklimatisierung einen Helikopter nach Kathmandu chartern und es sich dort ein paar Tage in einem Luxushotel gut gehen lassen. Während der Expeditionssaison ist der Helikopterverkehr im Khumbu fast unerträglich, Hubschrauber sind dort oben das beliebteste Transportmittel für Mensch und Güter geworden. »Ich komme mir manchmal vor wie Amazon«, erzählte mir der italienische Höhenbergsteiger und Helikopterpilot Simone Moro bei einem Kaffee im Marriott Hotel im Frühjahr 2022. »Stell dir vor, manche Leute waren bereits im Everest-Basislager und merkten erst da, dass sie keine oder nicht die richtigen Expeditionsschuhe dabeihatten. Ich besorgte verschiedene Modelle und Größen und flog sie ins Basislager. Dort wurden sie anprobiert, ich kassierte und flog wieder zurück«, erinnerte sich Simone. Nach vier beeindruckenden Winter-Erstbesteigungen von Achttausendern hatte er sich zunehmend dem Fliegen zugewandt. Außer zu Material- und Rettungsflügen wurde er sogar schon als Pizzaservice angeheuert: »Einmal habe ich zwölf Pizzas von der berühmten italienischen Pizzeria Fire & Ice von Kathmandu ins Everest-Basislager geflogen.«

Im Jahr 2005 konnte ich diejenigen, die vorhatten, alle vierzehn Achttausender zu besteigen, noch an zwei Händen abzählen, heute habe ich den Überblick verloren und weiß nicht mehr, wer dieses Projekt in welcher Rekordzeit absolvieren will. Vor knapp zehn Jahren war diese Gruppe von Achttausender-Aspiranten aber noch etwas Besonderes. Zu ihnen gehörte Andrew Lock, und mit ihm würde ich auf Expedition gehen! Ich wollte mir diese Gelegenheit auf keinen Fall entgehen lassen, hatte jedoch das bereits bekannte Problem: Wie sollte ich Miss Hawley beibringen, dass ich mitten in der Herbstsaison nicht da sein würde? Als ich im August 2005 in Deutschland war und mich aufgrund des geografischen Abstands relativ sicher fühlte, nahm ich all meinen Mut zusammen und klärte Miss Hawley per E-Mail über mein Vorhaben auf. Zu diesem Zeitpunkt stand noch nicht fest, ob die Expedition zum Cho Oyu oder zur Shishapangma, dem niedrigsten Achttausender, gehen würde. Hierzu sei angemerkt, dass die Himalayan Database nur Expeditionsgipfel in Nepal oder solche im Grenzbereich listet. Besteigungen auf der Nordseite des Mount Everest oder des Cho Oyu finden in der Datenbank Platz. Die Shishapangma aber liegt vollständig in Tibet und wird nicht in die Datenbank aufgenommen.

Nachdem Miss Hawley mein E-Mail erhalten hatte, antwortete sie mir postwendend: »Dear Billi. My first reaction to your thoughts about Shishapangma/Cho Oyu was: ›Oh dear, here we go again.‹ I can certainly understand your restless soul's desire for a climb, but I do wish you could stay in one place. I hadn't seen your work here as replacing mine, but as augmenting my efforts«, begann ihre Nachricht, in der sie mir klipp und klar mitteilte, dass ich ihr auf lange Sicht wohl zu unruhig war, um jemals ihre Arbeit vollständig zu übernehmen. Sie legte mir nahe, dass ich besser zum Cho Oyu gehen solle, da er in der Datenbank gelistet sei, und ermahnte mich, dass ich mir das Ganze noch einmal genau überlegen solle. »You will have had a real taste of what it's like. But assuming you have the finances to go at all, perhaps you can wait to decide until the overall autumn picture is clearer. Regards, Elizabeth Hawley«, endete das Schreiben.

Ihre Antwort überraschte mich positiv, denn sie vermittelte mir das Gefühl, dass sie mein Verlangen, auf hohe Berge zu steigen, verstand. So bereitete ich mich eifrig auf mein Vorhaben vor, lieh mir alles, von Daunen-

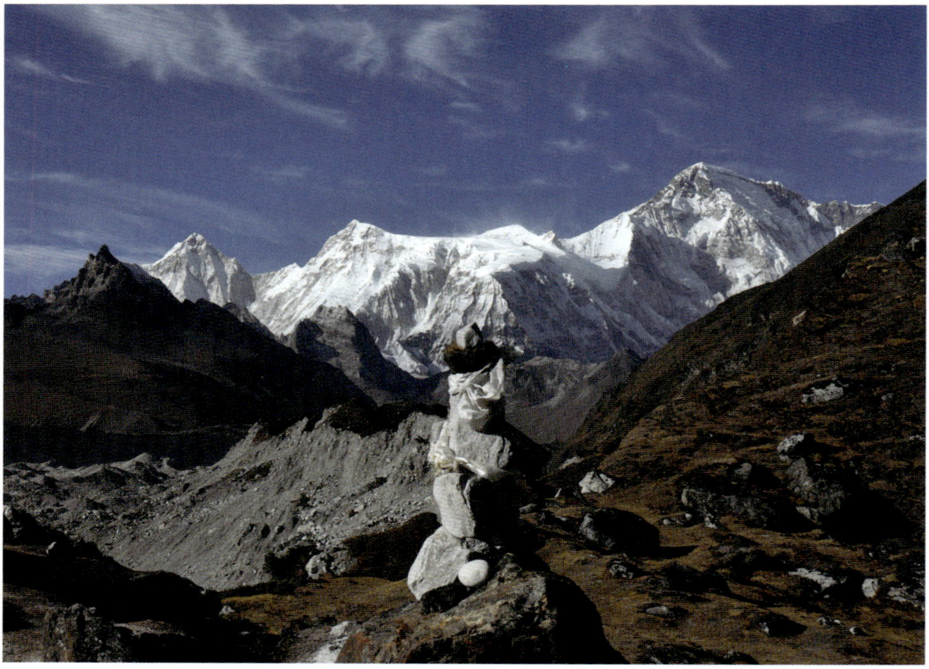

Auf der nepalesischen Seite des Cho Oyu zieht der riesige Ngozumpa-Gletscher nach Süden, dessen breites Becken man auf dem Weg von Gokyo zum Cho La überqueren muss.

anzug über Daunenhandschuhe zu Daunenschlafsack, aus und marschierte ins Touristenviertel Thamel, um mir gebrauchte Expeditionsbergschuhe zu kaufen. Höhenbergsteigen ist ein kostspieliges Unterfangen, nicht nur wegen der hohen Preise für die Teilnahme an kommerziellen Expeditionen, sondern auch aufgrund der Ausrüstung, die man benötigt. Für einen Daunenanzug muss man mindestens 1000 Euro hinblättern, neue Expeditionsbergschuhe kosten mindestens 800 Euro. Das konnte ich mir nicht leisten, deswegen hatte ich riesiges Glück, dass ich für die 150 Dollar, die ich in der Tasche hatte, ein gebrauchtes und etwas zerfleddertes, aber noch intaktes Paar in meiner Größe fand.

Nun war ich ausgerüstet und startete am 3. September 2005 mit Andrew Lock, dem Spanier Iñigo de Pineda Blanc und Dawa Chhiri Sherpa mit dem Jeep Richtung Tibet, wo wir den sechsthöchsten Berg der Welt von Norden her besteigen wollten. Für mich war das eine Reifeprüfung, da ich mir und den anderen beweisen wollte, wie stark ich war. Mit dieser Ambition setzte ich mich unter Druck. Hinzu kam mein Interesse an Andrew, den ich natürlich beeindrucken wollte. Iñigo, Andrew und Dawa waren weitaus stärker als ich, und so befand ich mich immer ein paar Meter hinter ihnen. Bereits bei der Akklimatisierungswanderung vom chinesischen Basislager, das auf 4900 Metern lag, hinauf auf lächerliche 5300 Meter war ich viel langsamer als die anderen. Aber ich lief stetig und fühlte mich gut. »Wäre doch gelacht, wenn ich das nicht schaffen würde«, dachte ich.

Als ich während unserer zweiten Akklimatisationsrunde am Berg wieder etwas langsamer als meine Expeditionskollegen, jedoch schneller als viele Kunden von anderen kommerziellen Anbietern vom auf 7100 Metern gelegenen Lager 2 abstieg, meinte Andrew plötzlich: »Billi, du bist viel zu langsam. Ich würde sagen, du lässt das besser und gehst heim.« Das war ein Schlag ins Gesicht, denn so schwach fühlte ich mich gar nicht. Ich folgte Andrews Anweisungen zwar widerspruchslos, aber ich war wütend: Ich war mir sicher, dass ich den Berg hätte besteigen können. Andrew war sichtlich erleichtert, den »Klotz der Expedition« loszuwerden. Er selbst hatte den Cho Oyu bereits im Vorjahr bestiegen, sein eigentliches Interesse bestand daher darin, sich schnell zu akklimatisieren und dann die benachbarte Shishapangma zu besteigen, da sie in seiner Achttausender-Kollektion noch fehlte. Der Abschied vom Cho Oyu tat mir im Herzen weh, denn ich wurde gleich zweimal abgelehnt: zum einen von meinem ersten Achttausender und zum anderen von dem Mann, der mich so anzog. Meine Faszination für ihn hielt noch ein paar Jahre an, aber irgendwann fand ich mich damit ab, dass Andrews Interesse an mir begrenzt war, und so sind wir bis heute einfach nur gute Freunde geblieben.

Sobald ich in meinem Schneckentempo im Cho-Oyu-Basislager angekommen war, packte ich meine Sachen und machte mich für die Abreise fertig. Allerdings ist es in Tibet gar nicht möglich, sich individuell zu bewegen. Die chinesischen Behörden geben nur Gruppenvisa aus, und man muss in genau dieser Gruppe reisen. Wie sollte ich also allein zurück nach Kathmandu kommen? Andrew kontaktierte den schottischen Expeditionsleiter Henry Todd, der auf dem Rückweg nach Nepal war. »Ich kann Billi schon mitnehmen«, meinte Henry, der mittlerweile ein sehr guter Freund geworden ist, mürrisch, »aber viel Zeit kann ich nicht mit ihr verschwenden.« Es kam noch eine Engländerin mit, die mit dem britischen Unternehmen Jagged Globe unterwegs war und gesundheitliche Probleme hatte.

Henry Todd war offensichtlich nicht sehr begeistert, uns zwei Frauen im Schlepptau zu haben, doch war Andrew ein alter Freund von ihm, und er schuldete ihm einen Gefallen.

Zu diesem Zeitpunkt war Henry noch ein Mysterium für mich. Er mochte mich nicht und begegnete mir mit Misstrauen, da ich drei für ihn nicht akzeptierbare Attribute hatte: Ich war Journalistin, ich arbeitete für Miss Hawley, und ich wohnte bei Jamie McGuinness, für den er nicht viel übrighatte. Miss Hawley und Henry standen sich einmal sehr nahe, aber Henry ärgerte sich über eine Aussage in ihrem Buch *Wir sehen uns in Kathmandu* und verbannte sie daraufhin aus seinem Leben. Allerdings konnte ich Henry im Jahr darauf davon überzeugen, dass ich gar nicht so ein Unmensch war. Er war dabei, als ich Russell Brice zu den Geschehnissen auf der Nordseite des Mount Everest im Frühjahr 2006 befragte. Es war eine schwierige Saison gewesen: Ein Brite namens David Sharp war in der Nähe des Gipfels am sogenannten Mushroom Rock zusammengebrochen. Laut verschiedenen Aussagen sollen unzählige Bergsteiger an dem sterbenden Mann vorbeigegangen sein, ohne ihm zu helfen. Es ist leicht, solche Anschuldigungen zu machen, und wichtig, mit allen Betroffenen zu reden, und da Russell auf der Nordseite des Mount Everest damals noch der »Chef« war und aufgrund seines regen Funkkontakts mit den Sherpas alles mitbekam, was am Berg passierte, wollte ich seine Meinung darüber hören.

Mitten im Interview stand Henry auf und sagte: »Billi, ich denke, ich muss mich bei dir entschuldigen. Ich habe dich mit den falschen Leuten assoziiert und nicht die Person in dir gesehen, die du wirklich bist.« Das haute mich um, denn wer Henry kennt, weiß, dass ihm eine solche Entschuldigung nicht leicht über die Lippen geht. Es war ein wunderbarer Moment, in dem ich mich wertgeschätzt fühlte. Seither sind Henry und ich gute Freunde. Am 1. Oktober 2016 erreichte ich unter seiner Leitung und mit Unterstützung durch Lhakpa Thundu Sherpa, der tragischerweise ein paar Wochen später an der Ama Dablam in Nepal tödlich verunglückte, ohne Zusatzsauerstoff den Gipfel des Cho Oyu. Auf dem sechsthöchsten Berg der Welt zu stehen war eines der emotionalsten Gipfelerlebnisse für mich, da es der Berg war, an dem mir gesagt wurde, dass ich das mit den Achttausendern doch besser bleiben lassen sollte. Und nun stand ich ohne Flaschensauerstoff dort oben und war einfach nur glücklich.

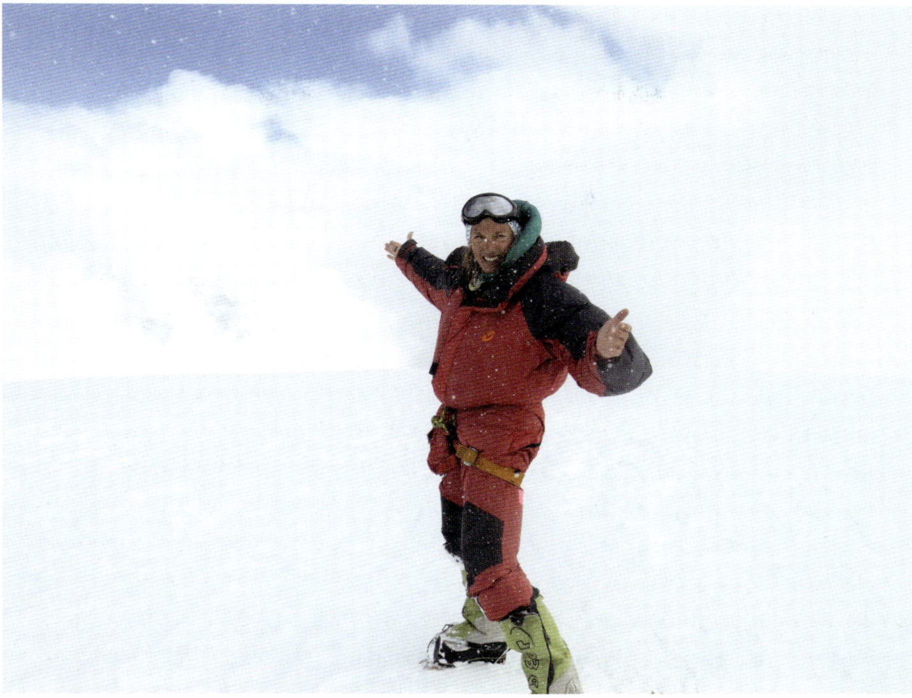

Überglücklich am Gipfel des Cho Oyu. Elf Jahre nach meinem ersten Versuch durfte ich im Oktober 2016 endlich ohne Flaschensauerstoff dort oben stehen.

HENRY WAR ZU DIESEM ZEITPUNKT NICHT DER EINZIGE, der mir mit Misstrauen begegnete. Ich hatte mir in Nepal nicht nur Freunde gemacht – eine Tatsache, dir mir anfänglich nie aufgefallen war. »Die Leute waren misstrauisch, und das zu Recht«, erzählte mir Henry fast 20 Jahre später. Aber warum? Ich war doch nur in Nepal, um einer alten Dame bei ihrer Datensammlung zu helfen. Mir war nicht bewusst, dass viele der Trekkingagenturen, die uns über ihre Expeditionen informierten, überzeugt waren, dass ich die persönlichen Daten ihrer Kundinnen und Kunden an andere Agenturen verkaufen würde. »Billi ist eine schlechte Person«, hieß es vom einen oder anderen Besitzer einer Trekkingagentur hinter meinem Rücken. Mich haute es fast vom Hocker, als ich davon erfuhr, denn nichts lag mir ferner, als für ein paar wenige Rupien Informationen zu verkaufen. »You have to be very careful. You don't know the Nepali mentality«, meinte Miss Hawley und ermahnte mich, mir in Zukunft gut zu überlegen, ob ich noch einmal mit Trekkingagenturen arbeiten oder auf Expedition gehen will. Aha, daher wehte der Wind! Ich war mit Jamie McGuinness, der mit einer nepalesischen Trekkingagentur zusammenarbeitete, am Cho Oyu gewesen, und aus diesem Grund wurde angenommen, dass ich mit dem Besitzer der Agentur zusammenarbeiten würde.

Jetzt hieß es, Schadensbegrenzung zu betreiben, und zwar schnell. Das fiel mir nicht leicht. Ich setzte mich mit meinem Kollegen Jeevan zusammen und eruierte, welche Trekkingagenturen gegen mich waren. Da kamen schon einige zusammen, und meine einzige Idee war, das Gespräch mit ihnen zu suchen. Das war ein guter Ansatz, denn die meisten waren in der persönlichen Begegnung sehr freundlich zu mir. Als ich ihnen die Sachlage erklärte, meinten sie, dass es nun geklärt sei. Mit den meisten konnte ich Frieden schließen, doch es gibt auch heute noch ein paar Agenturen, welche die Zusammenarbeit mit mir verweigern.

DIE ERSTEN ZWEI JAHRE IN KATHMANDU waren nicht einfach, denn Nepal befand sich von 1996 bis 2006 im Bürgerkrieg. Die Maoisten, hinter denen die Kommunistische Partei Nepals stand und die nach dem Angriff auf das World Trade Center am 11. September 2001 zu Terroristen erklärt worden waren, wollten die Monarchie abschaffen und bekämpften das traditionelle hinduistische Klassensystem. Der damalige Maoistenführer Prachanda war gefürchtet, auch weil er in den Dörfern junge Männer zwangsrekrutieren ließ. Dies führte zu einer Bevölkerungsexplosion in der Hauptstadt Kathmandu, weil viele Familien zur Sicherheit mit ihren Söhnen in die Stadt zogen. Sogenannte Bhandas oder Generalstreiks gehörten zur Tagesordnung. Für die Expeditionsleiter war das eine große Herausforderung, da sie an Streiktagen keine Besteigungsgenehmigungen beim Tourismusministerium beantragen konnten und auf den Straßen Kathmandus oft keine Autos fahren durften. Fahrräder waren meist erlaubt, was Miss Hawley dazu bewegte, mir ihre Interviews zu übergeben. Da lobte ich mir doch mein Bike, denn so hatte ich an diesen Streiktagen die Gelegenheit, ihre Favoriten zu treffen, die sie mir sonst nie anvertraut hätte.

Es gab auch Generalstreiks, während denen nicht einmal Fahrräder auf die Straße durften. Aber da ich mich ungern von etwas abhalten lasse, setzte ich mich auch an einem dieser Streiktage auf mein Rad. Ich war mir sicher, dass ich mit meinem »weißen« Gesicht trotz des Verbots gut durchkommen würde. Dem war aber nicht so: Die Maoisten stoppten mich und ließen mir sogar die Luft aus den Reifen, um sicherzugehen, dass ich nicht weiterfahren würde. Recht hatten sie! Das war mir jedenfalls eine Lehre, dass man auch in Nepal mit heller Haut keinen Freifahrtschein hatte. In dieser Phase verpassten wir einige Expeditionen, was für Miss Hawley inakzeptabel war. Deshalb scheuten wir weder Kosten noch Mühen und interviewten die Teams am Telefon, egal wo auf der Welt sie sich gerade aufhielten. Anfangs war es mir ein Rätsel, warum wir die Expeditionsteams auch vor ihren Unternehmungen trafen, denn die wichtigen Informationen über den Verlauf der Besteigung konnten wir ja erst im Nachhinein bekommen. »We have to get their personal details from them. If they die on the mountain, it'll be too late«, erklärte mir Miss Hawley. Auch wenn das zynisch klang, in späteren Jahren, als manche tatsächlich nicht zurückkamen, musste ich oft an ihre Worte denken.

IM APRIL 2006 ESKALIERTE DIE SITUATION. Nepal war am Siedepunkt angelangt. Der Hass auf König Gyanendra kochte über und drängte die Menschen trotz des Demonstrationsverbots auf die Straße. Die Polizei setzte Tränengasgranaten ein und ging mit Gummigeschossen auf die Demonstranten los, die König Gyanendra absetzen wollten. Der damals 58-Jährige saß seit dem Massaker an der Königsfamilie am 1. Juni 2001 auf dem Thron. An jenem Tag hatte Kronprinz Dipendra im königlichen Narayanhiti-Palast einen Großteil seiner Familie erschossen, angeblich weil er nicht die Frau heiraten durfte, die er liebte. Bei dem Blutbad starben der beliebte König Birendra und Königin Aishwarya, zwei ihrer Nachkommen sowie fünf nahe Verwandte, vier weitere Familienmitglieder wurden schwer verletzt. Die natürliche Reihenfolge hätte Birendras Sohn, Kronprinz Dipendra, zum Thronfolger gemacht, doch nach dem Massaker schoss er sich eine Kugel in den Kopf. Da der Schuss nicht sofort tödlich war, entstand die absurde Situation, dass er vom Staatsrat zum neuen König erklärt wurde. Drei Tage später starb er, worauf Gyanendra, der jüngere Bruder von König Birendra, zum König ernannt wurde. Das nepalesische Volk war zum überwiegenden Teil mit dieser Thronfolge nicht einverstanden, manche glaubten, Gyanendra selbst habe den Mord in Auftrag gegeben, um König zu werden.

2006 verschärfte sich die Situation so sehr, dass die nepalesische Regierung tägliche Ausgangssperren ausrief, die gewöhnlich von 7 Uhr morgens bis 7 Uhr abends dauerten. Zu diesem Zeitpunkt war ich bei Jamie McGuinness ausgezogen, da mir Miss Hawley und andere Leute in der Bergsteigerszene nahegelegt hatten, dass es meinem Ruf und meiner Position bei der Himalayan Database schaden würde, wenn ich mit Jamie assoziiert wurde. Nun wohnte ich in der Wohnung von Duncan Chessell, dem australischen Expeditionsunternehmer, den ich damals bei meiner Radtour durch Tibet im Everest-Basislager besucht hatte. Duncan war nur sporadisch in Kathmandu, so konnte ich seine Wohnung mieten, die sich ebenfalls im Stadtteil Naya Bazaar befand.

Die Volksaufstände, die unter dem Namen »Jan Andolan« bekannt wurden, fanden internationales Medieninteresse, und so beauftragte mich der englische Dienst der Deutschen Welle, tägliche Radioberichte aus Kathmandu zu schicken. Aber wie sollte ich das machen? Es war mir ja nicht erlaubt, auf die Straße zu gehen, und ich wusste relativ wenig über die Politik in Nepal. Aber zum Glück hatte ich Freundinnen, die mich während der langen, einsamen zwölf Stunden der Ausgangssperre aufnahmen und mich aufklärten. Anagha Neelakantan, die ich aus Sam's Bar kannte, ist in meinen Augen ein Orakel, was politische Affären in Nepal und vielen anderen Ländern der Welt betrifft. Sie kommt aus Indien, lebt seit Jahrzehnten in Nepal, ist Journalistin, Autorin und politische Analytikerin und extrem intelligent. Ich habe das Glück, sie meine gute Freundin nennen zu dürfen. Jeden Morgen wurden die Zeiten der Ausgangssperre im Radio bekanntgegeben. Sobald ich wusste, wann ich das Haus verlassen durfte, schwang ich mich aufs Rad und radelte in Windeseile zu Anagha und ihrem Lebenspartner Andrej, die auf der anderen Seite der Stadt lebten. Dort hatte ich Internet, nette Gesellschaft und jemanden, der mir bei meinen Reportagen helfen konnte. Mit ihrer Unterstützung und ihrem Internet war ich jeden Tag um 17 Uhr auf meine Berichterstattung vorbereitet. Dafür bin ich Anagha heute noch dankbar, denn ohne sie und ihre Hintergrundinformationen wären diese Reportagen nicht entstanden.

Solange die Unruhen anhielten, schickte ich meine täglichen Berichte an die Deutsche Welle. Mir machte die Arbeit Freude, und da ich seit dem 1. Juni 2006 die stolze Besitzerin eines jährlichen Journalistenvisums war, wollte ich mir dieses Visum auch ehrlich verdienen. Selbstverständlich zur Missgunst von Miss Hawley, denn sie sah es nicht gern, wenn ich von meinen Expeditionsinterviews abgelenkt wurde. Aber das Land brannte, eine politische Umwälzung stand kurz bevor, und ich fand es spannend, mit Anaghas Hilfe darüber zu berichten. Außerdem konnte ich so auch etwas Geld verdienen, denn Miss Hawley dachte nicht mehr daran, mich für meine Arbeit zu bezahlen.

Eines Tages rief mich Miss Hawley just in dem Moment an, in dem ich meinen Bericht nach Bonn schicken wollte, und wollte mir etwas über eine Expedition erzählen. Ich bat sie höflich, sich kurz zu fassen, da fauchte sie mich an: »Woman, who do you think you are? Do you think you understand the political situation in this country enough to report about it? Don't be ridiculous.« Ich fühlte mich zerschlagen und hilflos, denn Miss Hawley hatte es wieder einmal geschafft, mir den Wind aus den Segeln zu nehmen. Mein ganzer Stolz, dass ich, wenn auch mit Anaghas Hilfe, für die Deutsche Welle berichten durfte, war dahin.

Am 24. April 2006 siegte das Volk. König Gyanendra trat zurück, sein unbeliebter Sohn Paras flüchtete nach Thailand, und der ehemalige Maoistenführer Prachanda, der nun seinen eigentlichen Namen Pushpa Kamal Dahal preisgab, wurde zwei Jahre später, am 28. Mai 2008, zum ersten Mal zum Premierminister gewählt (im Dezember 2022 übernahm er das Amt zum dritten Mal). Dem nepalesischen Volk wurde eine Verfassung versprochen, und auch wenn diese erst sieben Jahre später, nach dem verheerenden Erdbeben im Jahr 2015, verabschiedet wurde, hatte sich die breite Masse durchgesetzt.

DIE NÄCHSTE EXPEDITIONSSAISON STAND BEVOR, und auch wenn ich die Arbeit mit Miss Hawley sehr schätzte und viel Spaß daran hatte, so viele interessante Menschen kennenzulernen, brannte mein Verlangen, selbst in die Berge zu gehen, immer stärker. So war ich gleich dabei, als mich Duncan Chessell anfragte, im Herbst 2007 eine kleine australische Gruppe zu leiten, deren Ziel der Siebentausender Lhakpa Ri auf der tibetischen Nordseite des Mount Everest war. Das Besondere am Lhakpa Ri ist, dass der Aufstieg im Vorgeschobenen Basislager des Mount Everest auf 6400 Metern beginnt, was mich sehr faszinierte, da ich dem höchsten Berg der Welt schon lange ein wenig näher kommen wollte. Und die Tatsache, dass ich bergsteigen durfte und darüber hinaus dafür bezahlt wurde, erfüllte mich mit Stolz und Freude. Die Expedition war für September geplant und fiel damit wieder einmal genau in die Zeit, in der mich Miss Hawley dringend brauchte. Natürlich könnte ich auf meinem Weg nach Tibet die ein oder andere Expedition zum Cho Oyu ausfindig machen – zu diesem Zeitpunkt war der Cho Oyu noch ein beliebter »Übungsberg« für diejenigen, die im folgenden Frühjahr den Everest besteigen wollten –, aber das würde sie gewiss nicht milde stimmen.

Aber egal, wie sehr ich der Himalayan Database und meiner Arbeit bei der Himalaya-Archivarin verpflichtet war, ich konnte so ein Angebot auf keinen Fall ausschlagen. Ich war wieder einmal weit weg von Kathmandu, bei meiner Mutter in Garmisch, als ich mir ein Herz fasste und Miss Hawley per E-Mail über mein Vorhaben unterrichtete. Die Antwort ließ nicht lange auf sich warten. »Your ›little escapades‹ pose enormous problems for Jeevan and me«, rügte sie mein Vorhaben und meinte, dass die Himalayan Database in Zukunft sehr darunter leiden würde, wenn ich weiterhin für längere Zeiträume abwesend wäre. »I'm not sure our whole effort of chronicling expeditions won't collapse shortly without the dedicated effort of three full-time people dealing with the ever-increasing numbers of teams.« Mit dieser Bemerkung beendete sie ihr Schreiben. Zu diesem Zeitpunkt konnte sie nicht wissen, dass gut zehn Jahre später sogar ein sechsköpfiges Team – außer mir Tobias Pantel, Sareena Rai, Yangee Feng, Rodolphe Popier und Jeevan Shrestha – große Mühe haben würde, alle Expeditionsteams auf dem Radar zu behalten.

Doch letztendlich ging es auch ohne mich. Zwei Monate später stand ich mit meinen Teilnehmern auf dem 7045 Meter hohen Lhakpa Ri. Zuvor hatte ich schon mehrmals Gruppen zum Mera Peak begleitet, und ich lernte immer mehr, mich von Miss Hawley nicht von Unternehmungen abbringen zu lassen, die mir wichtig waren.

VIELLEICHT HATTE ICH DAMALS BEREITS DIE VORARBEIT für meine Everest-Besteigung im Jahr 2009 geleistet, und obwohl ich zwei Jahre zuvor noch nicht im Entferntesten an so etwas gedacht hatte, ebneten mir meine kleinen Eskapaden bei Miss Hawley gewiss den Weg zum höchsten Punkt der Erde. Nachdem ich vier Jahre für die Himalayan Database gearbeitet und unendlich viele Interviews mit Everest-Besteigern geführt hatte, ertappte ich mich während meiner Befragungen immer öfter bei dem Gedanken: »Also wenn diese Leute das können, kann ich das auch!« So wurde es irgendwann Zeit, Nägel mit Köpfen zu machen und die Sache anzugehen. Die Weichen dafür wurden im Winter 2008/2009 gestellt, als ich während einer Südamerikareise die Möglichkeit bekam, als Assistant Guide den höchsten Berg Argentiniens und ganz Südamerikas, den Aconcagua, zu besteigen. Damals war ich mit einer kleinen Gruppe Amerikaner und einer Bergführerin unterwegs. Ich genoss den Aufstieg und die Landschaft, und in der Höhe fühlte ich mich so gut und stark, dass ich mich entschloss, tatsächlich zu versuchen, den Mount Everest zu besteigen.

Es war faszinierend, zu sehen, wie meine Mitmenschen regelrecht vom Everest-Fieber gepackt wurden, als ich ihnen von meinem Plan erzählte. Vor allem bei meinen Freunden in Kathmandu war die Begeisterung groß. Die Nachricht verbreitete sich wie ein Lauffeuer, und ich hatte das Gefühl, dass sich mein Umfeld mit mir auf den Everest vorbereitete. Einerseits setzte mich das fast ein wenig unter Druck, andererseits motivierte es mich, und so kontaktierte ich meinen Freund, den Expeditionsleiter Russell Brice, um herauszufinden, ob ich in seinem Team noch einen Platz bekommen würde. Russell, der seine Expeditionen bis dato auf der Nordseite des Mount Everest, in Tibet, durchgeführt hatte, ging diesmal auf die nepalesische Südseite. Der Grund für den Seitenwechsel war, dass die chinesische Regierung Tibet aufgrund der Olympischen Sommerspiele 2008 in Beijing für Bergsteiger geschlossen hatte. Russell hatte seine Expedition nicht durchführen können, und da zu diesem Zeitpunkt niemand wusste, ob China die Tore nach Tibet wieder öffnen würde, entschied er sich 2009 für die Südseite, auch wenn er kein großer Freund des Khumbu-Eisbruchs war.

Der Eisbruch ist Teil des 18 Kilometer langen Khumbugletschers und zieht sich vom Lager 1 auf 5800 Metern im Western Cwm – dem Hochtal, das auch Tal des Schweigens genannt wird – über rund zwei Kilometer hinunter bis ins Basislager auf 5350 Metern. Er ist die gefährlichste Passage auf der Südseite, und die Durchquerung dieses Wirrwarrs aus Gletscherspalten, Schnee und Eis wird von erfahrenen Bergsteigern und Expeditionsleitern gern als »russisches Roulette« bezeichnet. Die riesigen Eisblöcke können jederzeit zu Tal donnern und Menschen unter sich begraben, was beispielsweise 2014 bei einer Lawine und beim Erdbeben 2015 passierte. Oft sind es Sherpas, die im Khumbu-Eisbruch ums Leben kommen, denn sie durchqueren ihn mit ihren schweren Lasten, die sie für die Expeditionsmitglieder in die Hochlager schleppen, viel öfter als die Teilnehmer, die meist »nur« drei- oder viermal während der Akklimatisierungsphase dort

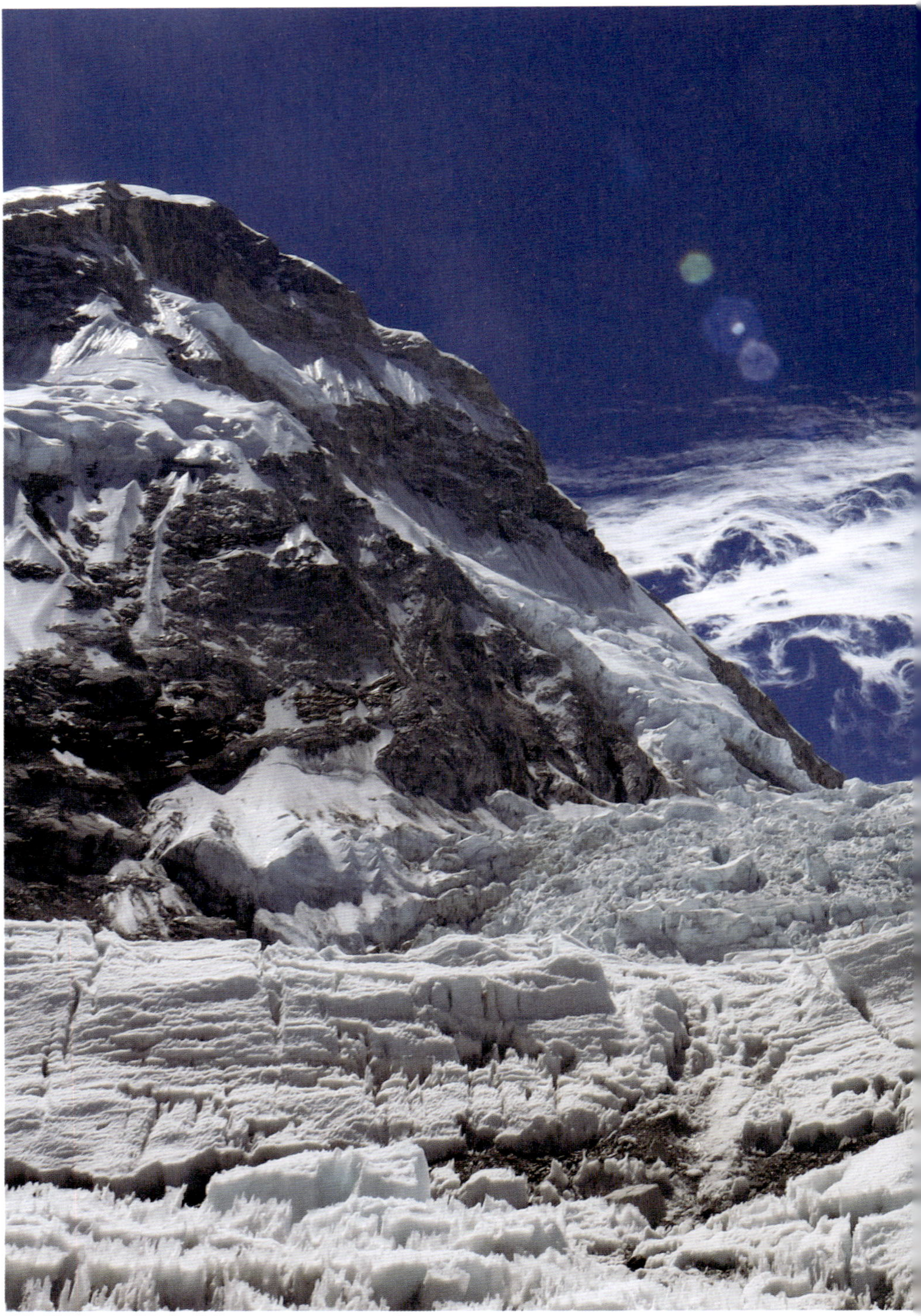

Der gewaltige Khumbu-Eisbruch, der sich vom Basislager des Mount Everest bis zum Beginn des Western Cwm erstreckt.

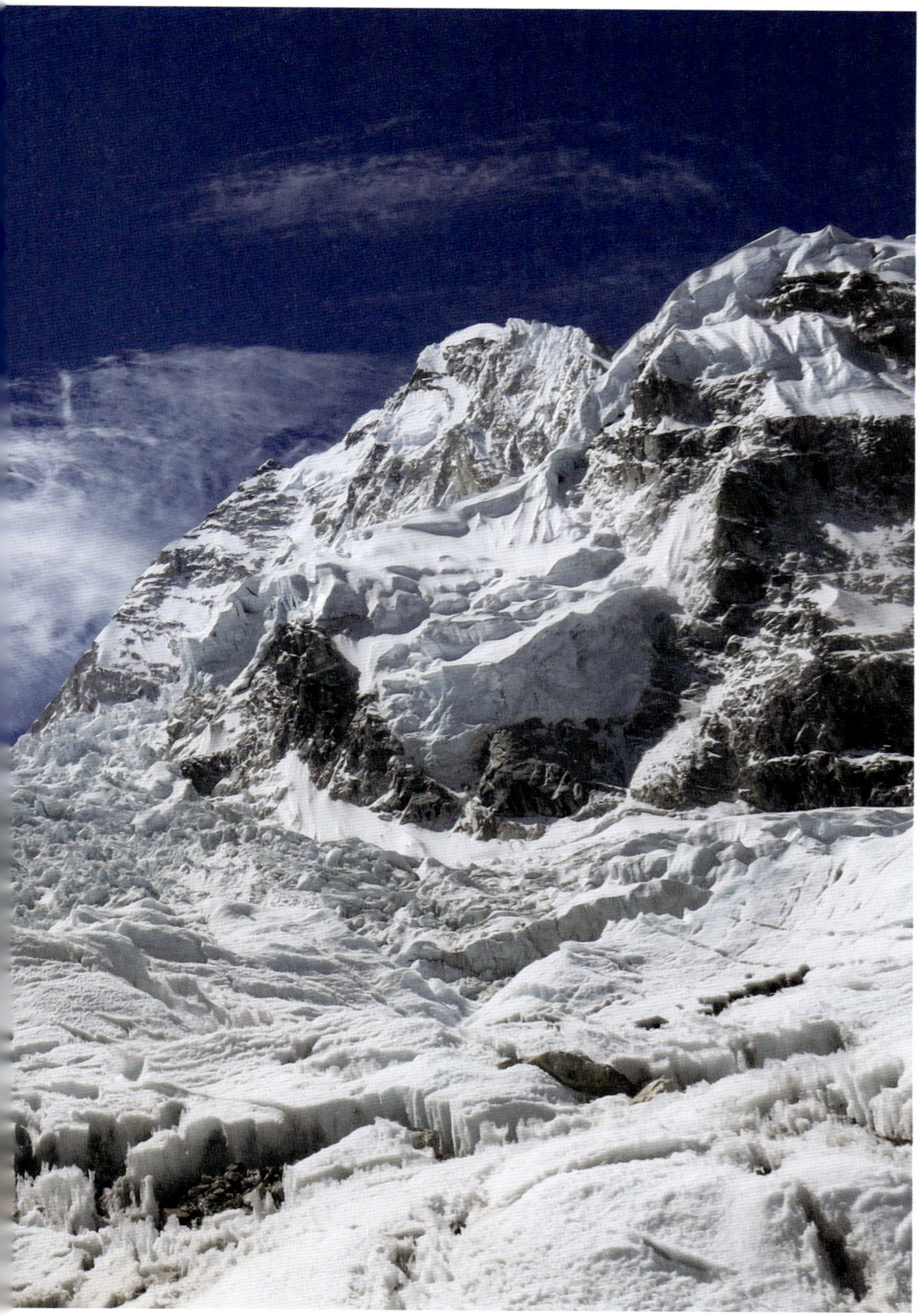

auf- oder absteigen, bevor sie Richtung Gipfel starten. Um den Eisbruch möglichst zu vermeiden, hatte Russell geplant, dass sich sein Team am benachbarten Lobuche East akklimatisieren sollte. Seine Idee war, zweimal aufzusteigen und beim zweiten Mal zwei Nächte auf dem 6119 Meter hohen Gipfel zu übernachten, eine Strategie, die nach Russells Pionierarbeit viele Expeditionsleiter übernahmen.

Da Russell 2008 seine Expedition absagen musste und viele seiner Aspiranten im Folgejahr ihre Chance nutzen wollten, war seine Teilnehmerliste mit 30 Kunden, sieben Bergführern und 26 Sherpas um einiges länger als im Vorjahr. Aber da es wohl auf eine Person mehr oder weniger nicht mehr ankam und er mich gern dabeihatte, sagte er mir zu. Ich war überglücklich, dass ich mit seinem mir so vertrauten Expeditionsunternehmen Himalayan Experience den Versuch unternehmen durfte, den Everest über die Südseite anzugehen. Denn trotz der potenziellen Gefahren des Khumbu-Eisbruchs war es mir nach fünf Jahren in Nepal ein Anliegen, den höchsten Punkt der Erde von meiner Wahlheimat aus zu besteigen.

Nun stand ich allerdings wieder vor meinem bereits bekannten Problem: Ich musste Miss Hawley mitteilen, dass ich während der Expeditionszeit nicht in Kathmandu sein würde. Doch ich hatte die Hoffnung, dass sie angesichts des Ziels mildernde Umstände gelten lassen würde, denn schließlich ging ich ja nicht zum Fliegenfischen nach Fidschi, sondern zum Mount Everest. Zudem konnte ich auch im Basislager Interviews durchführen oder Leute ausfindig machen, die wir in Kathmandu verpasst hatten. Da es mir dieses Mal wichtig war, Miss Hawley nicht per E-Mail, sondern persönlich über mein Vorhaben zu unterrichten, wartete ich mit diesem Gespräch, bis ich Mitte März wieder in Kathmandu war. Das war zwar ein wenig spät, und es wäre vielleicht besser gewesen, sie früher zu informieren, aber ich hatte mir einen guten Plan überlegt. Die meisten Everest-Expeditionen trafen damals noch zwischen Ende März und Anfang April in Kathmandu ein – heute hat sich das etwas nach hinten verschoben –, und ich hatte mit Russell besprochen, dass es vollkommen ausreichen würde, Mitte April im Basislager zu sein. Das bedeutete, dass ich die meisten Expeditionsteams noch in Kathmandu interviewen konnte, bevor ich nach Lukla flog und in rund einer Woche zum Basislager trekkte.

Mit diesem Gedanken im Hinterkopf ging ich gleich nach meiner Ankunft in Kathmandu zu Miss Hawley, um sie in meinen Plan einzuweihen.

Ich war zwar nervös, doch ich hatte die Hoffnung, dass sie mein Vorhaben vielleicht sogar begrüßen würde. Aber da hatte ich mich getäuscht! Nachdem ich ihr die georderten 500 rostfreien Büroklammern aus Deutschland überreicht hatte – Miss Hawley hatte einen Spleen für Büroklammern und fand, dass die nepalesischen zu schnell rosteten und jene aus Plastik unbrauchbar waren –, nahm ich all meinen Mut zusammen und eröffnete ihr mein Vorhaben. »Miss Hawley, I am going to attempt Mount Everest«, sagte ich fast schon ein wenig stolz. So schnell konnte ich gar nicht schauen, wie Miss Hawleys Computertastatur in meine Richtung flog. »For God's sake, woman«, begann sie ihre Tirade mit der gewohnten Phrase. »Do you think you can really climb Mount Everest? We need you here in Kathmandu and not at base camp!« Als ich ihr erklärte, dass ich später als die anderen zum Basislager starten und natürlich auch dort meinen Job, so gut es ging, erledigen würde, wurde sie ein wenig milder, und ich hatte sogar das Gefühl, dass sie mich in gewissem Maß verstand. Ihren Segen hatte ich zwar nicht, aber ihre Nachsicht, und das genügte mir.

Die kommenden zwei Wochen verbrachte ich damit, so viele Teams wie möglich zu interviewen, um Miss Hawley und Jeevan zu entlasten, und meine Expeditionsausrüstung zusammenzustellen. Expeditionsbergschuhe, Schlafsack, Steigeisen, Klettergurt und alles, was sonst dazugehörte, hatte ich ja noch von meiner missglückten Cho-Oyu-Expedition im Jahr 2005. Mir fehlte also nur noch ein ausreichend warmer Daunenanzug. Nachdem ich Russell bereits 35 000 Euro für die Expedition bezahlt hatte – das war ein Freundschaftspreis und ein Betrag, der heute nur noch das Allernötigste abdecken würde –, hatte ich nicht mehr viel Geld für Ausrüstung übrig. Da fiel mir meine Freundin Serena Brocklebank ein, die in der britischen Botschaft in Kathmandu arbeitete. Sie hatte drei Jahre zuvor auf dem höchsten Punkt der Erde gestanden und war die stolze Besitzerin eines Daunenanzugs. Das einzige Problem war, dass Serena zwei Köpfe kleiner und ihre Hüfte ein wenig breiter war als meine. Bei der ersten Anprobe rutschte mir der Schritt des Daunenanzugs bis zu den Knien hinunter, was ihn zwar trotz der kürzeren Hosenbeine bis an meine Knöchel reichen ließ, mich in meiner Bewegungsfreiheit jedoch extrem einengte. Am Ende fanden wir mit Klettergurt und den an den Expeditionsschuhen angebrachten Gamaschen eine gute Lösung, und so war ich mit meiner bestehenden Ausrüstung, einschließlich der Retro-Gletscherbrille, die ich

30 Jahre zuvor von meiner Großmutter geschenkt bekommen hatte, bestens vorbereitet.

Am 6. April landete ich am Tenzing-Hillary-Flughafen in Lukla, der 1964 unter der Aufsicht von Edmund Hillary für ganze 2650 US-Dollar erbaut worden war. In dem kleinen Bergdorf beginnt der Trek zum Everest-Basislager, es wird deshalb oft als das Tor zum Mount Everest bezeichnet. Ich genoss es, völlig allein unterwegs zu sein – ohne Träger, ohne Guide, ohne Mannschaft, nur mein Rucksack und ich. Da ich mich akklimatisieren musste, hielt ich mich streng an die acht Tage, die man sich für diesen Trek Zeit lassen sollte, und kam am 14. April in Russells Basislager an. Das Team hatte ich bereits vorher in Kathmandu getroffen. Es war eine bunte Mischung aus sehr erfahrenen Bergsteigern, wie der Amerikanerin Ellen Miller, die bereits zweimal auf dem Everest gestanden hatte und auf ihrem Weg zum Lhotse war, und Leuten wie mir, die zwar auf mehreren Sechs- und Siebentausendern waren, aber wenig Achttausender-Erfahrung hatten. Wie immer hatte Russell pro sechs Teilnehmer einen Bergführer und für jeden Teilnehmer einen persönlichen Sherpa dabei. Sein Sherpa-Team war stark und wurde von Phurba Tashi Sherpa, über den ich später noch mehr erzählen werde, als Sirdar geleitet. Trotz der vielen unterschiedlichen Teilnehmer war die Stimmung gut, und ich fühlte mich wohl im Team. Russells Basislager war riesig. Jeder Teilnehmer hatte ein eigenes Zelt, die Sherpas teilten sich zu zweit eines, wir hatten insgesamt vier Essenszelte – zwei für das Sherpa-Team und zwei für die Teilnehmer und Bergführer – und den damals noch legendären Whitepod, ein großes Aufenthaltszelt, das aussah wie ein Golfball und in dem wir Filme anschauten, Karten spielten oder einfach auf dem Sofa herumfläzten und durch die große Fensterfront den Khumbu-Eisbruch oder das bunte Treiben im Basislager beobachteten. Es gab ein Verpflegungszelt, in dem die mehr als zwei Tonnen Lebensmittel aufbewahrt wurden, sowie ein Toiletten- und ein Duschzelt. Das mag sich alles sehr komfortabel und vielleicht sogar dekadent anhören, doch dieser Komfort ist heute bei den meisten Expeditionsteams gang und gäbe.

Zur Akklimatisierung stiegen wir wie vorgesehen zweimal auf den Lobuche East und einmal ins Lager 3 am Everest auf 7300 Meter Höhe. Es war anstrengend, ich war nervös, aber es lief glücklicherweise alles nach Plan. Außerdem hatte ich das Gefühl, dass ich dieses Mal nicht, wie am Cho Oyu, die Langsamste oder technisch Unversierteste war. Das motivierte und be-

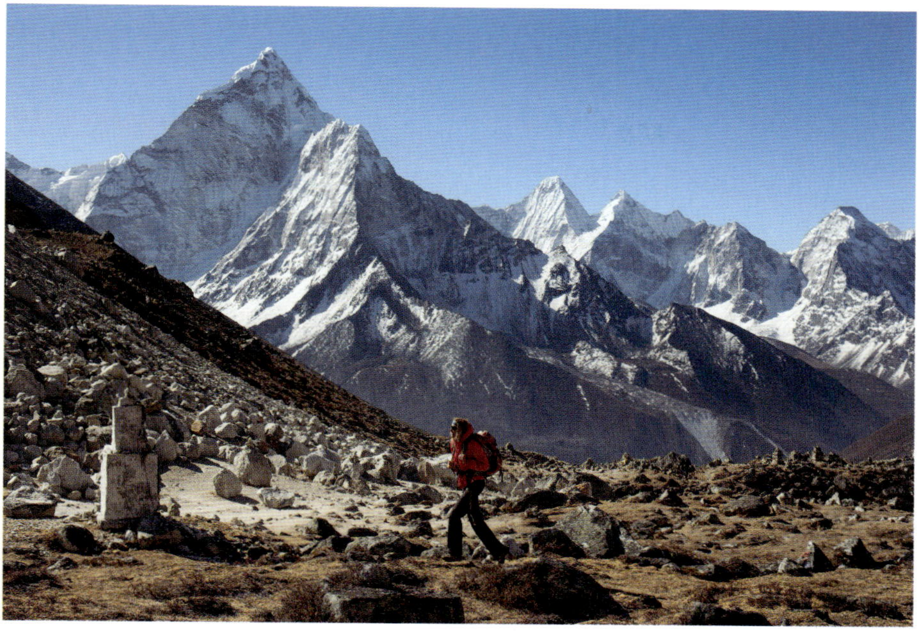

Der Weg zum Everest-Basislager führt an der Gedenkstätte für verunglückte Bergsteiger vorbei. Im Hintergrund das Matterhorn Asiens, die Ama Dablam.

ruhigte mich, zumal ich einen Vertrag mit dem Fernsehsender Discovery Channel unterzeichnet hatte, der mit der Serie *Everest: Beyond the Limit* eine Reportage über Russells Expedition machte. Da ich Miss Hawleys Assistentin und eine von nur drei Frauen in der Gruppe war, war ich für die Filmcrew interessant, und so wurde ich eine Protagonistin in der Dokumentation. Damals fühlte ich mich noch geschmeichelt, heute würde ich mich dazu wohl nicht mehr breitschlagen lassen.

Nachdem wir unsere Akklimatisierung am 8. Mai abgeschlossen und alle einen Crashkurs im Umgang mit dem Sauerstoffsystem bekommen hatten, das wir beim Gipfelgang ab Lager 3 verwenden sollten, informierte uns Russell, dass der 21. Mai laut Wetterprognose nach einem guten Gipfeltag aussah. »Wie bitte? Das sind noch zwei Wochen!«, dachte ich. Was sollte ich denn in dieser Zeit machen? – »Ausruhen und dich mental auf den Gipfel vorbereiten«, meinte Russell, als ich ihm meine Bedenken mitteilte. Das war für mich Bewegungsfanatikerin eine riesige Herausforderung, der ich nicht gewachsen war. Und so lief ich jeden dritten Tag nach Gorak Shep, zur letz-

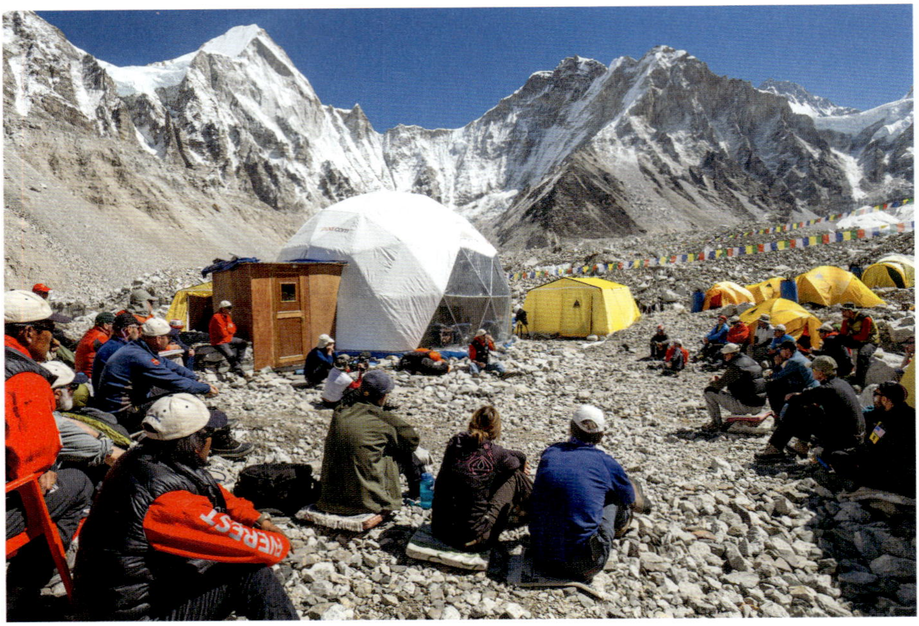

Expeditionsbesprechung im Everest-Basislager kurz vor unserem Gipfelgang im Jahr 2009, vor dem »Whitepod«, unserem luxuriösen Aufenthaltszelt.

ten Siedlung vor dem Everest-Basislager; manchmal joggte ich sogar langsam. Dort gab es ein Internet-Café, wo ich meine E-Mails checken konnte, und außerdem hatte ich Auslauf. Nach einer Woche ermahnte mich Russell: »Ich mache mir prinzipiell keine Sorgen, dass du es nicht auf den Gipfel schaffst, aber wenn du so weitermachst, wirst du zu müde für den Aufstieg sein.« Eigentlich hatte ich erwartet, dass Russell von meiner Energie beeindruckt sein würde, aber das Gegenteil war der Fall. Das war der erste Schritt zur richtigen Höhenbergsteigerin: Ich musste lernen, dass mein Körper in der Höhe mehr profitiert, wenn er ruht, als wenn er gefordert wird. Und so blieb ich die folgende Woche sitzen, erfreute mich am bunten Treiben im Basislager, besuchte die vielen Leute, die ich durch meine Tätigkeit bei Miss Hawley kannte, und ruhte mich aus. Ab und zu gingen Russell und ich zu anderen Teams zum Abendessen oder nahmen am Hufeisen-Weitwurfturnier im Lager von Dave Hahn teil, der damals im Begriff war, den Everest zum elften Mal zu besteigen. Während ich meinem Körper Ruhe gönnte und dem Luxus im Basislager frönte, arbeiteten am Berg die Sherpas

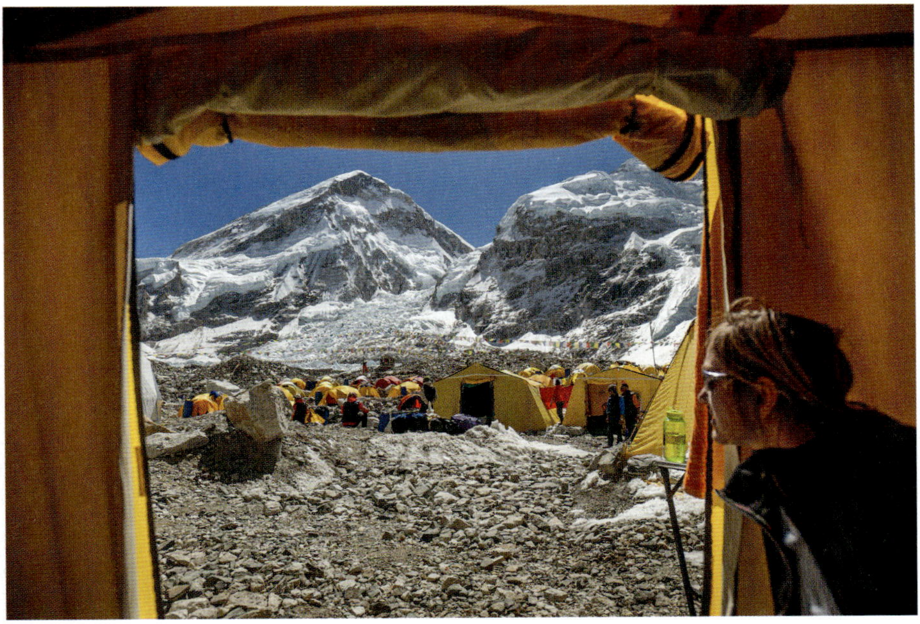

Werde ich es schaffen? Gedankenversunkener Blick vor dem Gipfelgang aus unserem Gemeinschaftszelt zur Westschulter des Mount Everest.

hart. Sie fixierten die Seile, bauten die Hochlager auf und trugen Ausrüstung und Sauerstoffflaschen für uns hinauf. Ohne ihre Hilfe wäre der Everest für mich, wie für so viele andere, ein Traum geblieben.

Am 18. Mai war es endlich so weit. Russell, dessen Expeditionen von vorn bis hinten durchdacht sind, wies jedem Mitglied einen Sherpa zu, ermahnte uns, beim Aufstieg nur 50 Prozent unserer Kraft einzusetzen, da der Gipfel ja nur der halbe Weg sei, und gab uns allen ein Funkgerät. »Es gibt gewisse Referenzpunkte wie das Fußballfeld im Khumbu-Eisbruch. Wenn ihr diese erreicht habt, kontaktiert mich kurz per Funk.« Das Fußballfeld war ein flacher und relativ sicherer Platz, an dem man sich trotz der lauernden Gefahren kurz ausruhen konnte. Mit diesem System wusste Russell immer genau, wo seine Sherpas, Bergführer und Teilnehmer waren, was im Fall einer Lawine oder anderer Unfälle sehr nützlich war. Außerdem hatte er gewisse Zeiten festgelegt, zu denen die Teilnehmer spätestens die jeweiligen Referenzpunkte erreicht haben mussten. Hielt jemand diese Zeit nicht ein, konnte es vorkommen, dass Russell dem zu spät Angekommenen

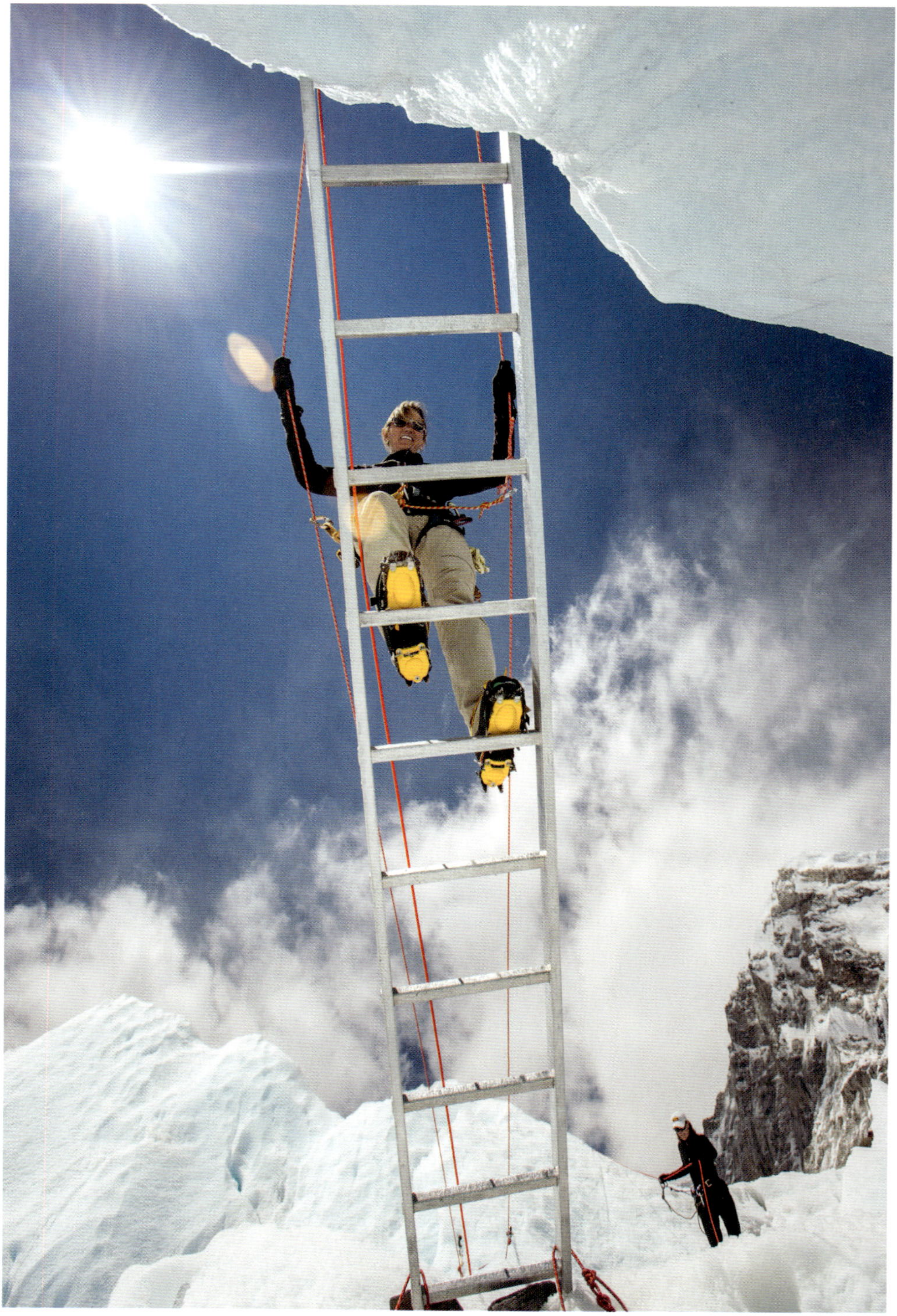

Leitertraining außerhalb des Basislagers. So war ich gut vorbereitet auf die Überquerung der Gletscherspalten, die den Khumbu-Eisbruch zerfurchen.

den weiteren Aufstieg verweigerte. Das machte mich ein wenig nervös, ich versuchte jedoch, mich nicht irritieren zu lassen, und nahm mir vor, den Aufstieg zum höchsten Punkt der Erde Schritt für Schritt anzugehen und zu sehen, wie weit ich kam.

Wir starteten morgens um drei vom Basislager, um den Khumbu-Eisbruch noch vor Sonnenaufgang zu durchqueren, denn wenn die Sonne erst einmal auf dieses Eislabyrinth brennt, steigt das Risiko, dass die riesigen Eistürme kollabieren. Der Weg durch den Eisbruch ändert sich jedes Jahr und wird von den sogenannten Icefall Doctors mit Fixseilen und Leitern bis hinauf zum Lager 2 auf rund 6400 Metern vorbereitet. Bis zum Ende der Saison Anfang Juni halten die sechs Icefall Doctors die Route instand. Für diesen Service bezahlen die Teams 600 US-Dollar pro Expeditionsmitglied an das Sagarmatha Pollution Control Committee.

Da das Lager 1 auf 5800 Metern vorwiegend zur Akklimatisierung dient, ging unser Team gleich weiter ins Lager 2. Dieser Abschnitt kann, wenn man zu spät unterwegs ist, aufgrund der Hitze sehr mühsam sein, denn im Western Cwm, das von Everest, Lhotse und Nuptse eingekesselt ist, wird es bei Sonnenschein unerträglich heiß. Im Lager 1 hatte mich ein befreundeter Sherpa noch zu einer Tasse Tee eingeladen, und da ich ohnehin schon etwas spät dran war, erfuhr ich diese Hitze am eigenen Körper. Der Aufstieg ins Lager 2 war hart, und als ich endlich dort angekommen war, musste ich zu meiner Enttäuschung feststellen, dass sich die Zelte von Himalayan Experience im oberen Teil des Lagers befanden. Das bedeutete weitere 30 Minuten Aufstieg für mich! Ich fand das alles ganz schön anstrengend und fragte mich, wie ich die nächsten drei Tage bis zum Gipfel überstehen sollte. Als ich so vor mich hin sinnierte, traf ich den Neuseeländer Gerry Moffat, der gerade vom Gipfel kam und mir einen guten Spruch mit auf den Weg gab, der mich die nächsten 72 Stunden begleiten sollte. »Billi, wenn du am Gipfeltag nicht mehr kannst oder nicht mehr willst, dann denk dir einfach: Es sind lediglich 24 Stunden in deinem Leben.«

Mit diesem Motto stieg ich am nächsten Tag gemeinsam mit Pasang Kami und meinem Freund und Bergführer Dean Staples über die Lhotseflanke ins Lager 3 auf. Dean hatte eine kleine Videokamera dabei, da er von den Discovery-Leuten beauftragt worden war, für ihre Dokumentation ein paar Aufnahmen von mir zu machen. Wie die meisten Passagen am Mount Everest war auch die Lhotseflanke mit Fixseilen versichert, ohne die

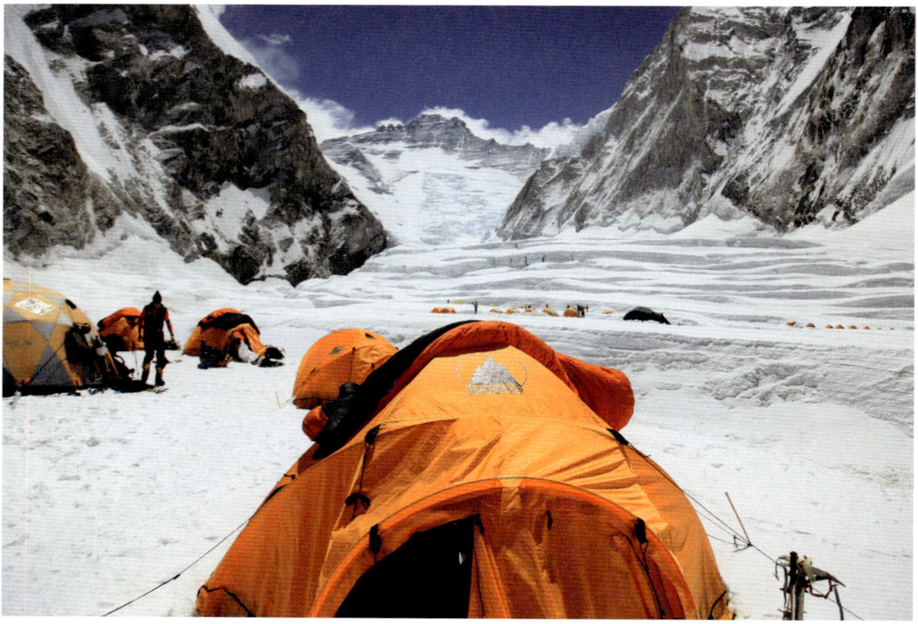

Lager 1 mit Blick auf das spaltendurchzogene Hochtal des Western Cwm, das genau auf die Lhotseflanke zuläuft.

wohl die wenigsten Everest-Aspiranten – außer natürlich den erfahrenen Alpinisten – jemals im Lager 3 ankommen würden. Es befindet sich mitten in der Lhotseflanke und wird eigentlich nur von Kunden benutzt, da für die meisten der Aufstieg von Lager 2 bis zum Südsattel auf 7900 Metern, wo sich das Lager 4 befindet, zu anstrengend und lang wäre. Sherpas übernachten so gut wie nie in diesem Lager, da sie es als zu gefährlich empfinden. Am nächsten Tag stiegen wir zum Südsattel auf. Ich fand es großartig, dort anzukommen, denn ich hatte nicht damit gerechnet, dass ich es so weit schaffen würde. Als mir Dean bei meiner Ankunft die Kamera ins Gesicht hielt, sagte ich atemlos: »Ich habe das Wort ›Südsattel‹ schon so oft auf meine Formulare geschrieben, aber ich hätte nie gedacht, dass ich jemals selbst hier sein darf.« Und das war so. Niemals hätte ich mir träumen lassen, dort oben zu stehen, und nun war ich hier und hatte »nur« noch 948 Höhenmeter vor mir.

Dean und ich teilten uns ein Zelt, und wir machten es uns gemütlich. Da ich während des gesamten Aufstiegs mit der Sauerstoffmaske kämpfte, die ich als sehr einschränkend und erdrückend empfand, war ich froh, das Ding endlich abnehmen zu dürfen. »Billi, du musst die Sauerstoffmaske anbehalten, sonst leidet dein Körper hier oben in der Todeszone zu sehr«, meinte Dean. Aber ich dachte nicht daran, legte sie auf die Seite, trank noch ein paar Schlucke Wasser, das wir aus Schnee geschmolzen hatten, und kuschelte mich in meinen Schlafsack, um mich die paar Stunden, die uns noch blieben, auszuruhen. Damals starteten die Teams ihren Gipfelgang üblicherweise gegen Mitternacht, was heute als sehr spät angesehen wird. Die meisten Expeditionsleiter schicken inzwischen ihre Teilnehmer aufgrund der Menschenmassen und möglicher Engpässe bereits um 18 Uhr los. Wenn sie jedoch schnell sind und »staufrei« durchkommen, kann es vorkommen, dass sie den Gipfel noch in der Dunkelheit erreichen, wie meine Daunenanzug-Freundin Serena, die dort oben eine Stunde auf den Sonnenaufgang warten musste. So etwas sollte uns nicht passieren, und so plante unser Team, gegen Mitternacht Richtung Dach der Welt zu starten. Dean und ich redeten noch ein wenig und fielen dann in einen kurzen, aber in meinem Fall tiefen und ruhigen Schlaf. »Ich kann mich erinnern, dass ich dich ab und zu anstupste, um zu sehen, ob du noch lebst«, erzählte mir Dean später. »Ich habe dort oben noch nie jemanden so tief und fest schlafen sehen. Und dann noch ohne Sauerstoffmaske!« Um 23 Uhr klingelte der Wecker, und dann kam der Moment, der mir bei meinen Achttausender-Expeditionen bis heute noch schwerfällt: wenn man sich aus dem warmen Schlafsack schälen und für den Gipfelgang vorbereiten muss. Dazu gehört, den Kocher anzuwerfen und Schnee zu schmelzen, krampfhaft zu versuchen, etwas zu essen und zu trinken, und sich für die Elemente anzukleiden, die einem beim Verlassen des Zeltes ins Gesicht schlagen.

Dieser Moment vereint auch die unterschiedlichsten Gefühle. Man spürt Vorfreude, Nervosität, Angst vor dem Unbekannten. Wie werden die nächsten 24 Stunden aussehen? Werde ich stark genug sein? Werde ich es bis zum Gipfel schaffen? Das sind Fragen, die wohl den meisten Gipfelaspiranten durch den Kopf gehen. So ging es auch mir, als wir in dieser kalten, aber sternenklaren und windstillen Nacht zum 21. Mai 2009 Richtung Gipfel starteten. Dean, Pasang Kami und ich stapften eine Zeitlang hinter einer langsamen Gruppe her, und während Dean die Kraft hatte, die Schlange zu überholen, blieben Pasang Kami und ich zurück. Der Aufstieg war mühsam, aber irgendwann fand ich einen angenehmen Rhythmus, der mich langsam, aber sicher immer höher brachte. Meine Teamkollegen waren bereits weit vor mir, und als Pasang Kami und ich am berühmt-berüchtigten Hillary Step, einer rund 12 Meter hohen, mehr als 70 Grad steilen Felsstufe ankamen, sahen wir Dean oben auf dem Felsen stehen. Zu meiner Freude war ein gutes Fixseil angebracht, und so konnte ich den Hillary Step, den es seit dem Erdbeben im Jahr 2015 nicht mehr gibt, da der Fels aufgrund der Erschütterung kollabierte, gut und sicher überwinden.

Oben angekommen, hörte ich Stimmen, und zu meiner Überraschung stellte ich fest, dass ich nicht mehr weit von meinem Ziel entfernt war. In diesem Moment fiel eine tonnenschwere Last von meinen Schultern, ich fühlte mich plötzlich ganz leicht, denn mir wurde klar, dass zwischen mir und dem höchsten Punkt der Erde nur noch ein paar Schritte lagen. Ich war mir sicher, dass ich diese Distanz, wenn nichts Ungewöhnliches passierte, noch meistern konnte. Mir wurde schlagartig bewusst, dass ich die vielen Menschen, die mir gute Wünsche mit auf den Weg gegeben hatten, egal ob ich sie kannte oder nicht, nicht enttäuschen würde. Ich werde heute noch gefragt, wie es sich anfühlte, am höchsten Punkt der Erde zu stehen. Mich überkam genau in diesem Moment, ein paar Höhenmeter unter dem Gipfel, ein Glücksgefühl. Ich blickte nach oben und sah Lance Fox, einen meiner Teamkollegen. Er kam mir entgegen, umarmte mich und sagte: »You're almost there, baby«, was mich beflügelte. Ich nahm meine letzte Kraft zusammen – besser gesagt, die Kraft, die von meinen 50 Prozent noch übrig geblieben war – und stapfte zum Gipfel.

Dean stand bereits bei den bunten Gebetsfahnen und dem in einem Glaskasten sitzenden Buddha, der damals noch den Gipfel schmückte, und filmte. Als ich zu ihm aufstieg, rutschte ich etwas unelegant auf einem Felsen aus. Es war nicht schlimm, und ich fiel nicht hin, aber Dean hatte trotz der Höhe von 8830 Metern noch die Geistesgegenwart, genau in diesem Moment die Aufnahmetaste seiner Kamera zu drücken. »Ich glaube, ich hatte Dollarzeichen in den Augen, als ich das filmte«, erzählte er mir später, da er davon ausging, dass der Discovery Channel diese Sequenz selektieren und ausschlachten würde. Und so war es auch. Als unsere Episode »Deathzone Gridlock« im amerikanischen Fernsehen ausgestrahlt wurde, zeigte man jeweils vor und nach der Werbung immer wieder meinen Ausrutscher – *Billi's Blunder*, wie wir ihn später liebevoll nannten.

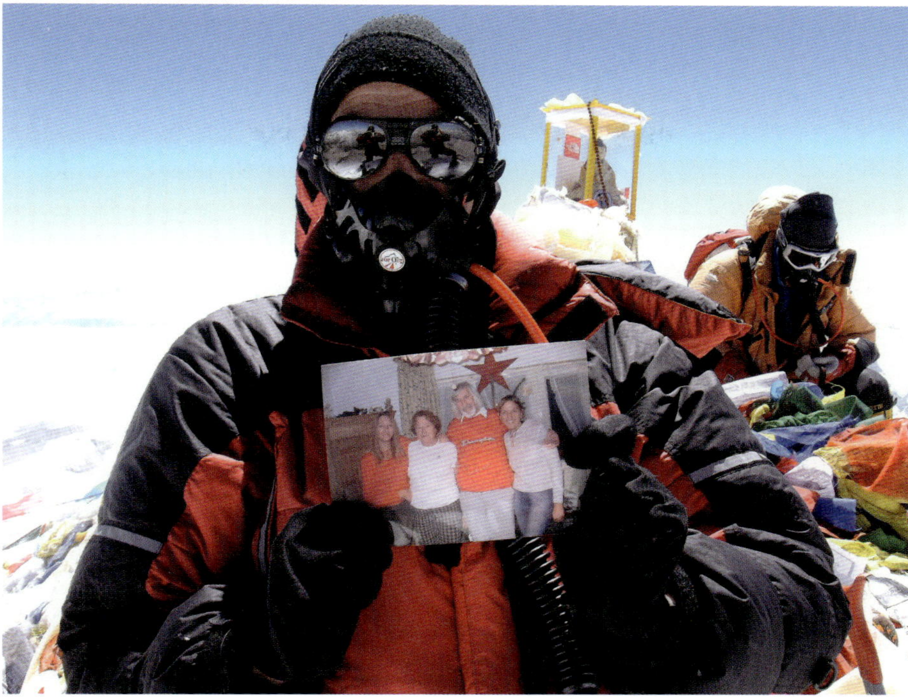

Bitte lächeln! Trotz Deans Aufforderung wollte ich am Gipfel des Mount Everest die Sauerstoffmaske nicht abnehmen, es war mir zu kalt. Wenigstens lächelte meine Familie.

Ein paar Minuten später stand ich neben ihm auf dem höchsten Punkt der Erde. Ich hatte es tatsächlich geschafft! Es war ein wundervoller Moment, und für ein paar Augenblicke hielt ich inne und sog das landschaftliche Spektakel auf, das sich um mich herum ausbreitete. Die Aussicht war atemberaubend, die anderen Riesen des Himalaya wie Makalu oder Cho Oyu sahen von hier oben fast klein aus. Außer den zwei bis drei Leuten, die mit mir hier oben angekommen waren, stand in diesem Moment niemand auf der ganzen Welt höher. Was für ein Gefühl! Allerdings konnte ich diese Emotionen nicht lange genießen, da mir Russells Worte, dass der Gipfel erst der halbe Weg sei, nicht mehr aus dem Kopf gingen. Nachdem ich mich wieder gefasst hatte, griff ich nach meinem Funkgerät und kontaktierte ihn. Er hatte im Basislager schon geraume Zeit auf meinen Funkspruch gewartet, denn Pasang Kami, Dean und ich waren die Letzten aus unserer Gruppe, die an diesem Tag den Gipfel erreichten. »Russell, ich danke dir so sehr.

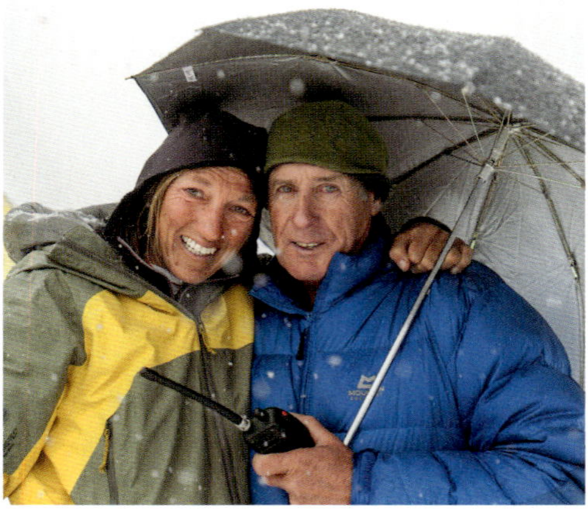

Überglücklich und erschöpft: ich von den Strapazen am Mount Everest, Russell von drei schlaflosen und sorgenvollen Nächten im Basislager.

Ohne deine und die Hilfe der Sherpas hätte ich das niemals geschafft«, schnaufte ich ins Funkgerät, worauf Russell trocken erwiderte: »Ich hoffe, du hast die Namen aller Menschen notiert, die du getroffen hast«, womit er auf meine Arbeit bei Miss Hawley anspielte.

Die Namen derer, die mir an diesem Tag begegnet waren, konnte ich zwar nicht notieren, jedoch notierte Miss Hawley nach ihrem Gespräch mit Russell meinen Namen als erfolgreiche Everest-Besteigerin in der Himalayan Database. Sie hatte mir verziehen, und auch wenn sie in der Sorge lebte, dass es mich wieder in die hohen Berge ziehen würde, konnte ich sie davon überzeugen, dass mir meine Arbeit bei ihr sehr wichtig war und ich ihr trotz meiner Eskapaden als Assistentin erhalten bleiben würde. Meine Expeditionen blieben ihr zwar weiterhin ein Dorn im Auge, aber sie gewöhnte sich an die Umstände und ließ mich ziehen. Das hatte zur Folge, dass ich nach dem Mount Everest noch auf den Gipfeln des Manaslu, Lhotse, Makalu, Cho Oyu und Broad Peak stand und zahlreiche andere Expeditionen unternahm, die zwar nicht vom Gipfel gekrönt, aber trotzdem eine Bereicherung für mich waren.

Jenseits der Berge

»BILLI, HIER HAT GERADE DIE ERDE GEBEBT, und ich glaube, in Nepal drüben ist es ganz schlimm«, schrieb mir meine Freundin Monica Piris, die als Expeditionsärztin an der Nordseite des Mount Everest in Tibet war. Wir schrieben den 25. April, ein Datum, an dem ich seit 2004 ohne Ausnahme in Nepal gewesen war, da es mitten in der Expeditionszeit liegt. An jenem 25. April 2015 befand ich mich allerdings in meinem elterlichen Haus in Garmisch und stand in der Wohnung meiner Schwester, als mich Monicas Nachricht erreichte. Ich hatte zwei Tage zuvor Kathmandu verlassen, da ich trotz meines stolzen Alters von 48 Jahren eine der Brautjungfern bei der Hochzeit meiner Freundin, der weltbekannten Triathletin Chrissie Wellington, sein sollte. Chrissie und Tom würden am 30. April 2015 heiraten, und ich hatte trotz anfänglicher Bedenken, mitten in der Expeditionszeit nicht in Nepal zu sein, zugesagt. Ich sah es als Ehre an, meine beiden guten Freunde auf ihrem Weg in ihren Lebensbund begleiten zu dürfen.

Ich schaltete sofort den Fernseher ein. Die Bilder, die ich sah, taten mir im Herzen weh. Die Stadt, in der ich seit elf Jahren einen Großteil des Jahres verbrachte, schien größtenteils zusammengestürzt zu sein. Ich schaltete zwischen verschiedenen Kanälen hin und her, aber alle Bilder zeigten immer wieder das Gleiche: unwirkliche Zerstörung. »Wen muss ich anrufen?«, fuhr es mir in den Sinn, und da ich vermutete, dass das Festnetz in Nepal zusammengebrochen war, versuchte ich meine Mitbewohnerin Sam Voolstra zu kontaktieren. Aber das Mobilnetz funktionierte nicht. Schließlich wählte ich Miss Hawleys Nummer, voller Angst, dass sie vielleicht nicht abnehmen würde. Ich hörte den Klingelton, und es dauerte nicht lange, bis sie am Apparat war.

»Hello«, tönte es aus dem Lautsprecher.

»Hello Miss Hawley, it's me, Billi«, rief ich in den Hörer. »How are you?«

»Well, I am fine«, antwortete sie. Ich war froh, Energie in ihrer Stimme wahrnehmen zu können. »But the earth is shaking.«

Als sie mir erzählte, dass sie an ihrem schweren Eichentisch saß und sich bei jedem Beben am Tischrand festhielt, riet ich ihr, unter den Tisch zu kriechen.

»What do you mean I should crawl underneath the table?«, fragte sie vorwurfsvoll. »There is no space! All my staff is down there, and if I try to get in, I will never get out again.«

Ich war froh, dass Miss Hawley wohlauf war und ihren Humor nicht verloren hatte. Und ich hoffte, dass die Nachbeben nicht noch mehr Schaden anrichten würden.

Wenig später erreichte ich Sam, die mit ihrem Partner Michael auf einer Wiese saß und ebenso unversehrt war wie die meisten meiner Freunde. Den Rest des Tages war ich mit Telefonieren beschäftigt, da ich unbedingt in Erfahrung bringen wollte, wie es den mir nahestehenden Menschen in Nepal ging. Dabei hatte ich fast ein schlechtes Gewissen, nicht dort zu sein. Es war ein Wechselbad der Gefühle. Einerseits war ich froh, in Garmisch bei meiner Familie zu sein, andererseits wäre ich gern vor Ort gewesen, denn ich hatte das Gefühl, meine Freunde dort im Stich zu lassen. Das war absurd, aber wer sich schon einmal in einer solchen Situation befunden hat, kann meine Gedanken gewiss nachvollziehen. Was sollte ich tun? Wie konnte ich helfen? Sollte ich mich ins Flugzeug setzen und nach Kathmandu fliegen? Nein, das wäre dumm gewesen. In der Zeit nach dem Erdbeben verurteilte ich solche Aktionen: Da gab es unzählige freiwillige Helfer, die etwas Gutes tun und bei den Rettungsarbeiten dabei sein wollten. Das half den Nepalesen nicht zwingend, weil diese freiwilligen Helfer wertvolle Ressourcen verbrauchten, welche die Nepalesen selbst benötigten. Außerdem war die Hilfe meist unkoordiniert, was sich bei den Wiederaufbauarbeiten in Nepal als Problem herausstellte.

Plötzlich klingelte zur Abwechslung mein eigenes Telefon. Manuel Bessler, der Delegierte der Humanitären Hilfe der Schweiz, für die ich seit 2006 auf Abruf als Kommunikationsexpertin tätig war, war am Apparat. »Billi, wo bist du?«, rief er aufgeregt. Als ich ihm eröffnete, dass ich bei meiner Familie in Deutschland war, meinte er nur trocken: »Jetzt brauchen wir dich einmal in Nepal, und du hockst in Garmisch.« Meine Gefühle begaben sich wieder in ihr Wechselbad. Manuel erläuterte mir, dass die Humanitäre Hilfe der Schweiz ein Soforteinsatzteam nach Kathmandu entsandte. »Würdest du mitkommen?«, fragte er. Ich zögerte keine Sekunde, da ich nichts lieber wollte, als zurück nach Nepal zu fliegen, um zu helfen. Dann fiel mir Chrissies Hochzeit ein. Wie sollte ich ihr das beibringen? Egal – ich sagte zu, packte meinen Rucksack, verabschiedete mich von Mutter, Tante und Schwester, setzte mich in meinen alten, roten VW Passat und düste Richtung Zürich. Von unterwegs rief ich Chrissie an, um ihr mitzuteilen, dass sie leider mit einer Brautjungfer weniger auskommen müsse. »Wie meinst du das?«, fragte sie entrüstet. »Chrissie, ich muss nach Nepal zurück, denn ich habe diese wunderbare Gelegenheit, mit der Humanitären Hilfe der Schweiz zu helfen.« Sie reagierte zunächst konsterniert, enttäuscht und vielleicht auch verärgert, jedoch verflog ihr Ärger schnell, und sie verstand meine Motivation. Chrissie und ich hatten uns 2004 in Nepal kennengelernt, viele unserer gemeinsamen Freunde aus Kathmandu waren zu ihrer Hochzeit eingeladen. »Billi, ich finde es großartig, dass du gehst«, sagte sie schließlich. »Wir werden alle in Gedanken bei dir sein. Geh für uns alle!« Ich fühlte mich erleichtert, fuhr ein wenig ferngesteuert durch die Nacht und kam um Mitternacht bei Manuel und seiner Frau Alessandra in Zürich an, von wo ich am nächsten Morgen um 4 Uhr, also weniger als 24 Stunden nach dem Erdbeben, mit einer kleinen Maschine der Schweizerischen Rettungsflugwacht REGA als stellvertretende Teamleiterin des Soforteinsatzteams nach Nepal fliegen sollte.

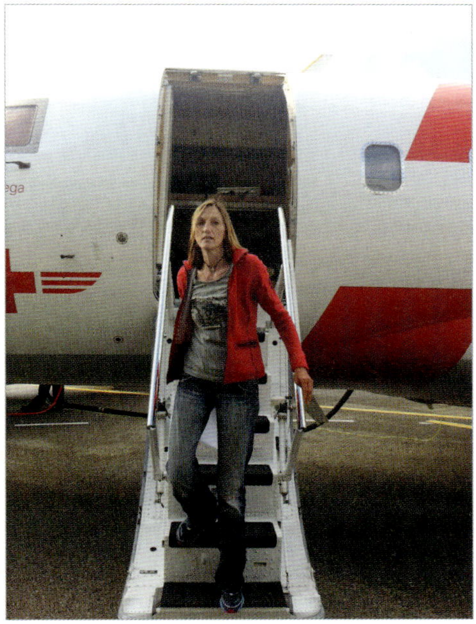

Statt Uniform rosa Fleece: mit der Humanitären Hilfe der Schweiz auf dem Weg nach Nepal, das 2015 von einem verheerenden Erdbeben heimgesucht wurde.

MANUEL UND ALESSANDRA BESSLER KANNTE ICH aus meiner Zeit in Jerusalem und später in Islamabad, wo ich, als Mitarbeiterin der Humanitären Hilfe der Schweiz, das Amt der Vereinten Nationen für die Koordinierung humanitärer Angelegenheiten (OCHA) als Medienbeauftragte unterstützte. Manuel war im Jahr 2008 kurzzeitig mein Chef bei der OCHA in Jerusalem, jedoch wurde er gleich nach meiner Ankunft zu einem anderen UNO-Posten versetzt. So arbeiteten wir dort lediglich ein paar Wochen zusammen, was ich schade fand, da er mir bereits damals sehr sympathisch war. Die Zeit in Jerusalem war nicht einfach. Es war mein erstes sogenanntes Secondment bei der Humanitären Hilfe der Schweiz. Hierbei »verleiht« die Humanitäre Hilfe Expertinnen und Experten in verschiedenen Bereichen wie Medizin, Ingenieurwesen, Wassertechnologie, Logistik und Medien an UNO-Organisationen, wobei die Fachleute den UNO-Organisationen unterstellt sind, aber von der Schweizer Regierung bezahlt werden. Diese Secondments sind Teil der Spenden, welche die Schweiz und viele andere Länder jährlich der UNO zur Verfügung stellen, nur dass hier nicht Gelder, sondern Menschen als »donations in kind« eingesetzt werden. Als ich meinen Posten antrat, war Manuel Bürochef bei der OCHA in Jerusalem, und er und Judith, seine Medienbeauftragte, wollten Unterstützung im Advocacy-Bereich. Da es im Expertenpool der UNO keine passende Person gab, fragte die UNO bei der Schweizer Regierung an, ob sie jemand Geeigneten hätten.

2008 hatte mich die Programmbeauftragte für die besetzten palästinensischen Gebiete, Burgi Roos, mit der ich später noch in Tadschikistan und Afghanistan zusammenarbeitete, kontaktiert und mir dieses Angebot unterbreitet. Am liebsten hätte ich sofort zugesagt, obwohl ich mir nicht sicher war, was die Aufgabe eines Advocacy Officers genau beinhaltete. Was mich jedoch davon abhielt, sofort meine Koffer zu packen und nach Jerusalem zu reisen, war wieder einmal die Arbeit für Miss Hawley. Die Mission fiel genau in die Frühjahrssaison. Allein beim Gedanken, Miss Hawley darüber zu unterrichten, zitterten mir schon die Knie. Obwohl ich mit mir haderte, wusste ich tief in mir, dass ich mir diese Gelegenheit auf keinen Fall entgehen lassen durfte. Nach langem Hin und Her und vielen E-Mails zwischen Miss Hawley und mir, die mir schlaflose Nächte bereiteten, entschied ich mich, nach Jerusalem zu gehen und die drei Wochen Urlaub, die mir in dieser Zeit zustanden, für meine Arbeit bei der Himalayan Database einzusetzen. Miss Hawley musste das wohl oder übel akzeptieren, aber zufrieden war sie offensichtlich nicht mit mir. »Are you never going to be able to settle down?«, schrieb sie in einer ihrer E-Mails. »Is this problem of your flitting off somewhere going to go on indefinitely? I'm afraid that at some point Jeevan and I will decide we have to find someone whom we can rely on to be here steadily when needed. I would certainly be most pleased if you could stick around.«

Im März 2008 flog ich nach Jerusalem. Allerdings wollte ich nicht ohne mein Fahrrad reisen, was ein Problem erzeugte, da die Personalabteilung der Humanitären Hilfe nicht wusste, ob ich mit dem Velo, wie es schweizerisch so schön heißt, durch Jerusalem düsen durfte. Aber da ohnehin klar war, dass ich nicht ohne mein Velo reisen würde, und die Humanitäre Hilfe händeringend eine Kandidatin für diesen Job suchte, packte ich mein Rad einfach ein und machte mich auf den Weg zu einem neuen Abenteuer. Am Flughafen in Tel Aviv wurde ich von einem OCHA-Fahrer abgeholt und ins Hotel gebracht, das ganz in der Nähe des Büros lag. Bereits auf der Fahrt versuchte ich auszumachen, wo ich eine geeignete Strecke für meine tägliche Laufrunde finden konnte.

Mein Sport, in erster Linie das Laufen, wäre mir bei der Aufnahmeprüfung für die Humanitäre Hilfe der Schweiz beinahe zum Verhängnis geworden. Ich kann mich noch gut an meinen 36. Geburtstag erinnern, als ich den lang erwarteten Anruf von Dieter Loosli aus der Personalabteilung bekam und hoffte, dass ich in die Fachgruppe Information des Schweizerischen Korps für humanitäre Hilfe aufgenommen würde. »Guten Tag Frau Bierling. Ich habe eine gute und eine schlechte Nachricht für Sie«, eröffnete er mit seinem starken Schweizer Akzent das Gespräch. »Ich beginne mit der guten Nachricht: Wir haben uns nicht gegen Sie entschieden. Die schlechte Nachricht ist, dass wir uns auch nicht für Sie entschieden haben.« Ich konnte es kaum fassen, denn dieses Muster schien mich durch mein Leben zu begleiten. Sei es beim Führerschein, bei der Aufnahme in die Sprachenschule oder bei meinem Abschluss zur Übersetzerin, bei mir schienen die Prüfungen nie reibungslos zu verlaufen. Wir vereinbarten also einen Termin für ein weiteres Gespräch. Ich war nervös, denn Herr Loosli, den ich heute Dieter nenne und der ein guter Kollege von mir geworden ist, schüchterte mich ein. Er war sehr direkt und hart in der Auswahl der Kandidaten, aber auch unschlagbar gut.

Als ich mich eine Woche später mit ihm traf, erklärte er mir umstandslos, worin das Problem lag. »Wissen Sie, Frau Bierling, Ihre Sportsucht zieht sich wie ein roter Faden durch Ihre Bewerbungsunterlagen«, sagte er. »Sie haben uns beim Präsentationstag sehr gut gefallen, aber wir machen uns Sorgen, was passiert, wenn wir Sie in ein Land schicken, in dem Sie nicht jeden Tag Ihrer Sportsucht frönen können. Was würden Sie machen, wenn wir Sie für sechs Monate nach Afghanistan schicken und Sie sich in dieser Zeit nicht vom Schweizer Gelände bewegen dürften?« Mir war nicht bewusst gewesen, dass ich den Sport in meiner Bewerbung so herausgehoben hatte. Ich wollte doch nichts mehr als im Korps für humanitäre Hilfe aufgenommen werden! Von dieser Organisation hatte ich das erste Mal gehört, als ich von Swiss Radio International beauftragt worden war, Toni Frisch, den damaligen Delegierten für Humanitäre Hilfe, zu interviewen. Da mich dieses Thema brennend interessierte, fragte ich Herrn Frisch am Ende des Interviews freundlich, ob es bei der Humanitären Hilfe der Schweiz auch Platz für Journalistinnen gebe. »Selbstverständlich! Wir benötigen immer wieder Kommunikationsexperten, die bei humanitären Einsätzen die Medienarbeit erledigen«, antwortete er mir. »Schicken Sie mir Ihren Lebenslauf, dann kann ich ihn an den zuständigen Fachgruppenchef weiterleiten.« Das war der Anfang eines sehr langen und schwierigen Aufnahmeprozesses, und jetzt sollte ich an meiner Sportbegeisterung scheitern?

Ich zögerte nicht lange und entgegnete Dieter Loosli: »Es wäre kein Problem für mich, auf einem Gelände eingesperrt zu sein, denn da gäbe es sicher irgendwo Treppen, die ich hinauf und hinunter laufen könnte, und außerdem würde ich ein Springseil mitnehmen. Das würde mir vollkommen ausreichen.« Das schien ihn zu beruhigen, denn eine Woche später bekam ich den Bescheid, dass ich als neues Mitglied in der Fachgruppe Information im Korps für humanitäre Hilfe aufgenommen worden sei.

WER SCHON EINMAL IN JERUSALEM WAR, wird mir beipflichten: Es ist eine geschichtsträchtige und faszinierende Stadt mit vielen Facetten. Vor mir lag eine spannende Zeit und eine herausfordernde Tätigkeit. In anderen humanitären Kontexten ist die OCHA, also das Amt der Vereinten Nationen für die Koordinierung humanitärer Angelegenheiten, genau dafür verantwortlich, was der Name sagt: für die Koordination humanitärer Hilfe. Die OCHA versucht in humanitären Krisen die Arbeit aller Regierungs- und Nichtregierungsorganisationen zu koordinieren, was eine riesige Herausforderung und Verantwortung ist. In Jerusalem und den besetzten palästinensischen Gebieten ist diese Koordination jedoch nicht nötig, da

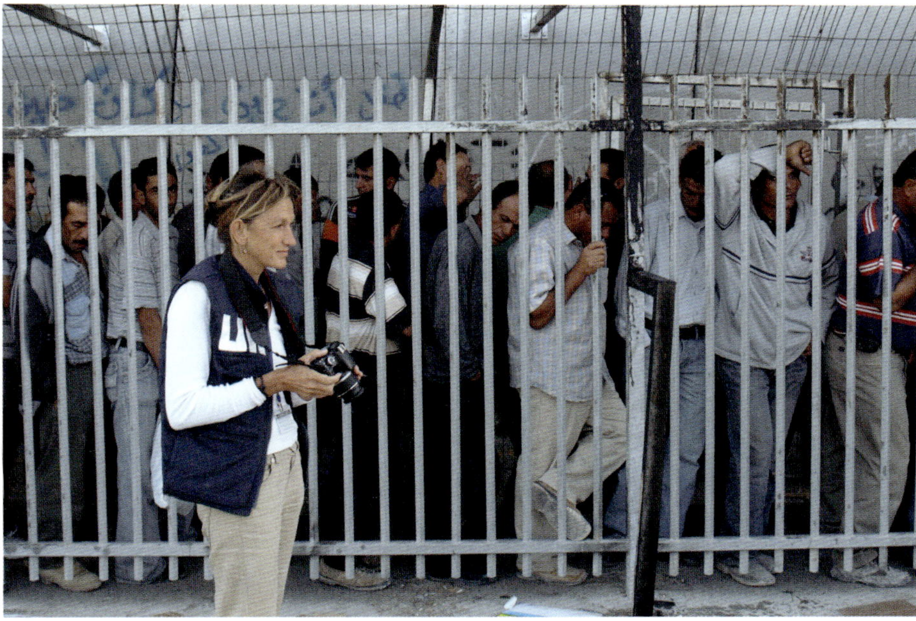

In den frühen Morgenstunden am Kontrollpunkt Gilo, den Hunderte Palästinenser täglich passieren müssen, um in Jerusalem zu arbeiten.

es hier nicht, wie in vielen anderen Kontexten, Hunderte von kleinen und großen Organisationen gibt, sondern sich eine Organisation für die Sache der Palästinenser und Palästinenserinnen einsetzt: UNRWA, das Hilfswerk der Vereinten Nationen für Palästina-Flüchtlinge im Nahen Osten. Aus diesem Grund sieht das Engagement der OCHA in dieser Region anders aus. Es wird vorwiegend Advocacy-Arbeit betrieben, also durch Berichte und Medienarbeit auf die vergessene Krise in den besetzten palästinensischen Gebieten aufmerksam gemacht, um die Regierungen der wohlhabenden Staaten aufzurütteln und zum Spenden zu bewegen.

Meine ersten paar Tage bei der OCHA waren eher schwierig. Nachdem mich Manuel Bessler begrüßt hatte, informierte er mich umgehend, dass er den Posten in den nächsten zwei Wochen verlassen und ein Interimschef eingesetzt werde. Judith, die mich gemeinsam mit Manuel rekrutiert hatte, war beschäftigt und wusste nicht so recht, was sie mit mir anfangen sollte, und Allegra Pacheco, die für den gesamten Advocacy-Bereich verantwortlich war, befand sich im Mutterschaftsurlaub. Da war ich nun, voller Energie und Neugier auf das, was mich erwartete, aber niemand wusste so recht, wohin mit mir. Die Situation erinnerte mich an meine ersten Tage in Kathmandu, als ich in den Startlöchern stand, um Expeditionsteams zu interviewen, und wegen der Ausgangssperre nicht losziehen konnte. Aber auch in dieser neuen Welt fand ich mich irgendwann zurecht. Ich zog bei meinen beiden Kolleginnen Turid und Katharina im Stadtteil German Colony ein und durfte schon bald einen Kollegen begleiten, der die Geschehnisse an der 708 Kilometer langen und bis zu neun Meter hohen Mauer entlang der *Green Line* beobachtete, die 1967 als Demarkationslinie zwischen Israel und dem Westjordanland gezogen worden war. Es war eine spannende Zeit, in der ich sehr viel lernte und die unterschiedlichsten Eindrücke bekam. Die vielen Barrieren und Checkpoints, die überall in der Stadt aufgestellt waren und die Bewegungsfreiheit der Menschen einschränkten, deprimierten mich sehr. Die Erfahrung, dass ich im Bus neben einem jungen Soldaten saß, der aussah wie ein Kind, aber ein Gewehr auf dem Schoß hatte, irritierte mich anfangs, doch wie in den meisten Situationen in meinem Leben gewöhnte ich mich an diese Umstände. Da ich für die UNO arbeitete, bekam ich einen tiefen Einblick in die Situation des Landes, auch wenn ich sie als Außenstehende niemals ganz verstehen werde. Nachdem ich mich im Büro gut eingearbeitet und endlich meine Rolle gefunden hatte, ging ich in meiner Arbeit auf. Ich verbrachte viel Zeit im Westjordanland, beobachtete und dokumentierte die Geschehnisse und Bedingungen an den Checkpoints und schrieb Berichte, die zur UNO nach New York geschickt wurden. Manchmal musste ich mir in die Wange kneifen. War das wirklich die Frau, die 25 Jahre zuvor kaum die Mittlere Reife geschafft hatte? Ich dachte oft an meinen Vater und wie stolz er jetzt auf mich wäre, aber leider durfte er das nicht mehr erleben.

Meine Wochenenden verbrachte ich entweder beim Laufen durch die wenigen grünen Flecken der eng zugebauten Stadt oder auf dem Rad, mit dem ich ab und zu an den Strand in Tel Aviv fuhr – auch wenn die UNO von meinen Rad-Eskapaden nicht gerade begeistert war. Allerdings bestand kein offizielles Radfahrverbot, denn es gab nicht viele UNO-Angestellte, die sich mit dem Fahrrad fortbewegten. Meine Radtouren nach Tel Aviv waren für mich immer ein Highlight. Die Strecke ging durchs Grüne, was ich in Jerusalem sehr vermisste, und sobald ich in Tel Aviv angekommen war, befand ich mich in einer anderen Welt. Obwohl die beiden Städte nur

70 Kilometer auseinanderliegen, könnten sie nicht unterschiedlicher sein: Jerusalem, die Heilige Stadt, in der man die Teilung zwischen Israelis und Palästinensern deutlich spürt, und Tel Aviv, die Partystadt, wo die Menschen die Mauer und ihre vielen Checkpoints teilweise ignorierten. Es war ein wahres Kontrastprogramm und für mich, gerade als Deutsche, manchmal sehr schwer einzuordnen.

Als mich meine Freundin Elke in Jerusalem besuchte, wollten wir zu Bekannten nach Bethlehem, das jenseits der Mauer liegt. Ich schlug vor, mit dem Rad dorthin zu fahren. Elkes Begeisterung für diesen Fahrradausflug hielt sich zwar in Grenzen, doch sie ließ sich dazu breitschlagen, was sie später sicherlich bereute. Damals gab es noch keine so wunderbaren Navigations-Apps wie heute, und da ich einen außergewöhnlich schlechten Orientierungssinn habe, dauerte es nicht lange, bis wir uns verfahren hatten. Es war heiß wie an den meisten Tagen in Jerusalem, und Elke war sichtlich gestresst von meinem Vorhaben. Ich wusste, dass wir Gilo überqueren mussten, einen der größten und meistfrequentierten Checkpoints der Stadt. In meinem jugendlichen Leichtsinn fragte ich einen Mann in einer jüdischen Siedlung, wo es zum Checkpoint Gilo gehe, aber er sah mich nur verwundert an und meinte, dass es hier keine Checkpoints gebe. Ich war irritiert, da ich mir sicher war, dass wir nicht weit weg sein konnten, und siehe da, nach fünf Minuten bergauf lag der riesige Checkpoint vor uns. Warum der Mann in der Siedlung das nicht wusste oder mir die Auskunft verweigerte, weiß ich bis heute nicht, doch ich nehme an, dass die Menschen diese Kontrollpunkte oft ignorieren. Da es kurz nach Feierabend war und die Tagesarbeiter zurück auf die palästinensische Seite wollten, war die Schlange Richtung Bethlehem relativ lang. »Bist du dir sicher, dass das eine gute Idee ist?«, meinte Elke. Klar war das eine gute Idee, denn es war ja nicht der erste Checkpoint, den ich mit meinem Rad überquerte. Wir kamen gut hinüber, mussten aber zu unserem Leidwesen feststellen, dass die Straße weiterhin bergauf ging. Wir kämpften uns den Berg hinauf, und plötzlich erschallte ein lauter Knall. Ich erschrak und sah, dass ein großer Stein den Rahmen meines Fahrrads getroffen hatte. Elke und ich schauten nach oben und sahen ein paar Kinder auf einem Balkon, die sich den Spaß machten, unwissende Radlerinnen mit Steinen zu bewerfen. Jetzt wurde selbst mir ein wenig mulmig zumute, und ich rief meine Freundin Ros an, die uns schließlich mit dem Auto abholte und wohlbehütet in ihre vier Wände brachte.

DAS NÄCHSTE MAL HÖRTE ICH VON MANUEL BESSLER, als er Chef des OCHA-Büros in Islamabad war und wieder eine Medienbeauftragte brauchte. Anscheinend konnte er sich noch an mich erinnern, denn er fragte bei der Humanitären Hilfe der Schweiz nach, ob ich das Team, das sich für die fast drei Millionen Menschen einsetzte, die aufgrund der Militäroperationen gegen die Taliban im Norden Pakistans innerhalb der Landesgrenzen vertrieben worden waren, bei seiner Arbeit unterstützen könnte. Die Anfrage aus Bern erreichte mich am 22. Mai 2009, einen Tag nach meiner erfolgreichen Everest-Besteigung. An diesem Tag stieg ich vom Lager 2 ins Basislager ab. Als ich mich dort endlich von meinen Teamkollegen und dem Prosecco, mit dem wir unseren Gipfelerfolg feierten, losreißen konnte, sah ich das E-Mail von der Humanitären Hilfe aus Bern, die anfragte, ob ich in drei bis vier Wochen auf eine sechsmonatige Mission nach Islamabad gehen könne. »Manuel Bessler, der Chef des OCHA-Büros, hat ausdrücklich nach dir gefragt«, schrieb Armin Ullmann, der Programmbeauftragte für Pakistan. Manuel Bessler? Im ersten Moment konnte ich mich gar nicht an ihn erinnern, obwohl ich in Jerusalem kurz mit ihm zusammengearbeitet hatte. Aber da ich solche Chancen gewöhnlich beim Schopf packe, schrieb ich Armin postwendend zurück und informierte ihn, dass ich mich in den nächsten Tagen melden würde, da ich just in diesem Moment vom Dach der Welt zurückgekommen sei.

Doch als ich nach der Besteigung des Mount Everest nach Kathmandu zurückkam, hatte ich gerade mal fünf Minuten Zeit, um mich unter die Dusche zu stellen, dann schwang ich mich schon wieder auf mein Rad und suchte die Teams, die wie ich gerade vom Everest und anderen Expeditionsgipfeln zurückgekommen waren. Miss Hawley hatte natürlich Sorge, dass ich sie verpassen würde. »You'd better get here now«, zitierte sie mich nach Dilli Bazaar. »The teams are not hanging around for long and we need to catch them.« 2009 war es Miss Hawley und mir noch wichtig, mit allen Teams zu sprechen, was bei den heutigen Besteigungszahlen gar nicht mehr möglich ist. Damals hatten wir mehr Zeit, die Expeditionen zu finden, da die meisten am Ende der Saison nach Lukla trekkten und von dort aus mit dem Flugzeug nach Kathmandu zurückkehrten. Heute ist das anders. Ich gehe davon aus, dass 90 Prozent der Everest-Besteiger direkt vom Basislager mit dem Helikopter nach Kathmandu zurückfliegen, manchmal sogar vom Lager 2 auf 6400 Metern.

Ich machte meine Arbeit, so gut es ging, und flog Mitte Juni zurück nach Deutschland, wo meine Familie schon ganz aufgeregt auf mich wartete. »Du musst unbedingt zur *Abendschau*«, eröffnete mir meine Mutter am Telefon. Zur *Abendschau*? Was sollte ich denn dort? »Ich habe beim Bayerischen Fernsehen angerufen und ihnen gesagt, dass du auf dem Mount Everest warst und dass man da doch was machen müsste.« Erst wussten die armen Journalisten gar nicht, was sie mit dem Anruf meiner Mutter anfangen sollten, aber sie luden mich schließlich doch für den 22. Juni 2009 in die *Abendschau* ein, was mir eigentlich ein bisschen unangenehm war. Dann gab es noch verschiedene Interviews mit der lokalen Presse und sogar einen Eintrag ins Goldene Buch von Garmisch-Partenkirchen, den ebenfalls meine Mutter organisiert hatte – wer beim Bayerischen Fernsehen anrufen kann, ruft auch beim Bürgermeister persönlich an.

Sobald dieses ganze Brimborium vorbei war, konnte ich mich endlich wieder auf mein Leben und meine Arbeit konzentrieren. Die Humanitäre Hilfe hatte mich bereits kontaktiert und wollte wissen, wann ich nach Pakistan fliegen könne. Einerseits fand ich das sehr spannend, andererseits hatte ich ein schlechtes Gewissen, meine Familie schon wieder zu verlassen, um ausgerechnet nach Pakistan zu gehen. »Jetzt haben wir uns so viele Sorgen gemacht, als du auf dem Everest warst, und jetzt gehst du nach Islamabad – da müssen wir uns ja wieder Sorgen machen«, meinte meine Mutter, die es allerdings auch spannend fand und mich bei solchen Vorhaben immer unterstützt. »Weißt du, wenn ich diese Möglichkeiten gehabt hätte, hätte ich es auch gemacht«, sagt sie oft zu mir. So flog ich nach längerem Hin und Her, das unter anderem mit der Mitnahme meines Fahrrads zu tun hatte, im August 2009 nach Islamabad.

Als ich um 2 Uhr morgens in der pakistanischen Hauptstadt ankam, war es noch – oder schon – unerträglich schwül. Die heiße, feuchte Luft schlug mir ins Gesicht, und ich wusste nicht, ob der Schweiß, der mir auf der Stirn stand, von der Hitze oder meiner Nervosität herrührte. Es war das erste Mal, dass ich in ein muslimisches Land reiste, und ich staunte, am Flughafen fast nur auf Männer zu treffen, deren Kleidung mich an Pyjamas erinnerte. Natürlich wusste ich, dass in vielen Ländern Zentralasiens die Menschen wegen der unerträglichen Hitze einen *Salwar Kameez* tragen, aber dass diese Kombination aus langem Hemd und Pluderhose so allgegenwärtig ist, war mir nicht bewusst gewesen. In der Empfangshalle reihte ich mich in die Immigrationsschlange für Frauen ein. Sie war kürzer als die der Männer, was jedoch das Prozedere nicht unbedingt beschleunigte. Als ich nach einer weiteren geschlagenen Stunde in die Gepäckhalle trat, war ich erst einmal froh, meine Fahrradtasche samt Inhalt vorzufinden. Mein wichtigstes Gepäckstück war angekommen, jetzt konnte das Abenteuer beginnen! Nachdem ich meine anderen zwei Taschen vom Laufband gehievt und gemeinsam mit meinem Fahrrad auf einen Gepäckwagen gelegt hatte, schritt ich hinaus in diesen neuen Tag, der mich mit Scharen von Männern in beigen oder weißen Pluderhosen begrüßte. Frauen sah ich fast keine. Ich ließ meinen Blick über die Männermenge schweifen, in der Hoffnung, dass einer dieser Herren in pakistanischer Tracht ein Schild mit meinem Namen in der Hand hielt.

Nach einigen Minuten wurde ich fündig, jedoch stand nicht »Billi«, sondern »Barbara« auf dem Schild, was mich etwas irritierte, da ich mich mit diesem Namen, obwohl er in meinem Pass steht, schon lange nicht mehr identifizierte. Er war mir fremd, auch wenn es der Name ist, den mir meine Eltern gegeben haben. »Wir wollten immer eine Bärbel«, rechtfertigte sich meine Mutter, als ich sie einmal fragte, warum sie mir solch einen uncoolen Namen gegeben hatten. »Und da Bärbel damals kein Taufname war, entschieden wir uns für Barbara.« Meine lieben Eltern hatten allerdings nicht damit gerechnet, dass es in meinem Jahrgang in Garmisch vier weitere Barbaras gab, die alle bereits Bärbel oder Babsi hießen. Um Verwirrungen zu vermeiden, kürzten meine Freundinnen einfach meinen Nachnamen ab und nannten mich »Bierli«, woraus sehr schnell »Billi« wurde. Meine Familie und ein paar ganz alte Freunde in Garmisch nennen mich heute noch Bärbel, manche sogar Bärbel-Billi, und das ist auch gut so, denn für die Ohren meiner Mutter ist der Name Billi eine Tortur. »Wir haben dir einen so schönen Namen gegeben, und jetzt hast du so einen schrecklichen, amerikanisch angehauchten Namen«, seufzt sie manchmal noch, auch wenn sie sich in der Zwischenzeit an meinen Spitznamen gewöhnt hat. Ab und zu nimmt sie ihn sogar selbst in den Mund, was wiederum meinen Ohren wehtut, deshalb bleiben wir bei Bärbel für die Familie und ganz alte Freundinnen und Billi für den Rest der Welt. Barbara existiert für mich nur noch im Pass und auf offiziellen Dokumenten.

Jedenfalls hatte ich an diesem Augustmorgen in Islamabad Glück, dass mein Nachname auch mit auf dem Schild stand, da ich sonst wohl an Ir-

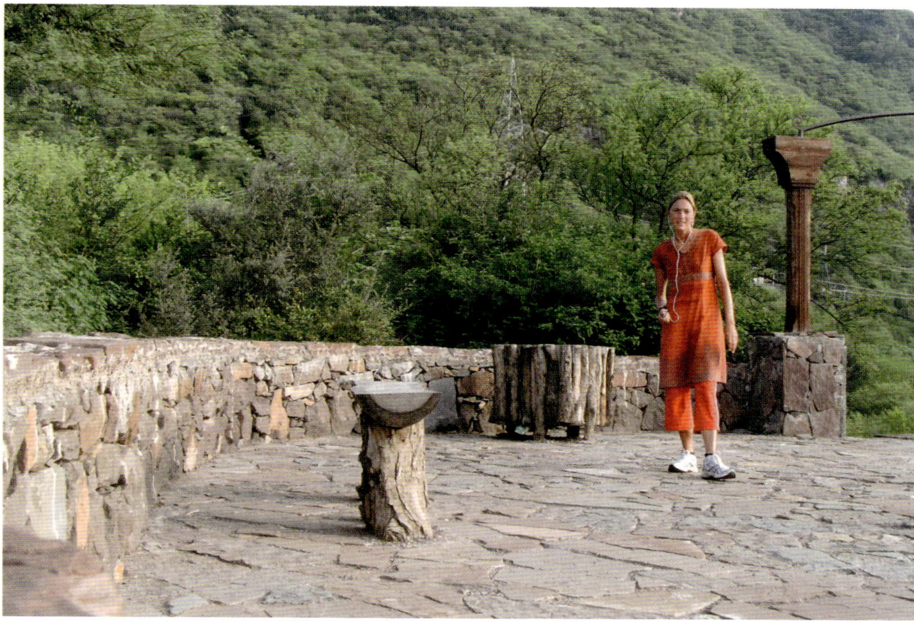

Bei 35 Grad im Schatten passend gekleidet! Die morgendlichen Laufrunden durch die grünen Margalla Hills waren in Islamabad meine Energiequelle.

shad, dem Fahrer der OCHA, vorbeigelaufen wäre. Irshad sah aus wie die meisten Männer, die an den Pforten des altersschwachen Flughafens von Islamabad warteten. Er war klein, zierlich, hatte schwarzes Haar, einen buschigen Schnurrbart und trug einen beigen *Salwar Kameez.* »Willkommen in Islamabad«, begrüßte er mich mit einem herzlichen Lächeln, das mich meine Nervosität sofort vergessen ließ, und schaute erstaunt auf meine in Kathmandu handgefertigte Radtasche. »Was ist denn da drin?«, wollte er wissen. Ich erklärte ihm, dass das mein Fahrrad sei und ich vorhatte, mich damit in Islamabad fortzubewegen. Er schüttelte nur ungläubig den Kopf. »Der Verkehr in Islamabad ist viel zu gefährlich, um mit dem Rad zu fahren«, sagte er, während er das schwere, gepanzerte UNO-Fahrzeug aus der engen Parklücke manövrierte. Die Sonne stand wie ein glühender Ball am Horizont, als wir auf der Autobahn Richtung Stadtzentrum fuhren. Wie immer schaute ich mit meinem »Wo-kann-man-hier-laufen-Blick« aus dem Fenster und war erstaunt zu sehen, wie viele Männer in Pluderhosen auf alten Stahlrädern, die mit Teppichen, Hühnern, geflochtenen Hockern oder anderen Waren bepackt waren, auf der Autobahn unterwegs waren. »Kein Wunder, dass Irshad das Radeln in Islamabad gefährlich findet«, dachte ich und hatte keineswegs vor, mich mit meinem Fahrrad auf die Autobahn zu begeben.

Plötzlich waren wir in der Stadt. Die Autobahn wurde zu einer zweispurigen Stadtstraße, und Irshad zeigte mir die Margalla Hills, die den Norden der Stadt säumen. »Das ist der Ausläufer des Himalaya«, erklärte er. »Es gibt Wandergruppen, die jeden Samstag eine Tour machen. Falls es dir nicht zu anstrengend ist, kannst du ja mal mitgehen.« Wandern? Damit konnte er mich nicht locken. Für Wanderungen war ich nicht zu haben, nur für Bergläufe. Aber das wollte ich Irshad, der sehr gut Englisch sprach, nicht gleich auf die Nase binden, denn er fand es ohnehin schon unsinnig, dass ich mit einem Fahrrad in Islamabad angekommen war. Wenn ich ihm jetzt noch gesagt hätte, dass ich vorhatte, in den Margalla Hills joggen zu gehen, hätte er mich wohl für vollkommen verrückt erklärt. Irshad fuhr mich zu meinem Gästehaus, das zu meiner Freude nicht weit von den Margalla Hills entfernt lag, half mir mit meinem Gepäck und erklärte mir den Weg ins Büro, der so kurz zu sein schien, dass es sich nicht einmal für mich lohnte, für die paar Meter aufs Rad zu steigen. »Wir sehen uns gleich im Büro. Die meisten Leute beginnen um 9 Uhr, aber unser Chef Manuel Bessler ist mit den Arbeitszeiten sehr flexibel«, verabschiedete sich Irshad.

Inzwischen war es 6 Uhr, die Sonne brüllte bereits vom Himmel, das Thermometer war auf mehr als 30 Grad gestiegen. Ich saß in meinem Zimmer und überlegte, ob ich erst mein Fahrrad zusammenbauen oder vor der Arbeit noch kurz die Margalla Hills erkunden sollte. Da ich mich aufgrund der langen Reise schon 24 Stunden nicht mehr bewegt hatte und körperlich etwas unausgelastet war, entschied ich mich trotz der heißen Temperaturen für die zweite Option. Ich zog eine der *Kurtas* an, lange, kragenlose Hemden, die mir meine Freundin Sam vor meiner Abreise aus Nepal gegeben hatte und die meine Hüften und meine Arme bedeckten, streifte eine lange Pluderhose über meine Beine, was bei der Hitze fast schon Frevel war, und steckte meine vom Flug leicht geschwollenen Füße in meine Joggingschuhe. Irgendwie fühlte es sich komisch an, in Islamabad joggen zu gehen, doch ich wollte es sofort ausprobieren, auch aus der Angst heraus, dass ich mich sonst nicht mehr trauen würde. Also nahm ich meinen ganzen Mut zusammen und trabte korrekt bekleidet aus dem Gästehaus Richtung Margalla Hills, die in den nächsten zwei Jahren meine große Energietankstelle werden sollten.

ISLAMABAD HAT EINEN SCHACHBRETTARTIGEN GRUNDRISS, der mir sehr entgegenkam, da im Jahr 2009 Smartphones sowie Navigations-Apps noch nicht allgegenwärtig waren. Die Stadt mit mehr als einer Million Einwohnern wurde erst in den 1960er-Jahren gegründet und übernahm 1966 – nach einem Zwischenprovisorium in Rawalpindi – den Hauptstadttitel von Karachi, das mit fast 15 Millionen Einwohnern die zwölftgrößte Stadt der Welt ist. Im Vergleich zu Karachi oder dem im Süden angrenzenden Rawalpindi fehlt es Islamabad an Charakter und Seele, allerdings haben die damaligen Architekten sehr viele Grünflächen eingeplant. Die Stadt hat kein richtiges Zentrum, dafür hat jedes Schachfeld beziehungsweise jeder Sektor bestimmte Einrichtungen wie eine Moschee und einen Marktplatz, wo sich die Menschen treffen. Mein Gästehaus und das Büro waren im Sektor F7 angesiedelt, dessen Zentrum der Jinnah Supermarket ist. Dort gab es sogar eine afghanische Bäckerei, die köstliche Brezen verkaufte, da der Großvater des Eigentümers während des Baus der Straße nach Kandahar von den deutschen Straßenbauern das Brezenbacken gelernt hatte. Als ich an jenem Morgen um 6 Uhr am Jinnah Supermarket vorbei Richtung Margalla Hills joggte, waren kaum Menschen unterwegs. Die Straßen waren noch ruhig, bis auf den Gebetsruf des Muezzins herrschte in der Stadt Stille. Sobald ich die sonst so stark befahrene Margalla Hill Road überquert hatte und in die grüne Lunge der Hügel eintauchte, spürte ich, dass es hier ein paar Grad kühler war. Bis dahin war es mit dem Laufen gut gegangen, doch ich wusste, dass ich mich an die starrenden Blicke der pakistanischen Männer gewöhnen musste, denn eine blonde, joggende Frau war für sie kein alltägliches Bild. Aber ich ließ mich nicht irritieren. Ich fand einen kleinen Weg, der am Fuß der Hügel entlangzuziehen schien. Zu lange konnte ich ohnehin nicht laufen, da ich um 9 Uhr im Büro sein wollte.

Ich kam gerade so richtig in meinen Laufrhythmus, als ich plötzlich auf ein Rudel Paviane stieß. Diese Affenart war mir von Kathmandu gut bekannt, da sie dort zum Stadtbild gehören. Sie turnen auf den abenteuerlich verlegten und ineinander verhedderten Stromleitungen herum, und wenn man Pech hat, springen sie schon mal auf den Balkon, kommen in die Wohnung und räumen die Schränke aus. Ich hatte schon immer großen Respekt, ja Angst vor diesen unangenehmen Tieren und konnte nie verstehen, wie man sie niedlich finden kann. Hier traf ich nun auf etwa zehn erwachsene Paviane mit einige Jungen, was mir Sorge bereitete, da die Muttertiere sehr aggressiv werden können, wenn sie eine potenzielle Bedrohung für ihre Kleinen wittern. Ich blieb stehen und schaute ihnen möglichst selbstbewusst direkt in die Augen. Da sie ihre Jungen schützen wollten, umzingelten sie mich und fauchten mich an. Mir fiel das Herz in die Pluderhose, plötzlich spürte ich so etwas wie Todesangst. »Das wäre jetzt schön blöd, wenn ich zwar auf den Everest gekommen bin, aber mich jetzt diese Affen in Stücke reißen«, dachte ich. Ich wagte kaum zu atmen und fühlte mich hilflos, denn weit und breit war keine Menschenseele zu sehen. Plötzlich kam wie aus dem Nichts ein Parkwächter, ergriff einen großen Stein und warf ihn in Richtung Paviane. Ich konnte gar nicht so schnell schauen, da waren sie verschwunden. Ich atmete tief durch und bedankte mich bei dem Parkwächter. »Kein Problem«, antwortete er freundlich. »Man darf den Pavianen nie in die Augen schauen, das stellt für sie eine Bedrohung dar. Am besten ignoriert man sie, dann ignorieren sie einen auch.« Das war der beste Tipp, den ich jemals bekommen habe, denn ich fühlte mich von den Affen nie wieder bedroht, auch wenn ich täglich an ihnen vorbeilief. Ich schenkte ihnen keine Beachtung mehr, und sie ließen mich dafür in Ruhe.

Auf meinen Laufrunden am Fuß der Margalla Hills hatte ich aber nicht nur angsteinflößende, sondern auch wunderbare Begegnungen. Mir kam des Öfteren eine Gruppe eleganter, älterer und intellektuell aussehender Männer entgegen, die wohl bei ihrem gemeinsamen Morgenspaziergang die neuesten politischen Geschehnisse oder die derzeitige wirtschaftliche Lage Pakistans diskutierten. Wenn ich an ihnen vorbeilief, lächelte ich sie an und sagte freundlich »salam alaikum«, was im Arabischen so viel bedeutet wie »Friede sei mit dir«. Meistens lächelten sie zurück, wenn auch eher verhalten. Eines Tages hatte ich eine besondere Begegnung mit einem der Herren, der an diesem Morgen allein unterwegs war. Als ich ihm auf der Straße entgegenlief, strahlte der kleine Mann über beide Ohren, kam mit ausgestreckten Armen auf mich zu, umarmte mich und sagte: »You are my morning star!« Ich sah ihn erstaunt an, denn es war sehr ungewöhnlich, in einem muslimischen Land mitten auf der Straße von einem Mann umarmt zu werden. »Wir freuen uns jeden Morgen, wenn wir Sie sehen und Sie uns ein Lächeln schenken. Sie sind unser Morgenstern«, bemühte er sich zu erklären. Ich war geplättet. So etwas war mir noch nie passiert, und dann noch in einem Land wie Pakistan! Wir unterhielten uns noch ein Weilchen. Er erzählte mir, dass er bei einem islamischen Finanzinstitut in London tätig gewesen war und große Staatsmänner wie den damaligen deutschen Bundeskanzler Willy Brandt oder den französischen Präsidenten Valéry Giscard d'Estaing getroffen hatte. Es war ein faszinierendes Gespräch. Diese Begegnung machte mir wieder einmal klar, wie wichtig es ist, sich aus dem Haus zu trauen und Dinge zu tun, die nicht ganz alltäglich sind.

An jenem ersten Tag in Islamabad joggte ich nach der Aufregung mit den Affen schnurstracks zum Gästehaus zurück, denn langsam wurde es unerträglich heiß, außerdem wollte ich nicht gleich an meinem ersten Tag bei der OCHA zu spät kommen. Ich sprang unter die kalte Dusche, warf mir eine frische nepalesische *Kurta* über und war um 8.45 Uhr startklar. Der Weg ins Büro dauerte tatsächlich keine fünf Minuten, aber dafür benötigte ich umso mehr Zeit, um die Sicherheitsvorkehrungen zu passieren. Egal ob Tasche, Trinkflasche, Laptop oder Identität, alles wurde mehrfach gecheckt, bevor man mich in die heiligen Hallen der OCHA eintreten ließ, was nicht überraschend war, wenn man bedenkt, dass das Land allein im Jahr 2009 von mehr als vierzig Terroranschlägen erschüttert wurde.

Ich war einerseits aufgeregt und andererseits sehr stolz, schließlich war ich gerade dabei, meinen zweiten Job bei der UNO anzutreten, als Public Information Officer. Ich wusste zwar nicht so genau, was von mir in dieser Funktion erwartet wurde, aber ich hatte die Hoffnung, dass ich die Aufgaben schon irgendwie stemmen würde. Dass mich Manuel Bessler nach Pakistan geholt hatte, konnte jedenfalls nur bedeuten, dass ich meinen Job in Jerusalem nicht so schlecht gemacht hatte. Ich merkte, dass ich in einer solchen Situation nicht mehr so unsicher war wie früher. Meistens hatte sich gezeigt, dass ich viel mehr konnte, als ich dachte – auch beim Bergsteigen. Vor ein paar Jahren hätte ich es noch für völlig unrealistisch gehalten, dass ich jemals auf den Mount Everest steigen würde. Dann hatte ich gesehen, dass viele Everest-Aspiranten weniger Erfahrung hatten als ich, und plötzlich erschien es mir nicht mehr so unmöglich. Dass ich es dann wirklich schaffte, gab meinem Selbstvertrauen einen Schub, und manchmal ertappte ich mich jetzt dabei, dass ich mir, wenn mich jemand mit einem Problem konfrontierte, im Stillen dachte: »You know what: I climbed Everest!«

»Willkommen in Islamabad! Bist du eigentlich mit dem Velo von Kathmandu gekommen?« Manuel begrüßte mich mit einem verschmitzten Lächeln, das mich vermuten ließ, dass er Spaß machte und sich nicht auf meinen von der Aufregung und vom Joggen hochroten Kopf bezog. Wie so oft brach mein Fahrrad das Eis, und ich erzählte ihm, dass ich zwar nicht auf dem Velo gekommen sei, aber dass es im Gästehaus auf mich wartete. Manuel lächelte und meinte: »Da müssen wir mal schauen, was die Sicherheitsoffiziere der UNO dazu sagen.« Als ich ihm ein paar Wochen später gestand, dass mich die UNO-Sicherheitsoffiziere dummerweise auf meinem Rad gesehen hatten, erwiderte er trocken: »Billi, sie wissen schon lange, dass du mit dem Velo rumgurkst. Sie schicken mir alle paar Tage ein E-Mail mit der Bitte, dich davon abzuhalten.« Auf meine Frage, was wir tun sollten, entgegnete er: »Nichts. Ich ignoriere diese E-Mails, denn wenn ich dir dein Velo wegnehme, dann gehst du womöglich auch, und das wollen wir ja nicht.« Was für ein Boss!

Die nächsten zwei Wochen war ich damit beschäftigt, mich in meine Aufgaben einzuarbeiten sowie eine Wohnung zu suchen. Das Erstere bereitete mir ein flaues Gefühl im Magen, da die Organisation einer Pressekonferenz oder die Entwicklung einer Kommunikationsstrategie Neuland für mich waren. Das Zweitere stellte sich als ziemlich einfach heraus, sodass ich bereits nach zwei Wochen die stolze Mieterin einer netten Zweizimmerwohnung mit Dachterrasse war. Sie lag in einer ruhigen, begrünten Straße im Sektor F6, der weit genug vom Büro entfernt lag, dass es sich nun doch lohnte, mit dem Rad in die Arbeit zu fahren. Nachdem die UNO die Räume unter allen Sicherheitsaspekten inspiziert hatte, wurden mir zwei Wächter mit historisch anmutenden Gewehren vor die Tür gesetzt, die meine Wohnung Tag und Nacht bewachen sollten. Mir taten die Wächter oft leid, denn sie mussten bei Wind und Wetter in ihrem kleinen, windigen Wachhäuschen sitzen und mich behüten, obwohl es unwahrscheinlich war, dass sie im Ernstfall mit ihren alten Büchsen viel ausgerichtet hätten. Vor den meisten Häusern in diesem Sektor, wo überwiegend wohlhabende Pakistanis oder Mitarbeiter internationaler Organisationen wohnten, standen solche Wachen. Wenn ich am Morgen an ihnen vorbeiradelte, begrüßten sie mich bald mit einem freundlichen Lächeln und riefen: »Good morning Madam!« Das war immer ein Highlight auf meinem Arbeitsweg. Das schönste Erlebnis war jedoch, als bei meiner Rückkehr aus Kathmandu, wo ich im Frühjahr 2010 für meine Arbeit bei der Himalayan Database zwei Monate gewesen war, einige Wächter vor Freude schier außer sich waren, als sie mich sahen. »Madam, you are back!«, riefen sie strahlend. Da fühlte ich mich richtig gut aufgehoben.

Beim Einzug informierte mich meine Vermieterin, die mit ihrem Mann im Parterre wohnte, dass ein junger Pakistani sechsmal pro Woche zum Putzen, Kochen und Wäschewaschen kommen würde. Quaisar sei von meinen Vorgängern angeheuert worden, ich solle ihn doch weiterhin beschäftigen. Eine Haushaltshilfe? Für mich allein? Nein, das ging gar nicht. Ich hatte in meinem Leben immer alles selbst gemacht, und jetzt sollte ich mich plötzlich in die Riege der UNO-Leute einreihen und mir die alltäglichen Dinge abnehmen lassen? Nein, das wollte ich nicht. Als der gute Quaisar am nächsten Morgen in meiner Wohnung stand, erklärte ich ihm freundlich, dass ich keine Haushaltshilfe benötigte. Der Arme verließ ganz geknickt meine Wohnung. Meine Mutter wusch mir den Kopf, als ich ihr abends am Telefon von diesem Vorfall berichtete: »Aber Kind, jetzt hat der arme Mann keinen Job mehr. Was macht er denn jetzt?« Da wurde mir erst bewusst, wie egoistisch ich gehandelt hatte. Vor lauter Angst, wie andere länger im Ausland Arbeitende ein typischer Expat mit Bediensteten zu werden, hatte ich nicht an den armen Quaisar gedacht, der seinen Lebensunterhalt bestreiten musste. Schnell beendete ich das Telefonat mit meiner Mutter, rief unverzüglich Quaisar an und bat ihn, dreimal die Woche zu kommen. Er war überglücklich und erwies sich als gute Hilfe, auch wenn er mir Bügelfalten in die Jeans bügelte oder das Waschpulver so schlecht aus meiner Jacke herausspülte, dass sie beim nächsten Regenguss zu schäumen anfing. Aber er hatte einen Job, und ich hatte eine reine Wohnung und gelernt, dass man Dinge aus verschiedenen Perspektiven betrachten muss.

Die Arbeit hielt mich auf Trab, denn das Team der OCHA arbeitete rund um die Uhr. Die Bedürfnisse waren groß, die Operationen des pakistanischen Militärs gegen die Taliban im Norden des Landes hielten an, und immer mehr Menschen waren gezwungen, ihre Heimat zu verlassen. Die meisten der fast drei Millionen Vertriebenen kamen bei Gastfamilien unter. Es war phänomenal zu sehen, wie viele Familien ihre Türen für ihre Mitmenschen öffneten. Diejenigen, die nicht so viel Glück hatten, hausten im Lager Jalozai im Nowshera-Distrikt, das mit über 100 000 Menschen das größte Vertriebenenlager Pakistans war. Meine Aufgabe war unter anderem, die Menschen in den Lagern zu besuchen, sie zu interviewen und ihre Geschichten zu erzählen. Das fiel mir nicht immer leicht, denn ich fühlte mich oft schuldig, wenn wir mit dem dicken, gepanzerten UNO-Auto vorfuhren, uns kurz mit den Menschen unterhielten und dann wieder davonbrausten. Meist war zu wenig Zeit, und ich kann mich an eine Begebenheit erinnern, als mich eine Frau sogar beschimpfte. »Ihr kommt mit euren dicken Autos hierher, glotzt uns an, schreibt etwas auf und verschwindet schnell wieder. Wir brauchen mehr Hilfe!« Ich erklärte ihr, dass wir von der OCHA nicht wie das Welternährungsprogramm Essen oder andere Hilfsgüter verteilten, aber dass ich versuchte, Geschichten zu schreiben, die auf die Misere in Pakistan aufmerksam machten und die Welt zu mehr Hilfe bewegten. Das überzeugte sie nicht. Sie scheuchte mich fort, was mich sehr betroffen machte.

Ein paar Monate später durfte ich jedoch etwas erleben, was mich wieder an den Sinn meiner Tätigkeit glauben ließ. Ich wurde für ein paar Wochen nach Quetta in Belutschistan geschickt, wo ich Berichte über afghanische Flüchtlinge im Flüchtlingsdorf Surkhab verfassen sollte. In Quetta durften wir aufgrund der erhöhten Entführungsgefahr ohne gepanzertes Auto das Gelände nicht verlassen, an Fahrradfahren oder Joggen war nicht zu denken. Eines Tages besuchte ich mit dem UNO-Flüchtlingshilfswerk UNHCR einen jungen Afghanen namens Mohammed, der an einer schweren Kinderlähmung litt und von UNHCR einen neuen Rollstuhl erhielt, worüber ich eine Geschichte schreiben sollte. Mohammed und ich ver-

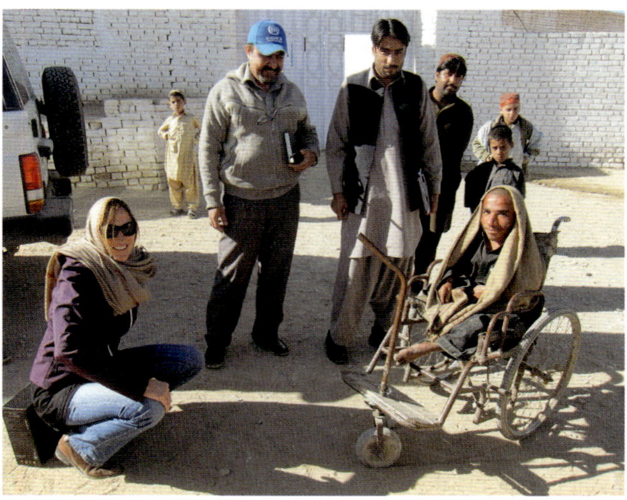

Eine besondere Begegnung in Pakistan. Der afghanische Dichter Mohammed und ich hatten von Anfang an einen guten Draht zueinander.

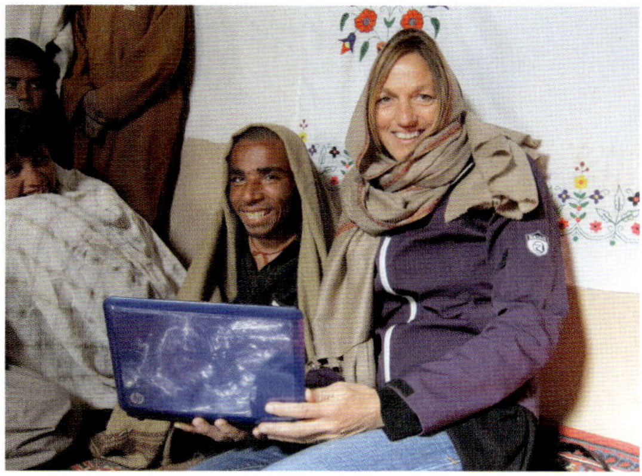

Vielleicht keine humanitäre Notwendigkeit, aber eine besondere Spende: Dank den Studierenden in Kanada konnte Mohammed seine Gedichte nun digital verarbeiten.

standen uns von Anfang an ausgesprochen gut. Er sprach ein wenig Englisch und erzählte mir, dass er mit acht Jahren Polio bekam. »Wir hatten wenig Geld und konnten uns die medizinischen Behandlungen nicht leisten«, erzählte er mir. Kurz nach seiner Erkrankung begann er, Gedichte zu schreiben. »Mein Stift half mir dabei, meine Traurigkeit zum Ausdruck zu bringen«, erinnerte er sich und erklärte mir, wie wichtig die Poesie für ihn sei. »Euer Rollstuhl wird mein Leben sicherlich einfacher machen, aber ich denke, ich werde bald einen Computer brauchen, um meine Gedichte zu digitalisieren«, sagte er beim Abschied und bat mich wiederzukommen. Normalerweise gebe ich solche Versprechen nie, da man sie selten einhalten kann, aber aus irgendeinem Grund versicherte ich Mohammed, dass ich wiederkommen würde. Bei der Heimfahrt war ich immer noch ganz beseelt. Es war eine besondere Begegnung, und ich fühlte mich sehr glücklich und privilegiert, solche Menschen persönlich treffen zu dürfen.

Als wir zurück auf dem hermetisch abgeriegelten UNO-Gelände waren, setzte ich mich unverzüglich an den Computer, da solche Geschichten geschrieben werden müssen, wenn man sie noch spürt. Den UNHCR-Redakteuren in Genf gefiel meine Story, in der ich auch Mohammeds selbstbewusste Bitte um einen Computer erwähnte. Ein paar Tage später flatterte plötzlich ein E-Mail von der Direktorin der Universität in Toronto herein, die mir mitteilte, dass ihre Studenten so berührt von meiner Story gewesen seien, dass sie Geld gesammelt und einen Laptop für Mohammed gekauft hatten. Jetzt stellte sich nur noch die Frage, wie man ihn nach Islamabad transportieren könne. Ich war sprachlos. Diese Geste der Studenten auf der anderen Seite der Welt würde nicht nur Mohammed glücklich machen, sie zeigte mir, dass gut geschriebene Geschichten eine unglaubliche Wirkung entfalten können. Der Laptop wurde von einem UNO-Mitarbeiter, der sich gerade in Kanada aufhielt, nach Pakistan gebracht, so konnte ich mein Versprechen halten und Mohammed noch einmal besuchen. »Ich wusste, dass du zurückkommen würdest«, begrüßte er mich und traute seinen Augen nicht, als ich ihm das großzügige Geschenk überreichte. Wir beide hatten Tränen in den Augen: Mohammed vor Freude und ich vor Demut und Dankbarkeit, dass ich mit meiner humanitären Arbeit solche Momente erleben darf.

PAKISTAN WAR EINE SEHR PRÄGENDE ZEIT für mich. Ich lernte hinsichtlich meiner Tätigkeit als OCHA-Kommunikationsexpertin weiter, begegnete viel Leid, aber auch Hoffnung und Freude und konnte meinen Glauben festigen, dass unsere Arbeit, die sich manchmal wie ein Tropfen auf den heißen Stein anfühlte, lohnenswert und bereichernd sein kann. Privat war es ebenfalls eine sehr intensive Zeit. Ich sah viel vom Land und schloss Freundschaften fürs Leben, wie mit Manuels Frau Alessandra, durch die ich das Core-Training entdeckte. Manuel und Ale, wie sie sich kurz nannte, waren vor Pakistan in New York gewesen, wo Manuel am UNO-Hauptsitz einen Schreibtischjob hatte. Als er das Angebot bekam, das OCHA-Büro in Pakistan zu leiten, zögerte er nicht lange, denn er konnte es kaum erwarten, wieder »ins Feld« zu gehen, wie man in der Welt der humanitären Hilfe sagt. Ale war zwar nicht Feuer und Flamme, entschied sich jedoch, Manuel auf seinem neuen Weg zu begleiten, und bezog mit ihm ein geräumiges Haus im Sektor F7 von Islamabad, gleich unterhalb der Margalla Hills. Diese Lage macht den Sektor, in dem vorwiegend Expats wohnen, im Sommer ein paar angenehme Grad kühler und im Winter ein paar Grad wärmer. Ale hatte in New York in einem Fitnessstudio Core-Training unterrichtet. Nicole Ruder, die zweite Bürochefin des Schweizer Kooperationsbüros in Islamabad, erzählte mir von diesem fantastischen Training, das Ale im Wohnzimmer der Bessler'schen Residenz anbot, aber ich konnte mir zunächst nichts darunter vorstellen. »Billi, du musst unbedingt mitmachen«, sagte Nicole während eines meiner allwöchentlichen Besuche im Kooperationsbüro. »Es ist ziemlich anstrengend, aber super effektiv und macht richtig Spaß. Außerdem ist Manuels Frau megacool«, motivierte mich Nicole. Noch am gleichen Abend fuhr ich zu Besslers, um mir dieses Core-Training einmal anzusehen. Was den Sport betrifft, bin ich kein Herdentier, denn ich mache am liebsten das, was mir Spaß macht, ohne dass mir jemand sagt, wie und wann ich es zu tun habe. Aber in einem Umfeld wie Islamabad war so etwas sinnvoll, da man weniger Möglichkeiten zum Sport hatte und auf diese Weise Gleichgesinnte treffen konnte.

Als ich in das riesige, aber gähnend leere Wohnzimmer eintrat, war Ale gerade dabei, Matten, Gewichte und Bälle auszulegen. »Hallo, du musst Billi sein«, begrüßte sie mich herzlich. Während sie das Wohnzimmer zum Turnsaal umfunktionierte, erklärte mir Ale kurz, was unter Core-Training zu verstehen sei. »Das Ganze basiert auf Pilates, das die Kernmuskulatur stärkt.« Kernmuskulatur? Ich wusste nicht, wo genau diese zu finden war, und da an meinem Körper nichts war, was so richtig kernig aussah, entschied ich mich, zu bleiben und mir ein wenig von dieser Kernmuskulatur anzueignen. Es dauerte nicht lange, bis die ersten Leute eintrudelten. Es war ein bunt gemischter Haufen, und es faszinierte mich, zu erleben, dass in einem muslimischen Land wie Pakistan Frauen und Männer unterschiedlicher Herkunft gemeinsam auf engstem Raum in der brütenden Hitze trainierten.

»Ale ist schon bekannter als ihr Mann«, erzählte mir Nicole nach der Core-Stunde. »Normalerweise sind die Ehepartner der wichtigen Expats immer eher Anhängsel, aber bei Ale ist es andersherum. Sie hat hier wirklich etwas Einzigartiges geschaffen.« Ihre Core-Stunden waren mehr als nur Fitnesstraining. Sie hatte eine Gemeinschaft kreiert – das war in einem Kontext wie Pakistan für die Menschen sehr wichtig, egal ob Expats oder Pakistanis. Es tat einfach gut, abzuschalten und mit anderen Leuten zu turnen. Und so wurden die Core-Stunden Teil meines täglichen Lebens. Am Morgen und an den Wochenenden ging ich in den Margalla Hills laufen, und drei- oder viermal die Woche nahm ich an Ales Core-Training teil, nach dem ich bald süchtig wurde. Manuel versuchte ebenfalls, so oft wie möglich mitzumachen. Der Erfolg von Ales Training sprach sich so schnell herum, dass bald das halbe OCHA-Büro nach einem langen Arbeitstag bei den Besslers im Wohnzimmer wiederzufinden war.

Ich war gern in Pakistan. Ich liebte meine Arbeit, die Menschen, die wir unterstützten, und meinen immer größer werdenden Freundeskreis. Die Wochenenden verbrachten wir meist in den Margalla Hills oder in der diplomatischen Enklave im Süden der Stadt, wo viele Botschaften, aber auch ein paar Restaurants lagen. Wenn ich heute mit Ale und Manuel über die

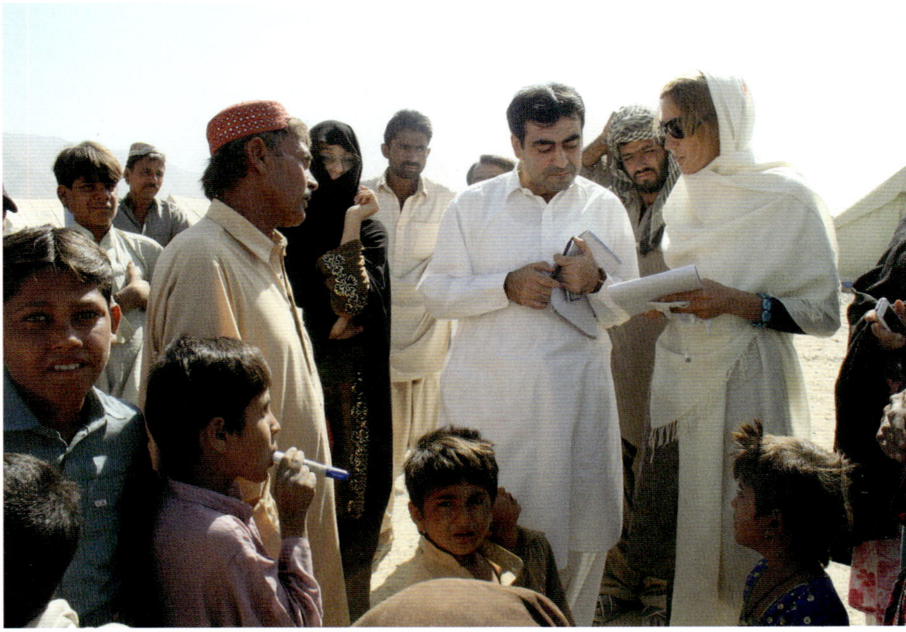

Es war nicht immer einfach, mit leeren Händen im UNO-Auto vorzufahren und mit Stift und Notizblock die betroffenen Menschen zu interviewen.

Zeit in Pakistan spreche, sind wir uns einig: Es war eine besondere Zeit. Insgesamt blieb ich fast zwei Jahre in Islamabad. Ich hüpfte zwischen OCHA und UNHCR hin und her und reiste dazwischen zweimal zurück nach Nepal, um Miss Hawley zu helfen und im Frühjahr 2011 den Lhotse und im Herbst des gleichen Jahres den Manaslu zu besteigen.

Ich war auch im Juli 2010 in Islamabad, als Pakistan von einer der schlimmsten Flutkatastrophen in der Geschichte des Landes heimgesucht wurde. Unvorstellbare Wassermassen fielen am Morgen des 29. Juli 2010 vom Himmel. Der Regen war so intensiv, dass ich mir sogar kurzzeitig überlegte, mein Rad stehen zu lassen und mit dem Taxi in die Arbeit zu fahren. »Ach, stell dich nicht so an, Billi. Der Regen wird dich doch nicht vom Radeln abhalten«, ermahnte mich meine innere Stimme. Schließlich war ich nicht aus Zucker, und so zog ich mir meine Regenkleidung über und war gerade dabei, mich aufs Rad zu schwingen, als mich eine Kollegin von UNHCR besorgt anrief. »Billi, bist du schon auf dem Rad?«, wollte sie wissen. Fast fühlte ich mich ertappt, dass ich noch nicht auf meinem Bike saß und ins Büro strampelte. »Fahr bloß nicht los. Hier unten sind schon totale Überschwemmungen. Wir holen dich ab.« Das war der Anfang der bis zu diesem Zeitpunkt schwersten Flutkatastrophe des Landes, bei der mehr als 1700 Menschen ihr Leben verloren, mehr als sechs Millionen Menschen von humanitärer Hilfe abhängig wurden und von der rund 20 Millionen Menschen betroffen waren, das sind zehn Prozent der Bevölkerung. Darunter waren viele Menschen, die gerade begonnen hatten, ihr Leben im Swat-Tal wieder aufzubauen, nachdem sie wegen der Militäroperationen für ein Jahr vertrieben worden waren, und die nun zum zweiten Mal ihr Hab und Gut verloren – als wäre die Situation allein nicht tragisch genug. Die Arbeit der UNO konzentrierte sich nun auf die Überschwemmungsopfer. Es war uns allen bewusst, dass ein Land wie Pakistan aufgrund seiner geografischen Lage und durch die Folgen des Klimawandels wohl immer wieder von solchen Naturkatastrophen heimgesucht werden wird, was sich im Jahr 2022 traurigerweise bestätigte.

DER EINSATZ ANLÄSSLICH DER ERDBEBENKATASTROPHE in Nepal im Jahr 2015 war eine gänzlich andere Mission als jene in Pakistan oder Jerusalem, wo ich an die UNO »verliehen« worden war. In Nepal war ich Teil eines Soforteinsatzteams der Humanitären Hilfe der Schweiz und wurde nicht als Kommunikationsexpertin, sondern als stellvertretende Teamleiterin eingesetzt. Ich war zwar noch nie auf einem Soforteinsatz gewesen, aber die Tatsache, dass ich Nepal so gut kannte, reichte aus, um mich ins kalte Wasser zu werfen. Nachdem ich mitten in der Nacht von Garmisch nach Zürich gefahren war und bei den Besslers ein paar Stunden geschlafen hatte, begleitete Manuel mich als Delegierter der Humanitären Hilfe der Schweiz zum Flughafen Zürich, wo ich den Rest meines vierköpfigen Teams traf. Als ich dort in rosa Fleecejacke und Jeans ankam, fühlte ich mich ein wenig deplatziert, da die anderen vier Mitglieder des Soforteinsatzteams bereits in die Uniform der Humanitären Hilfe gekleidet waren. Normalerweise werden die Teammitglieder vor einem Einsatz von der Zentrale in Bern ausgerüstet, man kann dort fast wie in einem Bekleidungsgeschäft aus den verschiedenen Kleidungsstücken und anderer Ausrüstung wählen. Da ich aus Zeitgründen nicht mehr in Bern vorbeischauen konnte, überreichte man mir am Flughafen einen Koffer mit der restlichen Ausrüstung und der passenden Kleidung, die ich jedoch für die Pressebilder nicht mehr anziehen konnte. So steht das uniformierte Team da wie aus dem Ei gepellt, mit einem rosa Punkt in der Mitte, der auch mitwollte.

Auf dem Weg nach Kathmandu musste das kleine Flugzeug der REGA in der iranischen Wüste tanken, da der Sprit nicht ganz bis nach Nepal reichte. Es war fast surreal, mitten im Nirgendwo eine Tankstelle vorzufinden. So weit das Auge reichte, war nichts zu sehen, nur ein paar Zapfsäulen für Flugzeuge, die hier zwischenlanden mussten. Wir kamen mitten in der Nacht in Kathmandu an und mussten noch eine gute Stunde über der Stadt kreisen, da die Schweizer nicht die einzigen humanitären Helfer waren, die den Nepalesen zu Hilfe eilten. Der halbe Erdball wurde mobilisiert, was einerseits eine großartige Geste der Weltgemeinschaft war und andererseits, wie sich später herausstellte, nicht immer effizient war, da viele Teams einfach kamen und ihr Ding machten, ohne sich mit anderen Organisationen oder der nepalesischen Regierung zu koordinieren.

Die Koordination ist eine der größten Herausforderungen bei den Rettungsarbeiten nach einer Naturkatastrophe. In den letzten paar Jahren haben sich solche Hilfseinsätze sehr verändert, und die Regierungen der betroffenen Länder haben einiges gelernt. Indonesien ist ein Paradebeispiel, denn nach dem Tsunami im Jahr 2004 hat das Land sehr viel selbst aufgebaut und daran gearbeitet, dass man bei einem weiteren Desaster besser und koordinierter reagiert. Als am 29. September 2018 ein Erdbeben die indonesische Insel Sulawesi erschütterte und die internationale Gemeinschaft in den Startlöchern stand, um zu helfen, wurde sie von der indonesischen Regierung erst einmal ausgebremst, da diese gezielt um Hilfe bitten wollte. Und so stellte Indonesien eine Liste dessen zusammen, was benötigt wurde, fragte bei den jeweiligen Ländern gezielt an und ließ nur die Hilfsarbeiter und -güter ins Land, die dringend gebraucht wurden. Für die humanitäre Gemeinschaft war das ein voller Erfolg, da es zeigte, dass dieses Land in den letzten Jahrzehnten selbstständiger geworden und nicht ausschließlich auf die Hilfe anderer Nationen angewiesen ist. Aus diesem Grund heißt die frühere Entwicklungshilfe heute auch Entwicklungszusammenarbeit, denn das wichtigste Gebot ist es, mit den Regierungen der betroffenen Länder gut zu kooperieren.

Im Fall von Nepal war es noch ein wenig anders. Als wir am Flughafen ankamen, herrschte bereits Chaos. Die Fluglotsen hatten große Mühe, Parkplätze für die vielen Flugzeuge zu finden, und es wuselte nur so von hu-

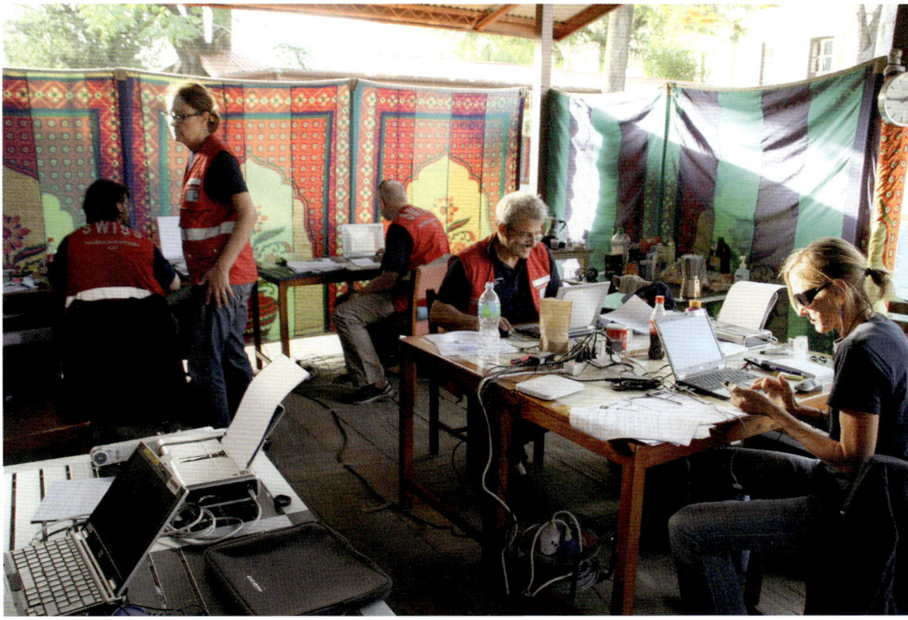

In unserem behelfsmäßigen Freiluftbüro vor der Schweizer Botschaft spürten wir zwar die Nachbeben, aber sie waren erträglich. Wir arbeiteten fast rund um die Uhr.

manitären Helfern in ihren Uniformen. Wir durchquerten den Flughafen, der einige große Risse in den Wänden aufwies, bekamen ein kostenloses Visum und traten in die Nacht hinaus. Der Anblick, der sich mir hier bot, war fast unheimlich, denn das Kathmandu, in dem ich an diesem 26. April 2015 ankam, war mir völlig fremd. Vor dem Flughafen waren Hunderte von Menschen mit Decken, Schlafsäcken, Plastikplanen und Taschen unterwegs und suchten einen sicheren Schlafplatz. Ich hatte in Kathmandu noch nie so viele Menschen und Hunde auf einmal gesehen und dabei so eine Ruhe erfahren. Gewöhnlich unterhalten sich die Menschen lautstark miteinander oder sitzen unentwegt hupend in ihren Autos, und die Hunde bellen sich die Seele aus dem Leib. Aber in dieser Nacht herrschte Totenstille. Am Flughafen wurden wir von einem Fahrer abgeholt, der uns in die Botschaft im Süden der Stadt brachte, also auf der meiner Wohnung gegenüberliegenden Stadtseite. Bereits im Flugzeug hatte ich mich mit meinen Gefühlen auseinandergesetzt, denn mir war bewusst, dass ich mich nicht von meinem eigenen Schmerz um das Land, das ich so liebte, leiten lassen

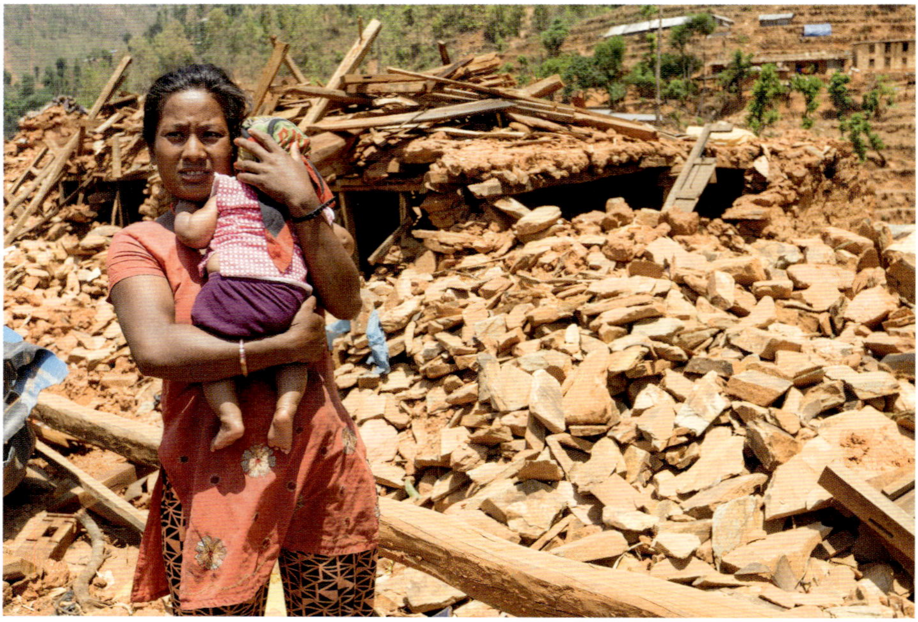

Backsteinhäuser fielen beim Erdbeben in Nepal wie Kartenhäuser in sich zusammen. Wie viele andere Menschen verlor diese Frau ihr gesamtes Hab und Gut.

durfte. »Du gehst nach Nepal, um zu helfen, aber du hilfst niemandem, wenn du selbst leidest«, sagte ich mir wieder und wieder. An diesem Motto hielt ich während meines Einsatzes fest, auch wenn es nicht immer einfach war.

Als wir um 3 Uhr morgens auf dem Gelände der Botschaft ankamen, spielte sich bereits alles draußen ab. Die Belegschaft schlief entweder in einem der zahlreichen Zelte oder verlagerte mitten in der Nacht ihre Büros nach draußen. Da wir alle noch ein wenig müde waren, entschieden wir uns, noch kurz auszuruhen, bevor der lange Tag losgehen würde. Für mich fühlte es sich seltsam an, auf dem Gelände der Botschaft zu schlafen und nicht in meiner Wohnung in Lazimpat. Aber ich war weder privat noch für meine Arbeit für Miss Hawley gekommen, ich war hier, um den Tausenden von Menschen zu helfen, die vom Erdbeben betroffen waren. Natürlich konnte ich es trotzdem nicht lassen und rief am nächsten Morgen bei Miss Hawley an, um ihr mitzuteilen, dass ich mit der Humanitären Hilfe der Schweiz zurückgekommen war. »That's wonderful news that you are back.

I am sure a lot of the climbers will be coming back from Everest soon and you can meet them«, sagte sie ganz selbstverständlich, als ob es kein Erdbeben gegeben hätte. Als ich ihr zu verstehen gab, dass die Datenbank jetzt zweitrangig war und dass wohl kein Bergsteiger den Gipfel eines Expeditionsberges erreicht hatte, zeigte sie sich zwar nicht gerade verständnisvoll, aber stellte keine weiteren Ansprüche an mich.

Ich war überwältigt von meiner neuen Aufgabe und wusste nicht, wo mir der Kopf stand, denn wir mussten uns von Grund auf neu einrichten. Wir benötigten so vieles: von Unterkünften über Helikopter zu Autos mit Fahrern, SIM-Karten, Wasser und Lebensmitteln – alles, was ein temporäres Büro benötigt. Glücklicherweise kannte ich viele Leute in der Stadt, die mir weiterhelfen konnten. Ich rief also meine Freundin Carolyn Syangbo an, die seit einigen Jahrzehnten in Kathmandu lebt, mit einem Nepalesen verheiratet ist und hier alles kennt, was Rang und Namen hat. »Carolyn, ich brauche einen Helikopter und ein paar Autos mit Fahrern. Kannst du mir helfen?«, bat ich sie. Sie konnte mir zwar keinen Hubschrauber organisieren, hatte jedoch eine geniale Lösung für unser Transportproblem. »Ich setze mich gleich ins Auto und komme. Ich kann eure Leute erst einmal herumfahren, dann finden wir bestimmt eine Lösung«, sagte sie spontan. Es dauerte keine Stunde, bis Carolyn mit ihrem Jeep vor den Toren der Schweizer Botschaft stand. Das liebe ich an meinem Leben und meinen Freunden in Nepal: Wenn Hilfe benötigt wird, halten alle zusammen. Carolyn war in dieser Situation mein rettender Engel, sie war einfach da und half, und ich bin ihr heute noch unendlich dankbar dafür. Unser Teamleiter Ueli Salzmann war sehr froh, dass wir wenigstens ein Auto zur Verfügung hatten, jedoch kamen jeden Tag fünf bis zehn weitere Teammitglieder aus der Schweiz an, sodass Carolyns kleiner Jeep schon bald nicht mehr ausreichte. Die Ressourcen in Nepal waren begrenzt, und da wir nur eines unter unzähligen internationalen Hilfsteams waren, waren wir nicht die Einzigen, die Autos benötigten. Aber mit Carolyns Hilfe fanden wir Binod und seinen Fuhrpark, der die nächsten paar Monate für uns arbeitete.

Was wir immerhin bereits hatten, war ein »humanitäres Fahrrad«, da ich kurz nach unserer Ankunft in Kathmandu in ein Taxi sprang, um schnell daheim nach dem Rechten zu sehen und mein Rad zu holen, das sich für das ganze Team als sehr praktisch erwies, da es in der Stadt das beste Transportmittel war. Während der Taxifahrt nach Lazimpat im Norden der Stadt gewann ich den Eindruck, dass die Schäden auf den ersten Blick nicht so verheerend waren, wie sie in den Nachrichten auf mich gewirkt hatten. Wer schon einmal in Kathmandu war, weiß, dass die Stadt immer ziemlich unaufgeräumt und chaotisch ist. Auch wenn nach dem Erdbeben das Chaos noch etwas größer war, war der Anblick nicht mit den Bildern aus dem Fernsehen zu vergleichen. Als ich in meiner Wohnung ankam, war ich erstaunt zu sehen, dass lediglich unser großer, schwarzer Wassertank vom Dach gerutscht war und meine wenigen Bücher verstreut in meinem Zimmer auf dem Boden lagen. Ansonsten stand unser Haus tadellos da. Meine Mitbewohnerin Sam und ihr Freund Michael waren gerade zu Hause und auf der Suche nach einer Organisation, der sie helfen konnten. Es tat gut, zu sehen, dass alle zusammenhielten. Ich räumte schnell mein Zimmer auf, sprang unter die kalte Dusche, setzte mich aufs Rad und trat fest in die Pedale, um schnell wieder an der Botschaft zu sein. Als ich durch die Straßen von Kathmandu brauste, fühlte ich mich endlich angekommen, denn mit meinem Fahrrad hatte ich mein Heimat- und auch mein Freiheitsgefühl wiedererlangt.

Meine Tage waren komplett ausgefüllt: Besorgungen machen, Unterkünfte buchen, weitere Hilfsteams aus der Schweiz willkommen heißen, Berichte für die Zentrale in Bern schreiben, nach Helikoptern suchen, Schweizer Journalisten Interviews geben, frisches Obst kaufen, ab und zu noch mit meinen Freunden telefonieren und natürlich mit Miss Hawley, die sich wie immer Sorgen um zurückkehrende Expeditionen machte, die wir womöglich verpassten. Hin und wieder meldeten sich tatsächlich Bergsteiger, um zu fragen, ob sie irgendwie helfen könnten. Wir arbeiteten durchschnittlich 20 Stunden pro Tag, legten uns zu unterschiedlichen Zeiten in den Zelten aufs Ohr und aßen vorwiegend frisches Obst oder manchmal auch Junkfood, da in den ersten paar Tagen noch keine Restaurants geöffnet waren. Allerdings war ich überrascht, dass die Regale in den Supermärkten nicht leergeräumt waren, und fand es absurd, dass am Flughafen riesige Kisten mit Heinz Baked Beans ankamen. Irgendein Land musste da sogenanntes Humanitarian Dumping betrieben haben, um überschüssige Vorräte loszuwerden. Denn erstens gab es diese Bohnen in der Dose in jedem Supermarkt zu kaufen, zweitens gehörten sie nicht unbedingt zu den nepalesischen Grundnahrungsmitteln, sondern wurden vorwiegend von Ausländern gekauft.

Als sich am Abend des vierten Einsatztages die Lage etwas zu entspannen schien, entschied ich mich, die Nacht in meinem eigenen Bett zu verbringen. Die Fahrt mit dem Rad dauerte zwar mehr als eine halbe Stunde, aber ich hatte das Bedürfnis, nach Hause zu gehen. Ich wollte gerade losradeln, als ein starkes Nachbeben die Erde erschütterte. In diesem Moment wurde mir bewusst, wie sicher ich mich hier auf dem Botschaftsgelände unter meinen Kolleginnen und Kollegen fühlte, und entschied mich, lieber wieder in mein Zelt zu schlüpfen, als allein daheim zu sein, denn Sam und Michael waren in der Zwischenzeit nach Gurkha, zum Epizentrum des Erdbebens, gefahren, wo sie eine lokale Nichtregierungsorganisation unterstützten.

Die Zeit verging wie im Flug. Das Leben normalisierte sich so weit, dass am vierten Tag nach dem Erdbeben der Geschäftssinn der Menschen wiedererwachte und viele Läden und Restaurants öffneten. Allerdings spürte man noch die Angst aufgrund der vielen und starken Nachbeben. Die meisten Leute trauten sich nicht in ihre Häuser zurück und schliefen in einem Zelt oder unter einer Plastikplane auf der Straße. Die Stadt glich einem riesigen Lager für Vertriebene, schon bald mangelte es an Plastikplanen. Die Humanitäre Hilfe der Schweiz hatte, wie viele andere Länder, solche Planen nach Nepal geschickt, doch sie steckten tagelang am Flughafen fest. Der Grund war, dass die nepalesische Regierung Einfuhrzölle erheben wollte und sie deshalb nicht herausgab. Wir waren alle wie vor den Kopf gestoßen, da uns dieses Vorgehen unerklärlich war. Aber ich denke, dass es nicht unbedingt ein Versuch der Regierung war, Geld zu machen, sondern daran lag, dass es nepalesischen Beamten manchmal schwerfällt, über den Tellerrand hinauszuschauen. Zumindest reimte ich mir das so zusammen: dass ein Beamter dachte, dass die humanitären Güter besteuert werden sollten, weil man für alle importierten Waren Einfuhrzoll bezahlt. Es dauerte ein paar Tage, bis dieses Problem gelöst war und die dringend benötigten Planen ausgegeben wurden.

Ich ging in meiner Arbeit auf, obwohl ich kaum Zeit hatte, zwischendrin mal durchzuatmen, und auch viel Leid sah. Bei dem Erdbeben mit einer Stärke von 7,8 auf der Richterskala waren fast 9000 Menschen getötet und knapp 22 000 verletzt worden, und mehr als 3,5 Millionen Menschen hatten ihr Dach über dem Kopf verloren. Wir arbeiteten immer noch rund um die Uhr. Fast täglich kamen neue Experten aus der Schweiz an, um unser Team aufzustocken, das vorwiegend in Gurkha die nepalesischen Einsatzkräfte medizinisch und wassertechnisch unterstützte. Es gelang mir gut, mich emotional abzugrenzen, ich fand es jedoch manchmal schwierig, persönliche Hilferufe abzuweisen. Meine Freundin Melanie Southworth erlebte das Erdbeben im Everest-Basislager und war in die Stadt gekommen, um dort Hilfe anzubieten, wo sie benötigt wurde. Wie viele andere suchte auch sie händeringend nach Plastikplanen und kam in ihrer Verzweiflung zu mir an die Schweizer Botschaft. »Billi, habt ihr noch ein paar Planen übrig? Ich brauche sie dringend für die Nonnen im Tsum-Tal. Sie sind von der Außenwelt abgeschnitten«, flehte sie mich an. Da die Hilfslieferungen der Humanitären Hilfe in Koordination mit der Regierung bestimmten Stellen zugewiesen wurden und der Vorgang ziemlich bürokratisch war, konnte ich ihr nicht einfach ein paar Plastikplanen geben. Trotz Melanies Verständnis tat es mir weh, dass ich ihr nicht helfen konnte. Ich tröstete mich damit, dass unsere Hilfsgüter zwar nicht direkt zu meinen Freunden kamen, aber viele andere Menschen unterstützten.

Da ein Soforteinsatz aufgrund der vielen intensiven Arbeitsstunden und des wenigen Schlafs an die Substanz geht, werden die humanitären Einsatzteams nach rund zwölf Tagen ausgewechselt. Am 6. Mai kam eine »frische« Truppe aus der Schweiz an, die unsere Arbeit übernahm, wir wiederum landeten in den frühen Morgenstunden des 8. Mai 2015 erschöpft, aber zufrieden in Bern, wo der Teamleiter Ueli Salzmann und ich am selben Nachmittag den bekannten 15-Kilometer-Volkslauf, den Grand Prix von Bern, bestritten. Es war seltsam, nach so einer intensiven und von Leid geprägten Zeit im friedvollen und aufgeräumten Bern zu sein, aber es war auch schön, wieder in die »normale« Welt einzutauchen und mit einem Team der Humanitären Hilfe dieses Rennen laufen zu dürfen. »Das war ein krönender Abschluss unseres Einsatzes und irgendwie eine Rückkehr in die Normalität«, wie Ueli in seinem Blog für die Humanitäre Hilfe schrieb.

Allerdings hielt diese Normalität nicht lange an, denn als ich am 12. Mai auf dem Weg zurück nach Garmisch zu meiner Familie war, kam eine weitere Schreckensnachricht aus Nepal. Ein heftiges Nachbeben mit einer Stärke von 7,3 auf der Richterskala hatte das Land erneut erschüttert, nur 17 Tage nach dem verheerenden ersten Erdbeben. Ich konnte es kaum glauben und fragte mich, wieso ich am 25. April und am 12. Mai – zwei Daten, an denen ich seit 2005 immer in Nepal gewesen war – ausgerechnet in diesem Jahr nicht dort gewesen war, zumal ich die 14 Tage dazwischen in Kathmandu gearbeitet hatte. Hatte ich einen Schutzengel, der mich vor solchen Geschehnissen beschützte? Wie auch immer: Mir blieb das große Trauma erspart, das viele Menschen, die beide Erdbeben erlebten, erfahren mussten. Es dauerte lange, bis die Nepalesen den Schock überwunden hatten und in ihr normales Leben zurückkehren konnten – soweit man in Nepal, was Erdbeben betrifft, von einem normalen Leben sprechen kann, denn die Region ist extrem gefährdet, weil dort eine tektonische Plattengrenze verläuft. Die Angst vor einem Beben ist daher omnipräsent.

Ende Mai flog ich als Privatperson wieder zurück nach Nepal, um nach dem Rechten zu sehen und herauszufinden, ob es vielleicht doch noch etwas für die Himalayan Database und Miss Hawley zu tun gab. Viele der Bergsteiger, die unverrichteter Dinge von den hohen Bergen zurückgekehrt waren, machten sich als freiwillige Helfer nützlich. Einige von ihnen konnten sogar ihre Expertise einbringen, da es in vielen Gebieten massive Erdrutsche gegeben hatte und erfahrene Bergsteiger gebraucht wurden, um diese riesigen Schlammberge zu überwinden und die Gefahr einzuschätzen. Im Frühjahr 2015 wurde nach dem Erdbeben lediglich der Manaslu am 8. Mai von einem Tschechen und einem Franzosen bestiegen sowie am 9. Mai 2015 ein unbekannter und bislang unbestiegener Sechstausender von drei Franzosen und vier Nepalesen. Ansonsten gab es in diesem tragischen Frühjahr keine Erfolgsmeldungen an den hohen Bergen.

NEPAL BRAUCHTE LANGE, UM SICH von dieser Katastrophe zu erholen, und wurde in seiner Entwicklung bestimmt um ein Jahrzehnt zurückgeworfen. Aber das Leben ging weiter, und die Sherpas nahmen langsam ihre Arbeit wieder auf. Ich hatte vorgehabt, im Sommer den Broad Peak in Pakistan im Rahmen einer K2-Expedition unter der Leitung von Russell Brice zu besteigen, jedoch fühlte es sich für mich nicht richtig an, von den Sherpas zu verlangen, trotz der vielen Probleme in Nepal zum Bergsteigen in den Karakorum zu gehen. »Aber Billi, die Sherpas brauchen das Geld, sie wollen auf dieser Expedition arbeiten«, zerstreute Russell meine Bedenken. So entschied ich mich, an meinem 48. Geburtstag ins Flugzeug zu steigen und nach Islamabad zu fliegen, denn ich wollte so gern einen Achttausender in Pakistan besteigen, da mir das Land aufgrund meiner Arbeit für die OCHA sehr ans Herz gewachsen war.

Es war wunderbar, wieder in der pakistanischen Hauptstadt zu sein, wo ich bei meiner Freundin Ashley wohnen konnte. Ashley organisierte für den nächsten Tag gleich ein Abendessen mit meinen alten Freundinnen. Dass ich mich an so vielen Orten zu Hause fühle, liegt wohl an den netten Menschen, denen ich auf meiner Reise durchs Leben begegne: Bei ihnen bin ich immer willkommen und gut aufgehoben. Ashley hatte mir für meine paar Tage in Islamabad sogar ein Fahrrad organisiert, damit ich mich frei bewegen konnte. Am dritten Tag kamen Russell und die restlichen Mitglieder des Teams in Islamabad an. Ich besuchte sie mit meinem Fahrrad in ihrem eher charakterlosen Hotel in der *Blue Area*. Dass ich nicht nur in Kathmandu, sondern auch in Islamabad mit dem Rad angefahren kam, versetzte sie in Staunen. »Billi, du bist verrückt«, begrüßte mich David Tait, ein alter Bekannter und guter Kunde von Russell, der bereits fünfmal auf dem höchsten Punkt der Erde gestanden war.

Die Sherpas schienen guter Dinge zu sein, machten einen zufriedenen Eindruck und waren froh, dass sie in dieser Saison Geld verdienen konnten, da die nepalesische Regierung die Menschen nicht wie versprochen beim Wiederaufbau ihrer Häuser unterstützte. Die meisten Nepalesen erwarteten aufgrund ihrer schlechten Erfahrungen keine staatliche Hilfe und halfen sich wie unsere Sherpas selbst oder wandten sich an ausländische Organisationen. Laut Zeitungsberichten sagten ausländische Regierungen und internationale Organisationen 3,6 Milliarden Euro Hilfsgelder zu, doch die nepalesische Regierung ließ sich Zeit, diese Gelder dem eigentlichen Verwendungszweck zuzuführen.

Nach einer guten »vegetarischen« Pizza mit Hühnchen, die mir der Kellner mit den Worten »But Madam, chicken is not meat« überreichte, verabredeten wir uns für den nächsten Morgen am Flughafen, um mit der Pakistan International Airline nach Skardu zu fliegen. Wir hatten Glück, denn unser Flug wurde nicht annulliert – bei 70 bis 80 Prozent der Flüge nach Skardu ist das wegen der instabilen Wetterlage der Fall.

Die Expedition war lang und mühsam, wohl auch deshalb, weil nur ich am Broad Peak interessiert war. Alle anderen Teilnehmer der Expedition waren auf den K2 fixiert, wo sich auch unser Basislager befand. Der Broad Peak war für sie nur eine Begleiterscheinung für den Fall, dass nach dem K2 noch Zeit blieb, daher fühlte ich mich ein wenig auf mich selbst gestellt. Ein paar der K2-Aspiranten, etwa mein alter Freund Sergey Baranov, kamen hin und wieder mit mir in die Hochlager des Broad Peak, um sich zu akklimatisieren, aber Gipfelambitionen hatte niemand. Gleichzeitig genoss ich die Situation auch, denn am Broad Peak war viel weniger los, und ich hatte während des gesamten Aufstiegs einen wunderbaren Blick auf den K2, der ja wirklich einer der schönsten Berge auf unserem Planeten ist. Aufgrund der schlechten Bedingungen am K2 wurde der Aufstieg schließlich abgebrochen, und diejenigen, die eine zusätzliche Genehmigung für den Broad Peak hatten, wollten am Ende doch noch ihr Glück am zwölfthöchsten Berg der Welt versuchen.

Als wir vom Lager 3 auf 6800 Metern starteten, hörte ich allerdings zum ersten Mal in meinem Leben das Geräusch, vor dem ich schon immer großen Respekt hatte: »Wumm.« Mir zitterten die Knie, denn dieser Laut ließ vermuten, dass eine Schwachschicht im Schnee kollabiert war und ein darüber liegendes Schneebrett abgehen könnte. Das bedeutete große Lawinengefahr. Ich rief Woody, unserem neuseeländischen Bergführer, zu, dass ich umkehren würde, worauf er nur meinte: »Billi, ich glaube, wir gehen besser alle zurück.« Glücklicherweise ging während des Rückzugs alles gut. Wir packten zusammen und beendeten die Expedition. Einerseits war ich traurig, dass wir es nicht bis zum Gipfel geschafft hatten, andererseits aber überglücklich, dass wir unversehrt aus dem lawinengeladenen Hang herausgekommen waren. Und ich hatte das Glück, vier Jahre später, am 14. Juli 2019, mit einer durch Kobler & Partner organisierten Expedition ohne Flaschensauerstoff auf dem Gipfel des Broad Peak zu stehen.

DIE ARBEIT FÜR DIE HUMANITÄRE HILFE ging weiter. Meistens arbeitete ich im Winter in der Zentrale in Bern, wo ich den Stab unter Manuel Bessler unterstützen und ab 2017 auch die große Jahrestagung der Humanitären Hilfe moderieren durfte. Diese jährliche Konferenz war über viele Jahre das Spiegelbild unserer Organisation. Alle Interessierten wie Parlamentarier, humanitäre Helfer, Mitglieder des Korps für humanitäre Hilfe oder Mitarbeiter von Hilfsorganisationen kamen dort einen Tag lang zusammen und informierten sich, wie die Schweiz im jeweiligen Jahr auf humanitäre Krisen reagiert hatte. Als ich bei der Jahrestagung 2016 einen kurzen Auftritt mit Kindern hatte, konnte ich mich hinterher vor Komplimenten kaum retten. »Ich weiß ja, dass du viele Talente hast, aber dass du so gut auf der Bühne bist, war mir nicht bewusst«, meinte Manuel nach mei-

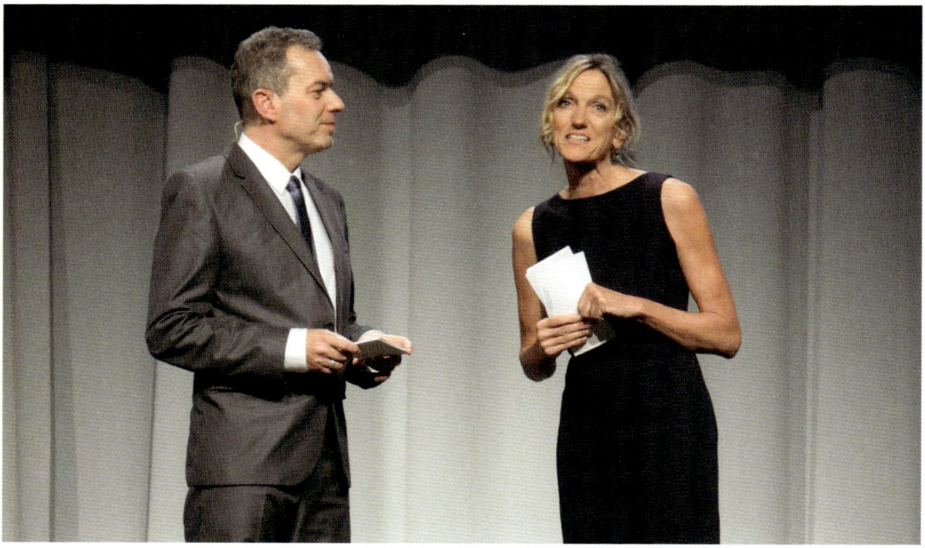

Auftritt mit Folgen (mit Dieter Loosli). Nachdem ich 2016 mein Bühnentalent bewiesen hatte, durfte ich die Jahrestagung der Humanitären Hilfe mehrere Jahre moderieren.

ner Darbietung. Ich war überwältigt, denn es kamen wildfremde Menschen auf mich zu und gratulierten mir zu meiner Bühnenpräsenz. Das führte dazu, dass die Organisatorin der Jahrestagung Susanna Graf mich für die nächsten Jahre als Moderatorin anheuerte. Mir machte diese Aufgabe sehr großen Spaß, auch wenn ich davor immer Lampenfieber hatte. Sobald ich jedoch auf der Bühne stand, fühlte ich mich richtig wohl und auch geehrt, dass ich diese renommierte Veranstaltung moderieren durfte.

Und dann kam Covid-19, die Pandemie, die alles veränderte. Im Februar 2020 befand ich mich mit einer Delegation der Humanitären Hilfe in der Ostukraine, wo seit 2014 ein bewaffneter Konflikt herrschte. Man hatte mich für diese Mission als Kommunikationsexpertin ausgewählt, da ich in den Jahren 2018 und 2019 jeweils drei Monate in Kyiv gelebt und die OCHA beim Verfassen zweier großer Jahresberichte unterstützt hatte; ich kannte den Kontext und wusste, worum es ging.

An dieser Stelle möchte ich kurz erklären, warum ich »Kyiv« schreibe. Viele Ukrainerinnen und Ukrainer legen Wert darauf, dass ihre Hauptstadt nicht Kiew, sondern Kyiv heißt. »Kiew« leitet sich vom russischen Киев ab; seit dem russischen Einmarsch im Februar 2022 hat sich aber vermehrt die

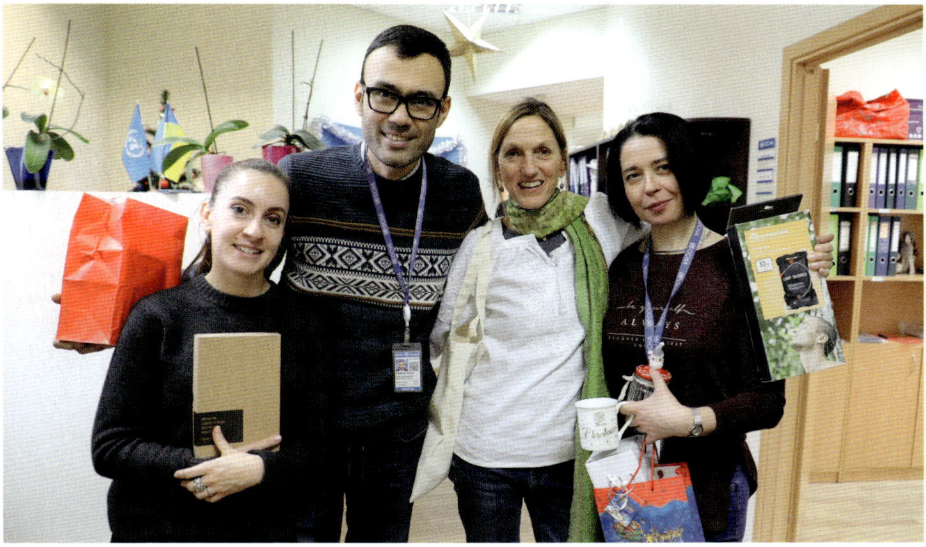

Mit den OCHA-Kollegen (von links) Olga, Valijon und meinem »Orakel« Lyudmyla bei unserer Weihnachtsfeier in Kyiv im Jahr 2019.

Schreibweise »Kyiv« durchgesetzt, das vom ukrainischen Київ abgeleitet ist und ohne e ausgesprochen wird. Für die Ukrainerinnen und Ukrainer ist diese Schreibweise ein politisches Statement und ein Ausdruck ihrer Unabhängigkeit.

Ich hatte 2018 und 2019 gern in Kyiv gelebt, einer damals aufstrebenden und kreativen, jungen Stadt, in der ich mich sehr wohlgefühlt hatte. Ich hatte mir eine kleine Wohnung in Podil gemietet, einem der ältesten Stadtviertel, und dafür sogar in Kauf genommen, dass ich auf meinem Arbeitsweg mit dem Rad zwei Hügel überwinden musste. Meine Kollegen in Kyiv hatten es äußerst ungewöhnlich gefunden, dass ich mit dem Rad gefahren war, aber nicht wegen der beiden Hügel, sondern wegen des hohen Verkehrsaufkommens. Wie viele ehemalige sowjetische Städte hat Kyiv allerdings sehr breite Fußgängerwege, die sich bestens zum Radfahren eignen, ohne dass man gleich von Passanten angepöbelt wird. So war ich bei Wind und Wetter jeden Tag ins Büro gefahren, um mit der wunderbaren Unterstützung meiner Kolleginnen an den UNO-Berichten zu arbeiten, was eine große Herausforderung für mich gewesen war. Ich weiß bis heute nicht, was ich ohne die Hilfe von Lyudmyla gemacht hätte. Sie war unsere Übersetzerin und mein »Orakel«. Sie hatte auf alle Fragen eine Antwort, und wenn sie keine hatte, scheute sie keine Mühe, die Antwort zu finden, egal, wie viel sie zu tun hatte.

Meine Wochenenden hatte ich mit langen Läufen verbracht, auf denen ich die vielen Facetten dieser bunten Stadt entdeckte. Wenn ich Zeit hatte, lernte ich ein wenig Russisch sowie die kyrillische Schrift. Das war besonders beim Einkaufen sehr hilfreich, denn so konnte ich endlich das Shampoo von der Spülung unterscheiden und schaffte es, im Supermarkt das Obst und Gemüse richtig abzuwiegen. Am liebsten kaufte ich meine Lebensmittel allerdings in der großen Markthalle bei mir um die Ecke, wo mich die Frauen und Männer hinter ihren bunt aufgetürmten Obst- und Gemüseständen schon bald kannten und fast so große Freude an meinem schlechten Russisch hatten wie ich. Natürlich wäre es politisch korrekter gewesen, Ukrainisch zu lernen, doch zu diesem Zeitpunkt sprach man in der Hauptstadt noch vorwiegend Russisch. Es war die coolere Sprache, denn die Ukrainisch sprechenden Einwohner wurden damals noch als Landeier angesehen. Doch das sollte sich bald ändern.

Als Russland am 24. Februar 2022 den Angriffskrieg in der Ukraine begann, konnte ich diese Nachricht kaum fassen. Die Tatsache, dass ich dort viele liebe Menschen kenne, machte mich noch betroffener. Lyudmyla war die Erste, die ich kontaktierte, und wir waren in den ersten Kriegswochen täglich mehrere Male in Kontakt. Sie überraschte mich immer wieder, wenn sie mir beispielsweise erzählte, dass sie gerade beim Friseur war und in der dritten Kriegswoche sogar ihren geplanten Wohnungsumzug durchziehen konnte. »Billi, das Leben hier ist okay. Es muss ja weitergehen«, schrieb sie mir. Manchmal schickte sie mir sogar Fotos von Blumen, da sie sich über den einziehenden Frühling freute. Die Tage gingen ins Land, und unser Nachrichtenaustausch wurde weniger. Ich war in Nepal, und Lyudmyla sowie meine anderen Freunde und Bekannten in Kyiv gewöhnten sich an die neuen Umstände. Das Leben war jedoch keineswegs »normal«. Anfang April, ein paar Tage bevor ich zum Dhaulagiri 1 aufbrach, erhielt ich eine Sprachnachricht von Lyudmyla. Ihre Mutter, die mit ihrem Vater auf der anderen Seite der Kontaktlinie in der Ostukraine wohnte, war an einem Herzinfarkt gestorben. »Leider konnte ich wegen des Kriegs nicht zur Beerdigung meiner Mutter reisen«, erzählte sie mir. Wie so oft klang sie gefasst und pragmatisch, jedoch konnte ich die Traurigkeit in ihrer Stimme hören. In diesem Moment wurde mir wieder einmal bewusst, dass ein Krieg außer zerstörerischer Gewalt und sinnlosen Todesopfern noch viele andere, weniger offensichtliche tragische Seiten hat, auch weil viele Familien auseinandergerissen werden. Als Familienmensch tat mir das unheimlich weh, und ich hätte in diesem Moment Lyudmyla am liebsten einfach nur fest in den Arm genommen.

Im Oktober 2022 fragte die Humanitäre Hilfe der Schweiz bei mir an, ob ich das Kooperationsbüro in der ukrainischen Hauptstadt für drei Wochen als Kommunikationsexpertin unterstützen könnte. Da ich seit Beginn des russischen Angriffskriegs auf eine Möglichkeit wartete, in der Ukraine zu helfen, zögerte ich nicht und sagte sofort zu. Der Einsatz fiel zwar genau in die Zeit, in der die Herbstexpeditionen vom Manaslu zurückkehrten, aber die Ukraine lag mir so sehr am Herzen, dass ich mich auf unser exzellentes Team in Kathmandu verließ. Da wir nicht nach Kyiv fliegen konnten, reisten wir von Chişinău, der Hauptstadt Moldawiens, mit dem Auto weiter. Auf dem Weg besuchten wir die Stadt Vinnytsa, wo am 14. Februar 2022 bei einem russischen Angriff auf ein Geschäftszentrum 29 Menschen ums Leben gekommen und mehr als 200 verletzt worden waren. Als uns Mariia, eine ukrainische Kollegin, die in dieser Stadt zu Hause ist, den Hergang erläuterte, konnte ich ihre Betroffenheit deutlich spüren. »Wir stehen alle noch unter Schock. Es gibt wohl kaum jemanden in Vinnytsa, der niemanden kennt, der entweder umgekommen oder verletzt wurde. Es ist einfach schrecklich.« Nach außen schien das Leben in der Stadt mit ihren fast 400 000 Einwohnern zwar weiterzugehen, doch wenn man in die Herzen der Menschen schaute, sah es anders aus.

In Kyiv war es ähnlich. Auf den ersten Blick konnte man dort sogar vergessen, dass sich die Ukraine im Krieg befand, schaute man jedoch hinter die Kulissen, sah man die Wunden, die Traumata und die Angst der Menschen. »Die ersten paar Tage hier waren fürchterlich«, erzählte mir eine andere Kollegin, die sofort nach Kriegsbeginn mit ihrer Familie in den Süden geflohen und gerade erst nach Kyiv zurückgekommen war. »Ich muss mich erst wieder daran gewöhnen, hier zu sein. Egal wo ich hinsehe, mir kommen immer wieder die Bilder vom Februar in den Sinn.«

Für meinen dreiwöchigen Aufenthalt konnte ich meine alte Wohnung in Podil beziehen. »Meine Familie ist in Portugal, die Wohnung steht leer. Meine Schwester hat sogar ihr Fahrrad hiergelassen, du kannst es gern benutzen«, informierte mich mein Vermieter Ievgen. Ich konnte in Kyiv trotz des Kriegs Rad fahren? Das hatte ich nicht erwartet. Leider musste ich feststellen, dass der coole kleine Fahrradladen bei mir um die Ecke nicht mehr existierte. Ob die jungen Leute, die diesen Laden mit Leidenschaft geführt hatten, wegen der Covid-19-Pandemie oder wegen des Kriegs schließen mussten, weiß ich nicht. Jedenfalls gab es viele leer stehende Geschäfte und Restaurants, aber wiederum auch viele, die bei dem herrschenden schönen und warmen Herbstwetter stark frequentiert waren. »Das Leben geht weiter, auch wenn wir uns anpassen und uns von unseren Liebsten trennen mussten«, sagte Ievgen und erklärte mir, dass er eigentlich an der Front für sein Land kämpfen wollte, jedoch aufgrund seiner fehlenden Militärerfahrung nicht rekrutiert wurde. »Es macht mich sehr traurig, dass ich die Ukraine und meine Freunde dort nicht unterstützen kann. Aber als Kyiv unter Beschuss war, habe ich Essen an die Soldaten verteilt. So konnte ich wenigstens einen kleinen Teil zur Verteidigung unseres Landes beitragen.« Ievgens Familie war gewiss froh, dass er nicht an die Front geschickt wurde, aber ich spürte sein Verlangen, aktiv zu sein und etwas zu bewegen.

Es mag sich seltsam anhören, aber ich freute mich, wieder in Kyiv zu sein, obwohl die Stadt nicht mehr dieselbe war, die ich im November 2020 verlassen hatte. Zwar bestand während meines Aufenthalts keine unmittelbare Bedrohung für die Hauptstadt, jedoch gab es regelmäßig Fliegeralarm. Dieser wurde von den Einwohnern weitgehend ignoriert, da das Flugabwehrsystem der Stadt angeblich so gut war, dass man nicht mehr in Bunker flüchten musste. Das wurde mir so gesagt, und darauf vertraute ich. Mein Tagesablauf hatte sich im Vergleich zu meinen früheren Besuchen kaum verändert. Vor der Arbeit ging ich joggen, dann radelte ich am Fluss Dnipro entlang ins Büro, abends ging ich entweder mit Kolleginnen etwas trinken oder machte es mir in meiner Wohnung in Podil gemütlich.

Die Situation änderte sich jedoch am 10. Oktober schlagartig. Das war der Tag, an dem das Universitätsviertel Kyivs, das sich mitten in der Stadt befindet, bombardiert wurde. Ich saß wie gewöhnlich auf meinem Rad und fuhr am Fluss entlang in die Arbeit, als plötzlich mein Handy ununterbrochen piepste. »Billi, bist du okay?«, lauteten die unentwegt ankommenden Nachrichten. »Klar bin ich okay«, antwortete ich mit einer wackeligen Hand und jonglierte mein Smartphone über meinem Lenker. »Ich radle gerade in die Arbeit.« Ich war glücklicherweise nur noch zehn

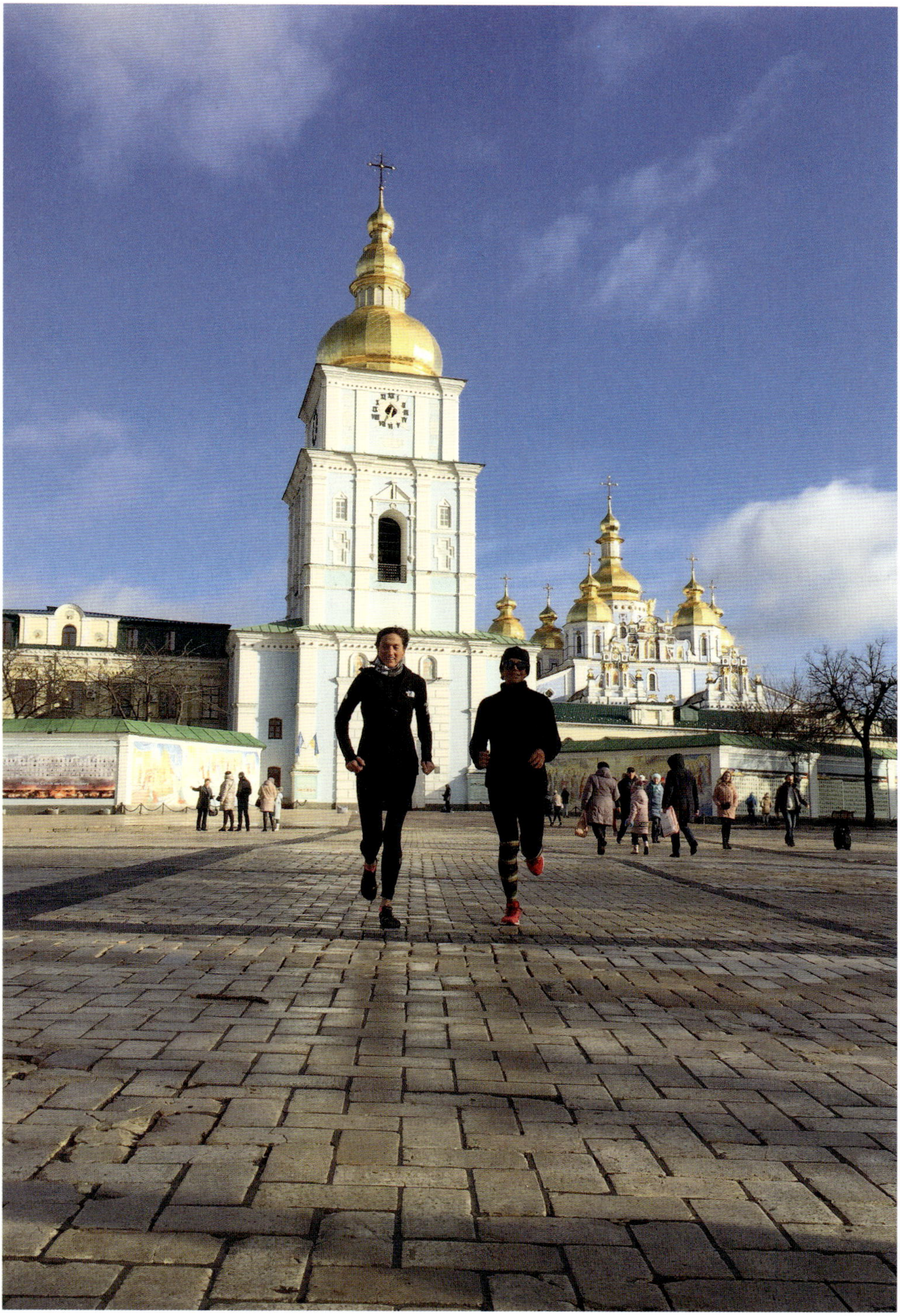

Laufrunde mit Stadtbesichtigung: mit Ale Bessler vor der St.-Michaels-Kirche im Herzen der ukrainischen Hauptstadt Kyiv.

Minuten von meinem Büro in der Schweizer Botschaft entfernt, wo mich meine Kollegin Eileen in Empfang nahm und gleich in den Keller schickte. Dort saßen rund fünfzehn Leute auf Stühlen, Tischen oder auf dem Boden und starrten auf ihre Handys, um die neuesten Informationen zu bekommen. Plötzlich kam dieser Krieg auch mir sehr nahe, und selbst wenn ich die Einschläge nicht gehört hatte, konnte ich die Angst in den Augen meiner Kolleginnen sehen.

Bei dem Raketenangriff auf das Stadtzentrum verloren laut offiziellen Angaben sechs Menschen ihr Leben, 51 wurden verletzt. Ab diesem Tag gab es vermehrt Fliegeralarme in der Stadt, welche die Menschen kurz nach der Attacke noch befolgten. Sie suchten in Kellern, Metrostationen oder Unterführungen Zuflucht. Es dauerte jedoch nicht lange, und das Leben ging wieder seinen gewohnten Lauf. Anfangs gingen mir diese Alarme noch durch und durch, und ich musste oft an die Generation meiner Mutter denken, die mit diesem grässlichen Geheule aufgewachsen war; dann gewöhnte auch ich mich an diese Umstände und versuchte, sie so gut wie möglich zu ignorieren. Ich wurde oft gefragt, ob ich denn keine Angst hätte, aber die hatte ich tatsächlich nicht. Die Wahrscheinlichkeit, dass eine Rakete oder Drohne in meine Wohnung einschlagen würde, war relativ gering. Doch ich habe Angst um das Leben meiner Freunde und Kollegen in Kyiv. Wie wird ihre Zukunft aussehen, unter welchen Bedingungen wachsen ihre Kinder auf? Für mich war es einfach, zu kommen, zu arbeiten und wieder zu gehen – ich wusste, dass uns die Schweizer Regierung sofort evakuieren würde, wenn die Situation zu brenzlig werden würde. Aber was war mit den Menschen, deren Land zerstört wurde, die als zivile Personen angegriffen wurden? Für sie war es schwer, nicht für mich.

Als sich das Leben in Kyiv den Umständen entsprechend normalisierte, ging ich wie bei meinen vorherigen Aufenthalten in die Markthalle zum Einkaufen. Es gab zwar viel weniger Stände als vor dem Krieg, aber Ilona, bei der ich zwei Jahre zuvor immer mein Obst und Gemüse gekauft hatte, war noch da. Als sie mich sah, kam sie lächelnd auf mich zu und umarmte mich. Ihre herzliche Begrüßung berührte mich sehr, und ich war noch überraschter, als der stets griesgrämig aussehende Mann, bei dem ich meine Nüsse gekauft hatte, mir ebenso ein anerkennendes Lächeln schenkte. Als dann auch noch die Dame, die das köstliche Fladenbrot aus Georgien backte, mich freudestrahlend begrüßte, war ich zu Tränen gerührt. Wie

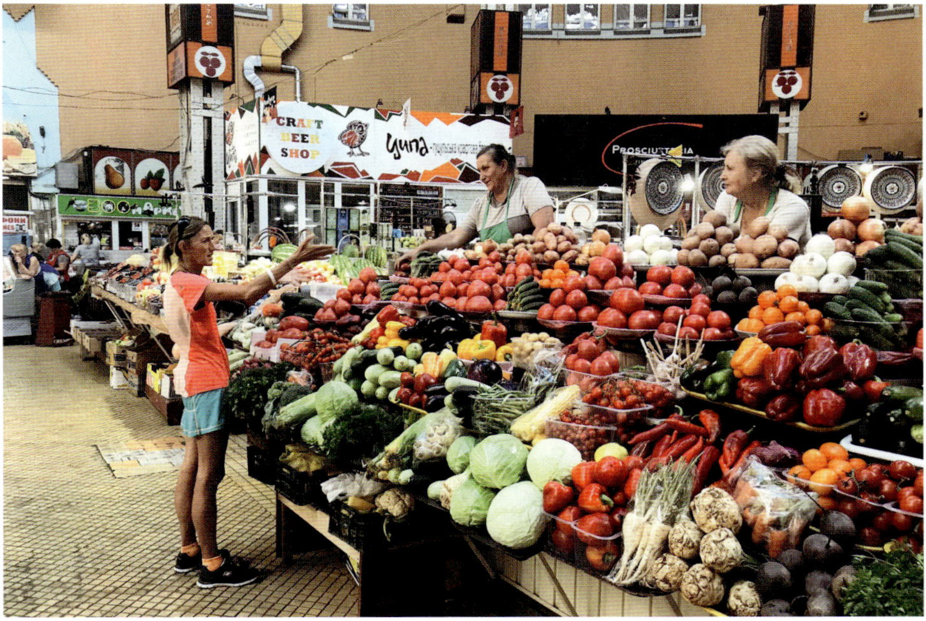

Die Marktfrauen auf dem Obst- und Gemüsemarkt in Podil kannten mich nur in Laufklamotten, denn er lag auf meiner täglichen Joggingrunde.

gern hätte ich mich mit ihnen unterhalten, aber die Sprachbarriere war leider zu groß. Denn zu meiner Schande konnte ich so gut wie kein Wort Ukrainisch, nur ein paar Brocken Russisch. Jetzt aber war Russisch die Sprache des Aggressors, die auf den Straßen Kyivs immer seltener zu hören war, und auch wenn ich nur ein paar Worte in dieser Sprache kannte, wollte ich nicht, dass sie über meine Lippen kamen.

»Billi, ich hätte dir Ukrainisch beibringen sollen, als du hier warst«, meinte Lyudmyla, der ich von meiner Begegnung in der Markthalle erzählte, und sie ergänzte: »Aber wir hätten niemals damit gerechnet, dass es wirklich so weit kommen würde.« Lyudmyla hatte ihre positive Einstellung trotz der traurigen Situation nicht verloren. Als wir jedoch über ihre Mutter sprachen und über die Tatsache, dass sie ihren Vater seit deren Tod noch nicht sehen konnte, weil er in der Ostukraine lebte, begann sie zu weinen.

Bei diesem Gespräch mit Lyudmyla wurde mir bewusst, dass mein Einsatz in der Ostukraine im Februar 2020 vielleicht mein letzter Besuch in dieser Region gewesen war. Die Situation war zwar damals schon traurig gewesen, da der Donbass bereits seit 2014 umkämpft gewesen war, jedoch hatte ich mich glücklich geschätzt, Städte wie Luhansk und Donetsk kennenzulernen. Letztere war vor dem Krieg sehr aufstrebend gewesen. Der Flughafen in Donetsk war der modernste in ganz Europa, heute ist er vollständig zerstört. Bis zum 24. Februar 2022 war der Krieg in der Ostukraine eine vergessene humanitäre Krise, auf welche die OCHA aufmerksam machen wollte. Was mich bei meinem Besuch in der Region sehr berührte, waren die vielen alten Menschen, die von dieser Krise betroffen waren. Zu sehen, wie Männer und Frauen im Alter meiner 89-jährigen Mutter stundenlang bei Wind und Wetter anstehen mussten, um auf der ukrainischen Seite ihre Renten zu beziehen, war herzzerreißend. Diejenigen, die in den nicht von der ukrainischen Regierung kontrollierten Gebieten lebten, mussten nämlich alle paar Wochen auf die ukrainische Seite fahren, um dort ihre Renten oder andere Sozialhilfegelder persönlich abzuholen. Auf der anderen, von den russischen Rebellen kontrollierten Seite gab es nicht einmal ein funktionierendes Bankensystem oder Geldautomaten, über die sie ihre Unterstützung hätten beziehen können. Die Krise in der Ostukraine wurde zu Recht als »old humanitarian crisis« beschrieben, aber nicht, weil sie schon so lange anhielt, sondern weil vorwiegend alte Menschen darunter litten.

Während wir 2020 in Donetsk waren, erhielt ich einen Anruf von Susanna Graf, die mir mitteilte, dass die Jahrestagung der Humanitären Hilfe in Bern in jenem Jahr nicht stattfinden würde. »Dieses Virus ist einfach zu gefährlich. Wir können dieses Risiko nicht eingehen«, erklärte sie mir. Das war das erste Mal, dass mir die Bedeutung des Coronavirus, das auch die Behörden in der Ostukraine sehr zu beschäftigen schien, bewusst wurde. Als ich am Ende der Mission zurück nach Bern kam, dauerte es nicht lange, bis wir ins Homeoffice geschickt wurden. Ich packte meine Sachen und fuhr zurück nach Deutschland, in der Sorge, dass die Grenzen schließen würden, was ein paar Tage später tatsächlich geschah. Ich war froh, bei meiner Familie zu sein, und konnte meine Arbeit für die Humanitäre Hilfe auch von Bayern aus erledigen. Es wurde mir schnell klar, dass ich in dieser Situation weder nach Kathmandu noch nach Indien reisen würde, wo ich mit ein paar Freunden auf Skiern den Kedar Dome besteigen wollte, und irgendwie fühlte es sich gut an. Seit langer Zeit hatte ich zum ersten Mal nicht das Gefühl, irgendwo hinzumüssen oder etwas zu versäumen, denn im Frühjahr 2020 blieben alle zu Hause. Die Expeditionssaison in Nepal wurde abgesagt, ebenso in Pakistan, und obwohl der Lockdown für viele Menschen problematisch war, genoss ich den Frühling in Bayern. Es war das erste Mal seit 16 Jahren, dass ich miterleben durfte, wie er Einzug hielt, denn normalerweise sitze ich Ende März im Flugzeug nach Kathmandu, um dort die Everest-Expeditionen zu interviewen.

DIE ERSTE HÄLFTE DES JAHRES 2020 verlief für die meisten Menschen trotz der schwierigen Situation eher ruhig. Man bewegte sich von einem Lockdown zum anderen, konnte keine Grenzen überschreiten und wusste eigentlich nicht genau, was man tun durfte und was nicht. Das Virus trieb sein Unwesen und oft auch einen Keil zwischen Freundschaften oder Beziehungen. Im Sommer war Aufatmen angesagt: Die Fallzahlen gingen zurück, den Menschen wurde wieder mehr Freiheit gestattet. Meine Schwester Christiane und ich packten sofort die Gelegenheit beim Schopf und planten eine zehntägige Radtour an den deutschen Flüssen Kocher und Jagst. Es wurde eine wundervolle Reise, die mir zeigte, dass es vor der eigenen Haustür viele spannende Orte zu entdecken gibt und dass man nicht um die halbe Welt reisen muss, um Neues zu lernen. Wir fuhren durch geschichtsträchtige Orte wie Schwäbisch Hall und Rothenburg ob der Tauber und begegneten historischen Figuren wie Götz von Berlichingen oder den Geschwistern Scholl. Ich war komplett entschleunigt und hatte Freude daran, mich gemächlich am Fluss entlang fortzubewegen und den spannenden Erzählungen meiner geschichtsbewanderten Schwester zu lauschen. Wir sahen keine Nachrichten und tauchten vollkommen in unsere Radtour ein.

Daher war ich umso mehr überrascht, als ich am 10. September kurz vor 20 Uhr einen Anruf von der Personalabteilung der Humanitären Hilfe der Schweiz bekam. »Billi, könntest du morgen früh um sieben in Bern sein? Wir schicken ein Soforteinsatzteam nach Lesbos wegen des verheerenden Brands im Migrantenlager Moria«, eröffnete mir die Personalchefin Lisa Lang.

Ich hatte zwar auf unserer Radtour kurz die Schlagzeilen über das Feuer im Flüchtlingslager gelesen, jedoch war mir nicht bewusst, wie folgenschwer dieser Brand gewesen war. Meine Schwester googelte sofort und hielt mir ihr Handy mit der Nachricht hin, dass zwei Tage zuvor das gesamte Flüchtlingslager Moria auf Lesbos abgebrannt war. Mehr als 10 000

Menschen hatten die wenigen Dinge, die sie besaßen, verloren, und da die Wasserversorgung auf der Insel ein großes Problem darstellte, wollte die Schweiz helfen.

Christiane und ich waren gerade beim Abendessen in einem kleinen, verschlafenen Ort namens Weikersheim, von dem ich nicht annahm, dass er einen Bahnhof hatte. »Ich glaube nicht, dass ich es bis morgen früh schaffen werde«, antwortete ich und bot Lisa an, 24 Stunden später in Bern auf der Matte zu stehen.

»Ich fürchte, das ist zu spät«, meinte sie und versprach, sich wieder zu melden.

In der Zwischenzeit hatte meine Schwester weiterrecherchiert: »Wenn die Bahnverbindungen stimmen, könntest du theoretisch morgen früh um 6 Uhr in Bern sein. Der Zug fährt hier in zwei Stunden ab.«

Wie bitte? Hier, wo sich Fuchs und Hase gute Nacht sagen, gab es einen Bahnhof? Während ich meinen Salat hinunterschlang und meine Schwester die besten Bahnverbindungen heraussuchte, rief ich Lisa zurück, um ihr zu sagen, dass ich mitkommen könne.

»Bist du sicher, dass du deine Veloferien abbrechen möchtest?«, meinte Lisa besorgt.

Natürlich tat es mir für meine Schwester und mich leid, aber genau wegen solcher Einsätze war ich beim Korps für humanitäre Hilfe. Wenn man nicht flexibel ist, hat man dort nichts zu suchen, denn Krisen halten sich nicht an Terminpläne. Ich hatte zwar nur Radkleidung dabei, doch ich wusste, dass mich unsere Logistikabteilung in Bern von oben bis unten einkleiden würde.

Meine Schwester Christiane erwies sich als die perfekte Krisenmanagerin. Während ich mit Bern telefonierte, klärte sie ab, ob ich das Rad in den Zügen mitnehmen durfte, was nicht der Fall war. Wir fragten die Besitzer des kleinen Gasthauses, ob ich das Fahrrad für ein paar Wochen im Schuppen lassen dürfte. Das war kein Problem, und so machten wir uns um kurz vor 22 Uhr auf den Weg zum Bahnhof. Meine Schwester war zwar ein wenig traurig, dass sie nun die letzten beiden Tage allein radeln musste, aber sie war genauso aufgeregt wie ich, dass ich den Menschen auf Lesbos helfen durfte.

Fünf Minuten vor Abfahrt des Zuges klingelte mein Telefon erneut. Es war Lisa. »Billi, du kannst dein Velo wieder auspacken und weiterradeln.

Wir haben keine Landegenehmigung für Lesbos bekommen«, erklärte sie mir. »Wir schicken Hilfsgüter nach Athen, aber ohne Team.«

Da ich sicherstellen wollte, dass ich doch noch rekrutiert wurde, falls sich daran etwas ändern würde, bekräftigte ich Lisa gegenüber mein Interesse an der Mission: »Falls ihr mich doch noch braucht, ruf mich sofort an. Ich bin bereit.«

Nachdem wir unsere letzten zwei Radtage noch gemeinsam genossen hatten, saßen Christiane und ich im Zug nach Garmisch, als mich Lisa erneut anrief. »Billi, bist du immer noch bereit? Wir können am Montag nach Lesbos fliegen und hätten dich gern als Pressebeauftragte dabei.«

Das war geniales Timing, denn das gab mir genügend Zeit, kurz bei meiner Mutter und meiner Tante nach dem Rechten zu sehen, mir die richtigen Kleidungsstücke einzupacken und in die Schweiz zu reisen. Am Montag flog ich gemeinsam mit unserem Team Support Simon Joos von Zürich nach Mytilene, der Hauptstadt von Lesbos. Als wir auf der einstigen Ferieninsel in der Ägäis ankamen, hatte ich zunächst gar nicht den Eindruck, auf einer humanitären Mission zu sein.

»Es fühlt sich so an, als wären wir im Urlaub«, sagte Simon und blickte auf die Straßencafés, in denen die Menschen gemütlich ihren Caffè freddo tranken.

Hier konnte man schnell vergessen, dass sich ein paar Kilometer weiter nördlich eine humanitäre Katastrophe ereignet hatte. Denn in der Nacht zum 9. September hatte das verheerende Feuer das seit fünf Jahren bestehende und überfüllte Lager Moria beinahe komplett zerstört. Die Menschen konnten nur das Nötigste retten und standen innerhalb weniger Stunden auf der Straße – ohne ein Dach über dem Kopf, ohne Wasser, ohne Essen und ohne das bisschen Zuhause, das sie sich in den letzten Monaten oder Jahren aufgebaut hatten.

»Ich schlief tief und fest, als das Feuer ausbrach«, erzählte mir Ehmad aus dem Sudan. »Als ich aufwachte, war ich bereits von Flammen umzingelt. Ich hatte große Angst, denn es erinnerte mich an das Feuer, in dem ich meine Frau und meine zwei Kinder verlor.«

Ich traf Ehmad an meinem zweiten Tag auf Lesbos. Das neue Lager, das später den Namen »New Lesbos Registration and Identification Centre« erhielt, war gerade im Aufbau. Die griechische Armee hatte es in kürzester Zeit auf einem alten Militärübungsplatz am Meer aus dem Boden gestampft. Viele Migranten sträubten sich zu diesem Zeitpunkt noch, in die dort aufgestellten Zelte zu ziehen, da sie Angst vor einem »zweiten Moria« hatten – eine Entscheidung, die Ehmad nicht verstand.

»Die Situation auf der Straße ist nicht gut. Ich fühle mich hier sicher und habe zumindest ein Zelt, in dem ich schlafen kann«, erzählte mir der 37-Jährige. Er setzte seine Kopfhörer auf. »Die konnte ich glücklicherweise retten«, lächelte er. »Ich höre mir englische Geschichten an, so verbessere ich mein Englisch und kann die Misere hier für kurze Zeit vergessen.«

Eines meiner schönsten Erlebnisse auf Lesbos war die Begegnung mit Latifa und Nazareen, zwei zwölfjährigen Mädchen aus Afghanistan, die im Iran aufgewachsen waren. Als ich wieder einmal mit meinem Kollegen Hans Ruedi Hochuli damit beschäftigt war, die Menschenmengen an der Wasserverteilungsstelle, die unsere Wasseringenieure ein paar Tage zuvor im Lager installiert hatten, unter Kontrolle zu bringen, fielen mir zwei Mädchen auf, die brav in der Schlange standen, aber immer wieder zurückgedrängt wurden. Ich holte sie nach vorn, half ihnen, ihre Wasserkanister aufzufüllen, und kam mit ihnen ins Gespräch.

»Wir wollen nach Südkorea«, antworteten sie auf meine Frage, in welchem Land sie sich gern niederlassen würden.

»Nach Südkorea?«, entgegnete ich verwundert und klärte sie darüber auf, dass sie in die falsche Richtung unterwegs waren. »Warum ausgerechnet nach Südkorea?«, wollte ich wissen und fand schnell heraus, dass südkoreanische Popstars im Iran sehr populär waren und viele Kinder und Jugendliche deswegen in das asiatische Land wollten.

Plötzlich schaltete sich Hans Ruedi ins Gespräch ein: »Wisst ihr, was diese Frau schon geschafft hat?«, fragte er. Mir war es äußerst unangenehm, denn ich wusste genau, was jetzt kommen würde. »Sie war schon auf dem Mount Everest.«

Eigentlich mag ich es nicht, wenn mir der Everest-Stempel aufgedrückt wird, da ich mich erstens nicht mit dieser Besteigung identifiziere und zweitens nicht in eine Schublade gesteckt werden will. Im Fall von Latifa und Nazareen kam meine westliche Ignoranz hinzu, da ich mir nicht vorstellen konnte, dass sie wussten, wer oder was der Mount Everest war. Da lag ich aber völlig falsch. Die beiden sahen mich mit großen Augen an und hatten eine Riesenfreude, eine Frau kennenzulernen, die den höchsten Punkt der Welt erreicht hatte. In diesem Moment wurde mir klar, dass man trotz der eigenen Bescheidenheit seine Errungenschaften manchmal herausposaunen sollte. Denn auch wenn es mir fernliegt, mich mit dem Everest zu schmücken, war es wunderbar, zu sehen, welche Freude die beiden Mädchen hatten. Sie nahmen mich bei der Hand und baten mich, mitzukommen.

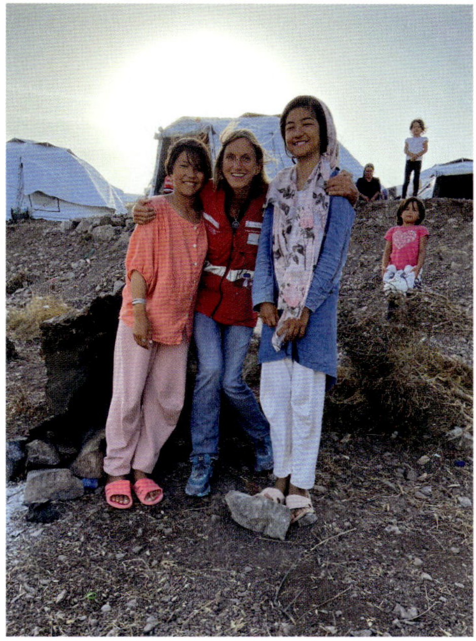

Auf den Spuren ihrer Lieblings-Popstars wollten Latifa und Nazareen nach Südkorea. Jetzt sind sie beide in Deutschland. Ich hoffe, dass sie dort ihren Weg finden werden.

»Du musst unbedingt unsere Mütter kennenlernen«, riefen sie aufgeregt und zogen mich in der brütenden Hitze den staubigen Sandweg entlang, bis wir an ihrem Zelt mit der Nummer 976 ankamen.

»Schau, Billi, wir haben hier so viel mehr Platz als im alten Lager«, verkündete Latifa stolz und öffnete das Zelt, wo ihre Mutter und ihre zwei Brüder auf engstem Raum auf dem blitzblanken Zeltboden saßen und Tee tranken. Latifas Familie teilte sich das Hauszelt, das vom UNO-Flüchtlingshilfswerk UNHCR bereitgestellt worden war, mit Nazareens Familie, was bedeutete, dass die Zelte in der Mitte geteilt wurden und jede Familie, egal ob drei- oder fünfköpfig, auf rund acht Quadratmetern lebte. In diesem Moment fragte ich mich, auf welch engem Raum die Menschen im alten Lager gelebt hatten. Die Mütter boten mir Tee und Kekse an, und ich fühlte mich schlecht, die paar Kekse, die sie hatten, zu essen. Doch mir war bewusst, dass ich sie in ihrer Gastfreundschaft kränkte, wenn ich die Geste nicht dankend annahm. Es war eine wundervolle Begegnung, bei der mir das Privileg meiner Tätigkeit wieder einmal bewusst wurde. Die Arbeit bei der Humanitären Hilfe gab mir die wunderbare Möglichkeit, mit den von Krisen betroffenen Menschen zu sprechen und mehr über ihre Vergangenheit und ihr Schicksal zu erfahren. Und egal, mit wem ich mich unterhielt: Niemand hatte seine Heimat leichtfertig verlassen, auch wenn Latifa und Nazareen davon träumten, eines Tages in Südkorea bei den Popstars zu leben.

Da die beiden Mädchen mit ihren Familien nicht Richtung Osten, sondern nach Nordwesten unterwegs waren, schafften sie es zwar nicht nach Südkorea, aber nach Berlin. »Hallo, wie geht es dir. Ich bin Latifa.« Am 31. Januar 2022 erreichte mich eine in perfektem Deutsch verfasste Whatsapp-Nachricht. »Mir geht es gut. Ich bin jetzt in Hennigsdorf. Es ist neben Berlin«, schrieb sie. Ich war völlig aus dem Häuschen, dass sie sich noch an mich erinnerte, und erkundigte mich sofort nach Nazareen. »Sie ist auch in Deutschland, aber ich weiß nicht, in welcher Stadt.« Ich war überglücklich, dass es die beiden Mädchen mit ihren Familien nach Deutschland geschafft hatten, auch wenn es mich ein wenig traurig machte, dass sie auseinandergerissen wurden, da sie im Lager auf Lesbos unzertrennlich gewesen waren. Jedenfalls hoffe ich, dass die beiden ihren Weg gehen und eine Zukunft mit Perspektiven haben werden, was ja bei vielen der Menschen, die auf Lesbos ankamen, nicht der Fall ist.

Als ich wieder einmal einen Gang durchs Lager machte, hörte ich eine aufgeregte deutsche Stimme mit einem bayerischen Akzent. Ich blickte mich um, konnte aber in der Menschenmenge, die sich um das Caritas-Zelt scharte, kein europäisches Gesicht erblicken. »Ihr müsst unbedingt helfen«, flehte ein afghanisch aussehender Mann die Helfer der Caritas an. Da das Caritas-Team Deutsch nicht verstand und der Afghane offensichtlich kein Englisch sprach, kam ich hinzu, um zu übersetzen. Er bat um Hilfe für seine Zeltnachbarin, die wegen der Hitze kollabiert war und nun bewusstlos in ihrem Zelt lag. Ich folgte dem Hilfsteam und dem Afghanen, dessen Name Abdullah war, wie ich später herausfand. Das medizinische Personal, das bei dieser Hitze alle Hände voll zu tun hatte, betonte, dass die Frau viel trinken müsse, gab ihr ein Medikament und zog weiter, um dem nächsten Hitzeopfer zu helfen. Da stand ich nun und fühlte mich hilflos, da die junge Frau immer noch bewusstlos auf dem Boden lag. Was konnte ich tun? Das sind die Momente, in denen ich mir nichts sehnlicher wünsche, als Ärztin zu sein und nicht Journalistin. Da ich jedoch an dieser Tatsache nichts ändern konnte, rief ich in meiner Not Krankenschwester Hilde an, mit der ich befreundet war. Mit ihren Anweisungen und Abdullahs Hilfe brachten wir die Frau wieder auf die Beine.

Als Abdullah und ich erleichtert zurück zum Zentrum des Lagers liefen, wollte ich natürlich wissen, warum er so gut Deutsch sprach, und dann noch mit so einer herrlichen bayerischen Einfärbung. Der 24-Jährige, der wie Nazareen und Latifa im Iran aufgewachsen war, erklärte mir, dass er bereits 2011 nach Deutschland geflüchtet war und sieben Jahre in Passau gelebt hatte. Was machte er dann in Moria? »Ich hatte eine Wohnung und einen Job in Passau. Eines Morgens wollte ich in die Arbeit gehen, da stand die Polizei vor meiner Tür und sagte mir, dass ich eine halbe Stunde Zeit hätte, um meine Sachen zu packen, da ich noch am gleichen Abend nach Kabul fliegen sollte«, erinnerte er sich. Wie konnte das sein? Abdullah hatte eine Lehre als Schreiner gemacht, zahlte Steuern, überwies seine Miete pünktlich und sprach fließend Bayerisch. »Die Polizei meinte, dass mein Land nun sicher sei und dass es mich bräuchte. Aber es war 2018 keineswegs sicher, und außerdem hatte ich keine Verbindung zu Afghanistan, da ich das Land bereits mit vier Jahren verlassen hatte.«

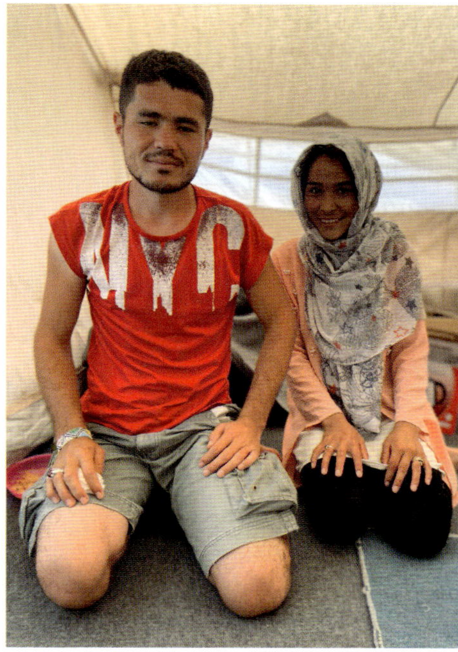

Abdullah war nach sieben Jahren in Passau nach Afghanistan zurückgeschickt worden. Er war zum zweiten Mal auf Lesbos, diesmal mit seiner Frau.

Ich war sprachlos. Abdullahs Schilderungen zogen mir regelrecht den Boden unter den Füßen weg. Er hatte zwei Selbstmordanschläge überlebt, nachdem er nach Kabul abgeschoben worden war. »Mein Vater ist bei so einem Anschlag gestorben, und deshalb ist meine Mutter mit uns Kindern damals in den Iran geflüchtet. Ich wusste, dass ich so nicht leben wollte. Ich hatte schreckliche Angst.« Abdullahs jetzige Frau, mit der er auf Lesbos war, ist die Tochter des Ehepaars, bei dem er in Kabul untergekommen war. »Nachdem ich den zweiten Bombenanschlag miterlebt hatte, entschieden wir uns, einen Schlepper zu organisieren, und so begab ich mich zum zweiten Mal auf die Flucht.« Als er 2011 aus dem Iran nach Deutschland floh, war Abdullah gerade mal 17 Jahre alt. »Ich musste das Land verlassen, denn dort war ich weder Mensch noch Tier. Ich war nichts wert und hatte keine Zukunftsperspektive.« Nachdem Abdullah ein Jahr lang unterwegs gewesen war, kam er schließlich in Passau an, wo er sich eine neue Heimat aufbauen wollte. »Es sah alles so gut aus. Ich fühlte mich integriert und hoffte, einen deutschen Pass zu bekommen. Aber all meine Träume und Hoffnungen zerbrachen an jenem Morgen, an dem die Polizei bei mir vor der Tür stand.« Abdullahs Schicksal ist kein Einzelfall. Nach unserer Begegnung wurde mir ein weiteres Mal bewusst, wie viele tragische Schicksale hier auf Lesbos versammelt sind und dass niemand ohne Not hierherkommen würde.

Unser Einsatz dauerte 20 Tage. Auch wenn es kritische Stimmen gab, welche die humanitären Helfer für den Aufbau eines »zweiten Moria« mit angeblich menschenunwürdigen Bedingungen verantwortlich machten, gab es für mich zu diesem Einsatz keine andere Wahl. Ich denke, man dürfte sich nicht »humanitär« nennen, wenn man weggesehen und den Menschen in dieser Notlage nicht geholfen hätte. Sie brauchten dringend Wasser, und hier war akute Hilfe angesagt. Was wäre die Alternative gewesen? Ich möchte gar nicht darüber nachdenken.

Zwei Wochen nach meiner Rückkehr musste ich jedoch in den Nachrichten genau das vernehmen, wovor unsere Experten schon während unseres Einsatzes gewarnt hatten: Das Lager war aufgrund der heftigen Herbstregenfälle in weiten Teilen überschwemmt. »Wir haben unsere Verantwortung wahrgenommen und die griechischen Behörden sowie die Hilfsorganisationen vor Ort von Anfang an darauf hingewiesen, dass das Lager zwingend ein Abwassersystem benötigt«, so der Architekt Martin Bölsterli. »Wir haben es bei den Koordinationstreffen thematisiert und auch Lösungsansätze skizziert, jedoch wurde seitens der Organisationen und der Behörden bisher nur wenig unternommen.« Eine Tatsache, die alle Mitglieder sehr betroffen machte, denn für uns waren diese Nachrichten mit den Gesichtern und persönlichen Geschichten der Menschen, denen wir begegnet waren, verbunden. Plötzlich waren diese viel mehr als nur eine Zahl, die man in den Medien hörte oder las – es steckten menschliche Schicksale dahinter.

Von Garmisch in die Welt

ALS ICH DIE PARTNACHALM ERREICHT HATTE, wurde es mühsam. Es war 2 Uhr morgens, es schüttete wie aus Kübeln, und ich zitterte vor Kälte. Ein Teilnehmer nach dem anderen brach den Lauf ab. Ich dachte: »Nein, jetzt gibst du noch nicht auf.« Aber dann musste ich noch die 1300 Höhenmeter von Hammersbach über den Jägersteig auf den Osterfelderkopf überwinden, und all das nachts um drei! Selbst schuld, wenn man sich vorher nicht genauer anschaut, was einem bevorsteht. Hätte ich das gemacht, hätte ich wahrscheinlich gesagt: Nein danke, nie im Leben.

2016 nahm ich am Zugspitz-Ultratrail teil. 108 Kilometer und 5400 Höhenmeter waren zurückzulegen, innerhalb eines Zeitlimits von 28 Stunden. Meine gute alte Garmischer Freundin Evi arbeitete bei diesem Event, und so war ich überhaupt erst auf die Idee gekommen, ich könnte mitlaufen. Als Garmischerin kannte ich mich rund um die Zugspitze aus, deswegen kümmerte ich mich im Vorfeld nicht groß um die Strecke. Ich wusste, dass es unvorstellbare 108 Kilometer waren, das genügte mir – ich wollte einfach mal schauen, wie weit ich komme.

Am Samstagmorgen um 7.15 Uhr joggte ich mit Hunderten anderen Läufern los. Da war das Wetter noch schön, und es lief sich leicht. Bis Kilometer 60 ging es mir richtig gut. Ich hatte sogar noch die Kraft, erfreut in die Höhe zu hüpfen, als sich an der Versorgungsstation im österreichischen Leutasch meine Freundin Elke und meine Mutter samt Rollator aus den Büschen pirschten, um mich anzufeuern. Am Abend fing es zu regnen an, meine Beine wurden langsam schwer, und die einsetzende Dunkelheit machte das Laufen nicht einfacher. Mehrmals in der Nacht musste ich richtig kämpfen, um nicht doch aufzugeben. Als ich am Sonntagmorgen nach 23,5 Stunden um 6.45 Uhr im Ziel einlief, schlotterte ich nur noch, so ausgekühlt war ich. Deshalb freute ich mich umso mehr, dass mich Evi und Elke trotz der frühen Morgenstunde am Ziel in Empfang nahmen und fest umarmten. Anschließend musste ich mich sogar in eine heiße Badewanne setzen, um mich wieder aufzuwärmen – was ich seither nie mehr getan habe. Es dauerte ein paar Tage, bis sich mein Körper von dieser Tortur erholte. Ohne die gute Pflege durch meine Freundin Gerlinde, die ich gleich nach dem Lauf in Österreich besuchte, hätte es wohl noch länger gedauert. Ein wenig stolz war ich dann doch, dass ich bis zum bitteren Ende durchgehalten hatte.

Der Ultratrail hatte sich angeboten, weil ich im Juni ohnehin in meiner alten Heimat war. Mit den Jahren hatte sich in meinem Leben ein gewisser Rhythmus eingestellt: Im Frühjahr und im Herbst verbrachte ich jeweils zwei oder drei Monate in Nepal, um für die Himalayan Database zu arbeiten und zwischendurch auch selbst bergsteigen zu gehen. In den Wintermonaten war ich meist in Bern und arbeitete für die Humanitäre Hilfe der Schweiz. Das traf sich gut, weil ich es dadurch zur Skitourensaison nicht weit in die Schweizer Alpen und zu ihren unendlichen Skitourenmöglichkeiten hatte. Bei meiner Familie in Deutschland hielt ich mich am ehesten in den Sommermonaten auf – falls keine Auslandseinsätze für die Humanitäre Hilfe dazwischenkamen oder sich spontane Reisen mit meinen über die ganze Welt verstreuten Freunden ergaben.

Garmisch ist immer noch der Ort, den ich als mein Zuhause bezeichne – dort habe ich meine Wurzeln, dort ist meine kleine Familie, zu der ich sehr engen Kontakt pflege. Wir leben wie eine nepalesische Familie alle im selben Haus, das mein sächsischer Großvater 1934 erbaute. Meine Mutter wohnt im Erdgeschoss, die Tante Christl im ersten Stock, und meine Schwester Christiane, bei der ich wohne, wenn ich in Garmisch bin, im zweiten Stock. Die Schweiz hingegen ist vor allem meine administrative Heimat. Dort habe ich meine Krankenversicherung, zahle Steuern, und inzwischen bin ich auch stolze Besitzerin eines Schweizer Passes. Allerdings habe ich mittlerweile auch einen großen Freundeskreis in Bern, dort kenne ich wahrscheinlich mehr Leute als in Garmisch. Kathmandu wiederum ist meine Wahlheimat, auch wenn meine Aufenthalte in letzter Zeit kürzer wurden, was vor allem mit meinen Jobs für die Humanitäre Hilfe zu tun hat. Letztendlich fühle ich mich überall wohl, wo ich arbeite, wo ich also einen Alltag habe. Vermutlich liegt das daran, dass ich Menschen sehr gern mag und schnell Kontakte knüpfe.

AN MEINE KINDHEIT IN GARMISCH habe ich sehr viele positive Erinnerungen. Auch wenn mir die Berge immer ein wenig zu nah waren, schätze ich mich sehr glücklich, in Garmisch aufgewachsen zu sein. Im Winter ver-

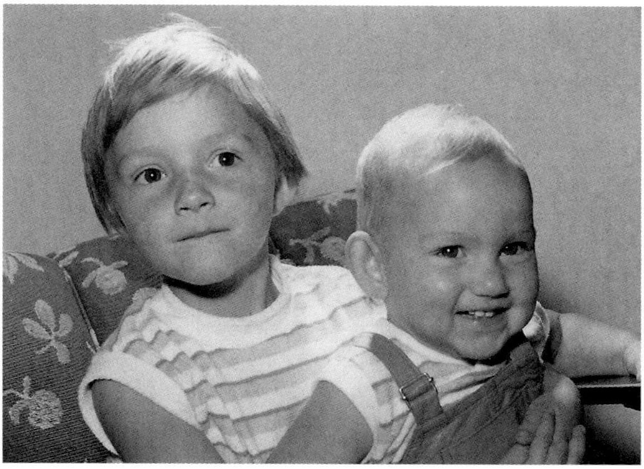

Wahre Schwesternliebe: Christiane musste mich schon damals festhalten, damit ich nicht immer fortrannte.

brachte ich die Nachmittage mit meinen Freundinnen auf der Skipiste, im Sommer trafen wir uns an den vielen Badeseen in der Umgebung. Obwohl unsere Familie nicht viel Geld hatte, ermöglichte uns mein Vater jedes Jahr einen Campingurlaub am Meer. So stark ich an diesen Freizeitaktivitäten interessiert war, so wenig hatte ich für die Schule übrig. Die Realschule schloss ich mit einem Zeugnis ab, in dem neben einer Fünf in Mathematik, sechs Vierern und acht Dreiern – sogar in Sport war ich nicht besser – die beste Note eine Zwei in Musik war. Meine Eltern machten sich Sorgen – was sollte bloß aus mir werden? Zunächst absolvierte ich bei Radio Vogl eine Lehre zur Einzelhandelskauffrau. Eigentlich wollte ich in die Fußstapfen meines 14 Jahre älteren Bruders Ernst treten, den meine Schwester Christiane und ich sehr bewunderten, und wie er Radio- und Fernsehtechniker werden. Allerdings blieben Lehrstellen für diese »männlichen« Berufe damals noch Jungen vorbehalten, und so entschied ich mich nach einem desaströsen Versuch, Hotelkauffrau zu werden, der nur zwei Wochen anhielt, für den Einzelhandel. Als Frau steckte man mich in die Abteilung mit der »weißen Ware«, das waren Waschmaschinen, Trockner, Spülmaschinen und Mikrowellenöfen. Es war sicher nicht das, was ich beruflich unbedingt machen wollte, aber meine Eltern waren froh, dass ich trotz meines schlechten Zeugnisses überhaupt noch eine Lehrstelle gefunden hatte.

Der Wendepunkt kam mit einem Au-pair-Aufenthalt, zu dem mir mein Vater verhalf. Er hatte eine Schulfreundin, die in die USA ausgewandert war. Sie arbeitete als Stewardess und hatte fünf Kinder, die Deutsch – oder besser gesagt Bayerisch – lernen sollten. Daher brauchte sie jedes Jahr ein

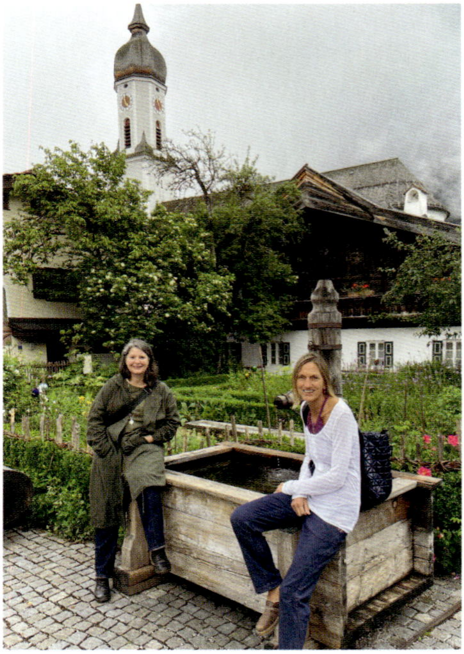

Eine Freundin, die ich schon so lange kenne, dass meine Mutter sie ihre dritte Tochter nennt: mit Elke in Garmisch.

Au-pair-Mädchen aus ihrer alten Heimat. Mein Vater fragte mich, ob das nicht etwas für mich wäre. Warum nicht, dachte ich mir, und ging für ein Jahr nach Wilton im Bundesstaat Connecticut, eine Autostunde nördlich von New York City. Für ein Landei wie mich war diese Zeit sehr spannend; damals fand ich alles, was amerikanisch war, einfach nur gut. Es ist ein Wunder, dass mich meine Garmischer Freundinnen nach diesem USA-Aufenthalt nicht verstießen, denn sie erzählen mir heute noch, wie anstrengend ich nach meiner Rückkehr war. Ich wiederum fand es schwierig, mich wieder an das kleine, engstirnige Garmisch zu gewöhnen. Die Zeit in den USA war insofern entscheidend für mich, als ich endlich das Gefühl hatte, Englisch und damit überhaupt etwas zu können. Sie bahnte mir im Anschluss den Weg in die Sprachenschule in München. Zum Glück hat mir mein Vater diesen Vorschlag gemacht!

Überhaupt hat mich mein Vater stark geprägt. Für ihn war beispielsweise klar: Wenn das Wetter schön ist, geht man hinaus an die frische Luft. An sonnigen Sonntagen sprang er in unserem Zimmer auf und ab und befahl: »Auf geht's, ihr Stubenhocker! Zieht euch an und geht raus an die Sonne!« Anscheinend fruchtete seine Erziehung, denn ich finde es heute noch schwierig, bei schönem Wetter im Haus zu bleiben – selbst wenn es, wie in Islamabad, 45 Grad heiß ist und niemand sonst auch nur einen Schritt vor die Tür macht. Mein Vater war ein einfacher Mann, er ging früh von der Schule ab und lernte wie viele Oberammergauer den Beruf des Holzschnitzers. Meine Mutter hingegen kam aus einer gebildeten Familie von Buchhändlern, sie war ebenfalls gelernte Buchhändlerin. Als meine Schwester und ich Kinder waren, arbeitete sie halbtags in einem Schreibwarengeschäft. Wahrscheinlich hatte mein Vater neben meiner Mutter einen Minderwertigkeitskomplex; er verdiente unseren Lebensunterhalt vor allem mit dem Ausfahren von Zeitschriften für den Lesezirkel. Aber er war Künstler und Musiker. Er spielte Geige, Bratsche und Klarinette, später brachte er sich selbst das Saxophonspielen bei. Bei den Passionsspielen in Oberammergau war er als Geiger engagiert, und er spielte im Oberammergauer Kurorchester. Die Musik war ihm und seiner Familie sehr wichtig, seine Schwester war Geigen- und Klavierlehrerin. Ich spielte auch einige Jahre Geige und war stolz, wenn ich mit meinem Vater an einem Notenpult sitzen durfte. Er wünschte sich nichts mehr, als dass auch ich eines Tages bei den Passionsspielen mitwirken würde. Aber mit sechzehn hatte ich keine Lust mehr zum Üben, außerdem war es mir peinlich, mit dem Geigenkasten auf der Straße gesehen zu werden. Das ging sogar so weit, dass ich auf Schleichwegen in den Geigenunterricht radelte, damit mich niemand sah. Während wir uns wieder einmal wegen meines mangelnden Interesses an der Geige stritten, drohte ich meinem Vater, »dieses doofe Ding« in die Partnach zu werfen, die hinter unserem Haus vorbeifließt. Er reagierte verletzt und meldete mich vom Geigenunterricht ab. »Kind, das wirst du noch mal bereuen«, sagte er. Wie recht er hatte, denn heute wäre ich stolz, mit dem Geigenkasten durch die Straßen von Garmisch zu schlendern.

Mein Vater war aber auch ein Sportler. Er joggte, spielte Tennis und Tischtennis und verpasste keine Gelegenheit, uns zu beschreiben, wie er die jungen Männer am Tennisplatz abserviert hatte. Er nahm am Nürnberger Marathon teil und zweimal am Berlin-Marathon, beim zweiten Mal sogar größtenteils barfuß, weil ihm die Laufschuhe zu klein waren und seine Füße so schmerzten, dass er die Schuhe unterwegs auszog. Meine Schwester und ich hingegen waren total faul, wir wollten nicht einmal spazieren gehen. Mein Vater bot uns mehrmals 100 Mark, wenn wir mit ihm um den Eibsee joggen würden – das sind 7,5 Kilometer. Ich sagte damals: »Papa, ich lauf doch nicht um den Eibsee, das ist doch viel zu weit!« Heute wäre das für mich nur eine Aufwärmrunde; »richtig« laufen heißt für mich, von Garmisch nach Grainau, zum Eibsee, einmal um den See herum und wieder nach Hause zu joggen.

Wie viele, die in Bayern in Alpennähe aufwachsen, mussten meine Schwester und ich samstags und sonntags mit meinen Eltern wandern gehen. Als Kind war mir das viel zu anstrengend; ich habe mich hingestellt und so lange geschrien, bis mich mein Vater auf den Rücken nahm und trug. Später fand ich Wandern langweilig, es war eine Tortur für mich, mit meinen Eltern auf irgendwelche Berge gehen zu müssen. Nur auf den Kofel oberhalb von Oberammergau ging ich gern mit. Sein Gipfel besteht aus einem kleinen Felsaufbau, wo man ein bisschen kraxeln muss, das fand ich damals schon spannend. Mit sechzehn weigerte ich mich schließlich, weiter an den Familienwanderungen teilzunehmen. Meine Mutter sagte daraufhin zu mir: »Also dir wünsche ich mal einen Mann, der die Berge liebt!« Ich habe ihr geantwortet: »So einen würde ich nicht mal anschauen!« Hätte sie damals gewusst, dass ich einen Mann kennenlernen würde, der mir die Welt des Höhenbergsteigens eröffnet, hätte sie ihren Wunsch vermutlich anders formuliert.

Wandern gehe ich heute noch nicht gern. Aber seit ich Trailrunning mache, haben die heimischen Berge für mich viel an Attraktivität gewonnen. Ich mag es, leicht unterwegs zu sein. Wenn ich auf den Wank laufe, bin ich wahrscheinlich nicht viel schneller, als wenn ich wandern würde, aber ich habe keinen Rucksack dabei und keine Bergschuhe an. Ich trage meine Barfuß-Laufschuhe und renne, das macht mich glücklich. Trekken wiederum ist für mich etwas anderes als Wandern. Wenn ich von einer Lodge zur anderen gehe oder eine Woche marschiere, um in ein Basislager zu kommen, bewege ich mich tagelang in einer unglaublichen Hochgebirgskulisse und schlafe jede Nacht woanders. Das begeistert mich.

MEIN VATER VERLIESS MEINE MUTTER 1987, da war ich zwanzig. Er hatte eine Affäre mit einer ehemaligen Schulkameradin, und als ihn meine Mutter vor die Wahl stellte, sie zu beenden oder auszuziehen, packte er zu ihrer Überraschung fünf Tage später seine Koffer und ging. Ich war zu dieser Zeit als Au-pair-Mädchen in den USA und war bestürzt. Zuerst hatte ich eine große Wut auf meinen Vater, aber ich verzieh ihm, denn eigentlich waren meine Eltern in ihren späteren Ehejahren nicht mehr glücklich. Nach der Trennung erzählte mir mein Vater, dass ich mich als sechsjähriges Mädchen einmal vor sie beide hingestellt und gefragt hätte, warum sie sich eigentlich nicht scheiden lassen würden. Daran konnte ich mich aber nicht mehr erinnern. Meine Mutter hatte lange mit dieser Trennung zu kämpfen, doch sie ist eine sehr starke Frau, die sich die Freude am Leben nicht nehmen ließ. Zum Glück hatte sie viele Freundinnen, die sie in dieser schwe-

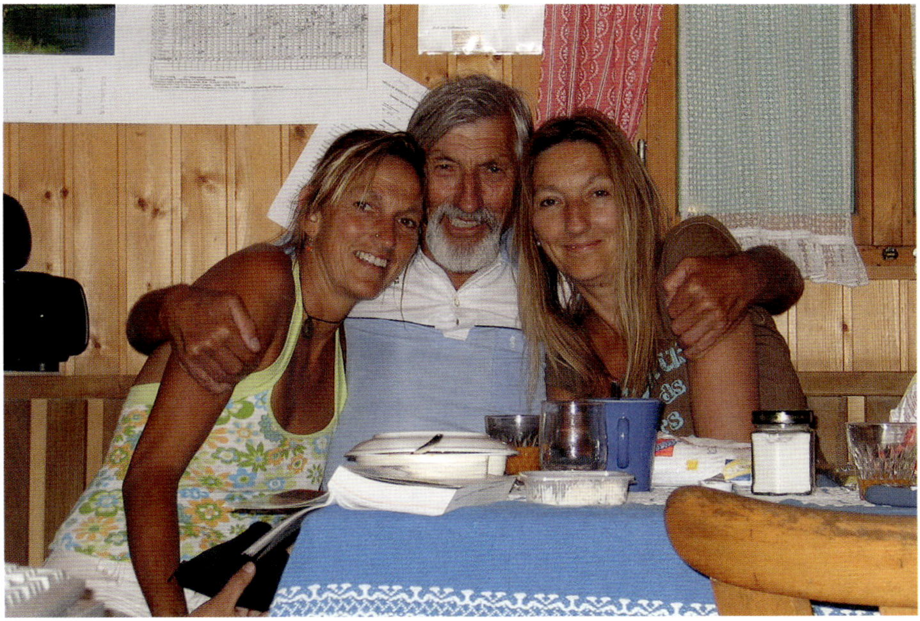

Mein Lieblingsbild, das meinen Vater genau so zeigt, wie er war: ein Mensch, der viele Momente genoss und die kleinen Dinge im Leben schätzte.

ren Zeit unterstützten. Nach ihrer Trennung waren mein Vater und meine Mutter für meine Schwester und mich plötzlich nicht mehr »nur« Eltern, sondern entpuppten sich als Menschen mit Gefühlen und Unsicherheiten, mit denen sie zu kämpfen hatten.

Ich bin meinem Vater zwar sehr ähnlich, aber die engere Beziehung hatte er zu Christiane, meiner Schwester. Die beiden unternahmen viel miteinander, teilten die Liebe zu Kunst und Kultur, und Christiane fühlte sich von ihm verstanden. Außerdem war sie ihm geografisch näher, da sie immer in der Gegend blieb. Bei mir begann nach dem Au-pair-Aufenthalt und der Sprachenschule mein »englisches Leben«, aber leider sprach mein Vater kein Englisch. Während meiner Tätigkeit bei Swiss Radio International produzierte ich all meine Beiträge auf Englisch. Gern hätte ich ihn mit dem, was ich beruflich tat, beeindruckt, aber das konnte ich nicht, weil er die Sprache nicht verstand. Beim Laufen schaffte ich das eher. Als ich zum ersten Mal 20 Kilometer joggte, konnte ich es kaum erwarten, ihm davon zu berichten. Ich wollte, dass er stolz auf mich war.

Nach seiner Pensionierung war er oft mit seinem Campingbus unterwegs, das war sein Königreich. Im Sommer 2006 besuchte er mich gemeinsam mit meiner Schwester in Bern. Da war er 72. Eigentlich hatten wir alle zusammen einen Urlaub in Slowenien geplant, denn ich wusste so wenig über unsere Familiengeschichte und wollte bei dieser Gelegenheit meinen Vater ein bisschen ausfragen und mir aus seinem Leben erzählen lassen. Doch dann bekam ich von der Humanitären Hilfe eine Anfrage für einen ersten Einsatz als Kommunikationsexpertin in der Libanonkrise; das wollte ich nicht absagen. Mein Vater meinte, das sei doch kein Problem, dann kämen er und Christiane mich halt vorher in Bern besuchen. Am 1. August, dem Schweizer Nationalfeiertag, wollte ich vor dem Abendessen noch kurz joggen gehen. Mein Vater und meine Schwester kamen mit. Wir liefen langsam an der Aare entlang. Auf Höhe der kleinen Fähre überprüfte mein Vater unseren Puls und meinte: »Beim Zurücklaufen ziehen wir noch ein bisschen an.« Dann setzte er sich auf eine Bank, während meine Schwester und ich auf den Fluss schauten. Als wir uns wieder umdrehten, lag mein Vater mit verdrehten Augen da. Er hatte einen Herzinfarkt gehabt. Ich stand da wie versteinert, aber Christiane reagierte schnell und rief: »Du Mund zu Mund, ich Herzdruckmassage.« Die Leute vom Wirtshaus auf der anderen Seite des Flusses hörten unsere Hilferufe, riefen einen Krankenwagen und brachten uns mit dem kleinen Ruderboot auf die andere Seite. Christiane und ich bearbeiteten meinen Vater ununterbrochen, bis nach 20 Minuten endlich der Krankenwagen kam. Der Sanitäter lobte uns für unseren Einsatz. »Wie ihr euren Vater am Leben erhalten habt, ist sehr beeindruckend«, sagte er anerkennend. Aber leider nützte es nichts, mein Vater wachte nie mehr auf. Er lag zwölf Wochen im Koma, bevor er starb.

Einen kurzen Augenblick ging mir damals durch den Kopf, dass ich meinen Vater mit meiner Lauferei in den Tod getrieben hatte. Aber ich verwarf diesen Gedanken ganz schnell wieder. Mittlerweile denke ich, dass mein Vater einen schönen Tod hatte. Ich erinnere mich, dass er, als ich klein war, öfter diesen Spruch brachte: »Wenn es einmal so weit ist, will ich beim Waldlauf an einem Schlagerl sterben.« Dieser Wunsch ging in Erfüllung. Zudem war er mit seinen beiden Töchtern unterwegs, die er sehr liebte. Wie oft hatte er uns gesagt: »Wenn ich einmal sterbe, braucht ihr nicht traurig sein; ich habe jeden Tag meines Lebens genossen.«

Es gibt viele Leute, die zeit ihres Lebens dagegen ankämpfen, so zu werden wie ihr Vater oder ihre Mutter. Ich gleiche meinem Vater in vielem, und ich bin stolz darauf. Er war so ein feiner Mensch; er konnte sich über die kleinsten Dinge im Leben freuen. Und er hat an mich geglaubt. Um mich über meine schulischen Misserfolge hinwegzutrösten, hat er mir als Kind oft gesagt: »Mei, du gehst deinen Weg schon.« Manchmal wünsche ich mir, er könnte sehen, was aus mir geworden ist. Nicht, dass ich mir etwas darauf einbilde, aber er würde sich sicher freuen, dass der »hoffnungslose Fall« von damals es doch zu etwas gebracht hat. Er hätte sich wohl nicht träumen lassen, dass seine unsportliche Tochter mit den furchtbar schlechten Noten mal auf den höchsten Gipfel der Erde steigt oder Reden für den UNO-Delegierten in Pakistan schreibt.

MIT DEM TRAILRUNNING HABE ICH IN NEPAL BEGONNEN, dort ist man außerhalb der Hauptstadt schnell in den Hügeln, die das Kathmandu-Tal säumen. So gern ich in Kathmandu lebe, manchmal muss selbst ich raus aus der Stadt, so dick hängt der Smog über den Straßen. Leider zählt Kathmandu aufgrund des hohen Verkehrsaufkommens zu den Städten mit der stärksten Luftverschmutzung weltweit. Ich werde immer wieder dazu angehalten, eine Atemschutzmaske zu tragen, wenn ich mit meinem Rad durch die staubigen Straßen der Stadt düse, aber bis jetzt verzichte ich darauf. Zum Glück gibt es in meinem Freundeskreis in Kathmandu viele Laufbegeisterte, die mit mir das Weite suchen. Mein langjähriger Mitbewohner Richard Bull organisierte Trailrunning-Läufe, auch meine nepalesische Mitbewohnerin Preeti Khattri ist seit Jahren an der Durchführung von Rennen beteiligt. Am Wochenende unternehme ich mit meiner Freundin Stine Heiselberg lange Läufe im Shivapuri-Nationalpark. Dort ist man im Dschungel unterwegs und kann sich kaum vorstellen, dass die verschmutzte Stadt nur ein paar Kilometer entfernt liegt. Diese Läufe durch Kathmandus grüne Lunge sind meine Energiequelle, ich wüsste nicht, was ich ohne sie tun würde.

In meiner jetzigen Wohnung in Lazimpat lebe ich seit 2006. Früher war ich von dort aus nach 20 Minuten Laufen in den Reisfeldern, wo ich mich austoben konnte. Die Stadt hat sich seither so ausgedehnt, dass ich inzwischen eineinhalb Stunden laufen müsste, um in die Reisfelder zu kommen. Kathmandu ist in den letzten 20 Jahren regelrecht explodiert, auch als Folge des Bürgerkriegs, der die Landflucht weiter verstärkte. Zwar gehört Nepal immer noch zu den ärmsten Ländern der Welt, aber inzwischen gibt es viel privates Geld, das auch in Immobilien investiert wird. In den neu gebauten Vierteln stehen teilweise richtig große Häuser. Weil es jetzt so lange dauert, aus der Stadt rauszukommen, laufe ich morgens oft in einem kleinen Park bei mir in der Nähe. Dort muss ich zwar achtmal meine Runde drehen, damit ich auf 12 Kilometer komme, aber was tut man nicht alles, um sich ein wenig Bewegung im Freien zu verschaffen. Außerdem ist dieser Park ein wichtiger Ort für die Menschen, die in dieser Gegend wohnen, und dient als eine Art Gemeinschaftszentrum. In den frühen Morgenstunden sieht man dort viele Nepalesen, die Yoga machen, spazieren gehen, joggen oder einfach nur eine Tasse Tee in dem kleinen Restaurant trinken und den Sportlern bei ihren Aktivitäten zuschauen. Ich habe jeden Morgen Freude an diesem bunten Leben, da ich die Leute dort kenne und manchmal mit dem einen oder anderen ein Schwätzchen halten kann.

Nachdem ich festgestellt hatte, dass das Trailrunning meiner Ausdauer beim Bergsteigen guttut, nutzte ich es als Trainingsform für die Achttausender. Während meiner Zeit in Pakistan trainierte ich in den Margalla Hills im Norden Islamabads für den Lhotse. Ich startete morgens um fünf, weil es sonst zu heiß wurde, packte mir als Gewicht zehn oder 15 Liter Wasser in den Rucksack, ging die Margalla Hills hinauf, schüttete oben das Wasser in die ausgetrockneten Pflanzen und joggte wieder hinunter.

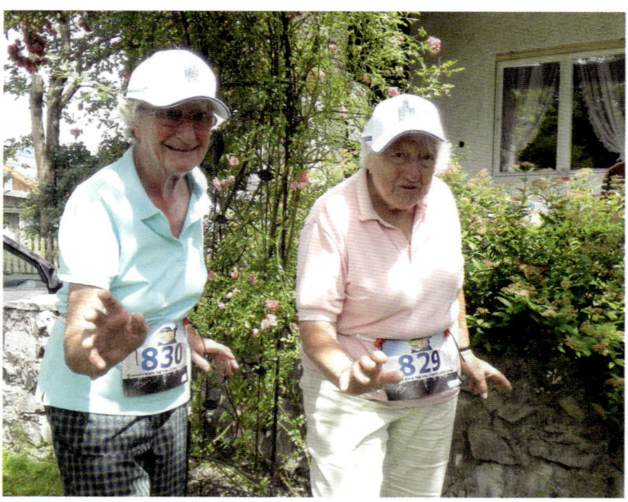

Das beste Support-Team der Welt. Wären sie noch jünger gewesen, hätten meine Tante (links) und meine Mutter wohl selbst beim Zugspitz-Ultratrail mitgemacht.

Eine Distanz wie die 108 Kilometer beim Zugspitz-Ultratrail würde ich nicht mehr laufen, aber bis zu 60 Kilometer finde ich angenehm. Bevor ich das Berglaufen für mich entdeckte, nahm ich an Städtemarathons teil. Es macht mir Spaß, für ein Rennen in eine Stadt zu reisen und es mit einem Wochenende dort zu verbinden, etwa beim Halbmarathon in Barcelona oder um den Lago Maggiore oder beim 15-Kilometer-Lauf in Istanbul. Ich mache diese Läufe nicht, um besonders gut zu sein, denn dafür bin ich zu langsam. Ich will einfach nur durchkommen und nicht unbedingt die Letzte sein. Wobei ich mich natürlich freue, wenn ich für einen Marathon um die vier Stunden brauche, aber was zählt, ist, dabei zu sein und die Atmosphäre aufzusaugen.

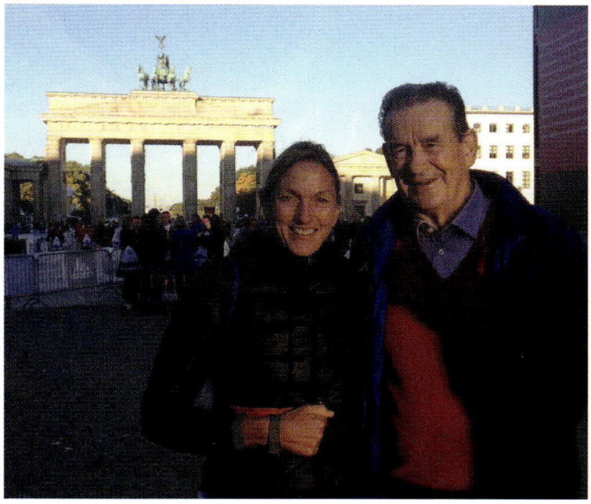

Onkel Achim scheute keine Mühe und begleitete mich bis zum Start des Berlin-Marathons. Er war einer der emotionalsten Läufe meines Lebens.

Meine ersten Marathons waren der Berlin-Marathon und jener in Rom. Um für den Berlin-Marathon zu trainieren, lief ich 2013 die ganze Ring Road um Kathmandu herum ab, das sind 35 Kilometer. Ich startete um 4 Uhr morgens, damit noch keine Autos unterwegs waren. Allerdings war ich nicht schnell genug und immer noch am Laufen, als der Berufsverkehr einsetzte. Im Jahr zuvor hatte ich am Kathmandu-Halbmarathon teilgenommen. Da es in dieser Stadt unmöglich ist, die Straßen für die Läufer abzusperren, legt man den Start bereits auf 6 Uhr morgens. Allerdings ist das *Nepali time* – es kommt immer zu Verzögerungen, und der Lauf geht selten vor 7 Uhr los. Das führt dazu, dass die langsameren Läufer sich durch den Verkehr kämpfen und hinter den schwarzen Rauchwolken der Autos herlaufen müssen.

Der Berlin-Marathon war sehr emotional für mich. Der beste Freund meines Vaters, den ich schon seit meiner Kindheit Onkel Achim nenne, lebt in der deutschen Hauptstadt, und die beiden liefen den Marathon im-

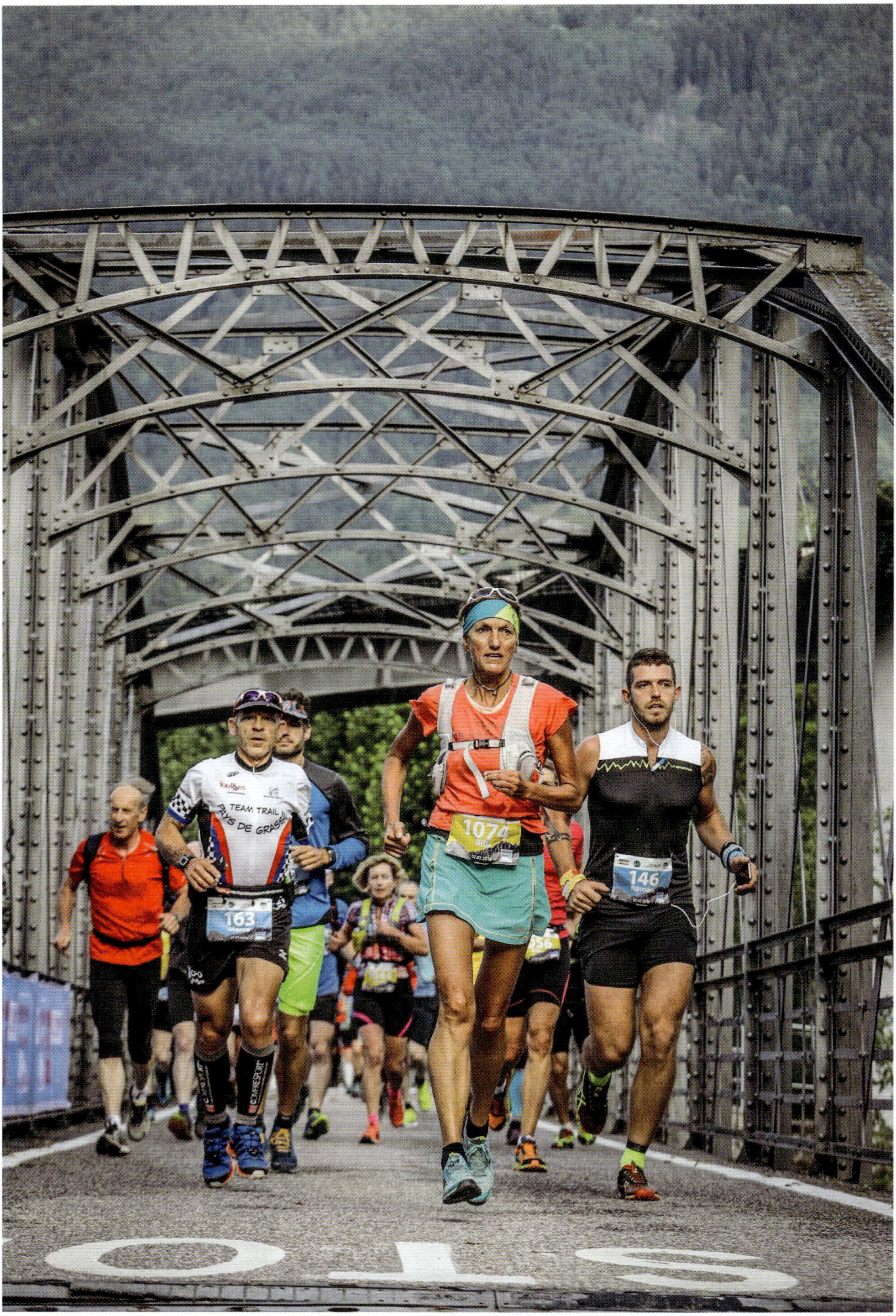

Neben dem Höhenbergsteigen ist Trailrunning – hier 2018 am Start zum Brixen Dolomiten Marathon – meine große Leidenschaft. Bei beiden Sportarten ist mentale Stärke gefragt.

mer gemeinsam. Ich konnte bei Onkel Achim wohnen, und es war schön für mich, den Geschichten über seine Freundschaft mit meinem Vater zuzuhören. »Dein Vater war einer der angenehmsten Menschen, die ich kenne. Man hatte immer das Gefühl, in seiner Nähe sein zu wollen, da er so eine positive Ausstrahlung hatte«, erinnerte er sich. Am Vorabend des Marathons war er fast nervöser als ich, aber ich spürte seine Freude darüber, dass ich die Lauftradition aufrechterhielt, die ihn mit meinem Vater verbunden hatte. Als ich am nächsten Tag am Start stand, war ich sehr bewegt. Ich hörte die Sirtaki-Musik, die den baldigen Start ankündigte, und dachte: »Diesen Marathon laufe ich jetzt für meinen Papa.« Er war Schritt für Schritt dabei.

Selbst wenn ich für die Humanitäre Hilfe der Schweiz arbeite, ergibt sich ab und zu die Gelegenheit, an einem Lauf teilzunehmen. Mit Manuel und Ale reiste ich von Pakistan, wo wir gemeinsam arbeiteten, auf dem Landweg zum Delhi-Halbmarathon, was zugegebenermaßen etwas abenteuerlich war und acht Stunden dauerte. Wir überquerten bei Lahore die berühmte Wagah Border und fuhren mit dem Zug weiter nach Delhi. Während ich in der Ukraine für die UNO tätig war, hatte ich die Möglichkeit, den Kyiv-Halbmarathon zu laufen. Und als ich nach Tadschikistan zu einer Mission für die Humanitäre Hilfe flog, realisierte ich, dass ich mit meinem Flug, der um 3 Uhr morgens in Duschanbe ankam, noch ausreichend Zeit hatte, um kurz vor 8 Uhr am Start des Duschanbe-Halbmarathons zu stehen. Es war zwar meine langsamste Halbmarathonzeit, aber dafür wurde ich vom tadschikischen Fernsehen interviewt, sodass mich meine neuen Kollegen als Erstes am Fernsehbildschirm kennenlernten.

LAUFEN IST MEINE GROSSE LEIDENSCHAFT, ohne Laufen würde mir etwas fehlen. Gerade bei meinen wechselnden Aufenthaltsorten bringt mir das Laufen die tägliche Routine, die ich als Struktur sehr schätze: Ich stehe früh auf, trinke einen Kaffee, ziehe mir die Laufschuhe an und trabe los. Diese Routine kann ich überallhin mitnehmen. Egal wo ich bin: Durch das Laufen fühle ich mich schon einmal zu Hause. Es ist praktisch überall möglich, selbst in muslimischen Ländern, wenn ich mich entsprechend kleide. Ich bin sogar in Lhasa gejoggt, aber da wäre ich wegen der dünnen Luft fast umgekippt, weil die Stadt auf mehr als 3600 Metern liegt. Das Laufen kommt meinem Bewegungsdrang entgegen, auch das Essen schmeckt mir besser, wenn ich mich vorher ein wenig verausgabt habe. Aber fast das Wichtigste ist, dass ich beim Laufen draußen an der frischen Luft bin. Ein einziges Mal blieb mir nichts anderes übrig, als auf ein Laufband zu gehen: in Kabul, wo wir das Schweizer Gelände nur im gepanzerten Wagen verlassen durften.

Wenn ich im Winter in Bern arbeite, ist es, wenn ich morgens um Viertel vor sieben das Haus verlasse und in den Könizer Wald laufe, noch stockdunkel, da laufe ich mit Stirnlampe. Aber es ist mir nie zu kalt, Wind und Wetter sind mir egal – ich brauche einfach das Draußensein und die Bewegung. Deswegen entschloss ich mich, als ich im Herbst 2021 wegen Schmerzen in der rechten Hüfte einen Arzt aufsuchte und der eine fortgeschrittene Hüftarthrose diagnostizierte, sehr schnell zu einer Operation. Ich konnte mir nicht vorstellen, nicht mehr zum Laufen gehen zu können. Die Arthrose war eine Folge des Oberschenkelhalsbruchs, den ich mir 20 Jahre zuvor zugezogen hatte. Wenige Wochen später bekam ich ein künstliches Hüftgelenk.

Nach der Operation lag ich in meinem Krankenhausbett und dachte darüber nach, wie ich mein neues Körperteil am besten willkommen heißen könnte. Ich kam auf die Idee, dem Hüftgelenk einen Namen zu geben. Als ich das meiner amerikanischen Freundin Suzy erzählte, schlug sie wie aus der Pistole geschossen »Clarissa« vor. Der Name passte, und ich sagte Clarissa innerlich immer wieder, wie sehr ich mich freute, sie in meinem Körper willkommen zu heißen. Vielleicht war diese Kommunikation das Geheimnis meiner schnellen Rekonvaleszenz, denn bereits eine Woche nach der Operation leitete ich wieder meine Online-Core-Stunden, die ich seit dem Beginn der Covid-19-Pandemie gemeinsam mit meiner Freundin Stine fast täglich anbiete. Nach fünf Wochen begann ich mit ersten kleinen Läufen, nach acht Wochen ging ich meine erste Skitour, und nach fünf Monaten erreichte ich am siebthöchsten Berg der Welt, dem Dhaulagiri 1, das Lager 3 auf 7300 Metern. Auch wenn Clarissa und ich den Gipfel dieses Achttausenders nicht erreicht haben, bewährte sie sich hervorragend.

WENN ICH NACH GARMISCH REISE, empfinde ich das immer noch als Heimkommen. Das hat mit meiner Familie und meinen Freunden zu tun, aber auch mit der wundervollen Umgebung und den heimischen Bergen,

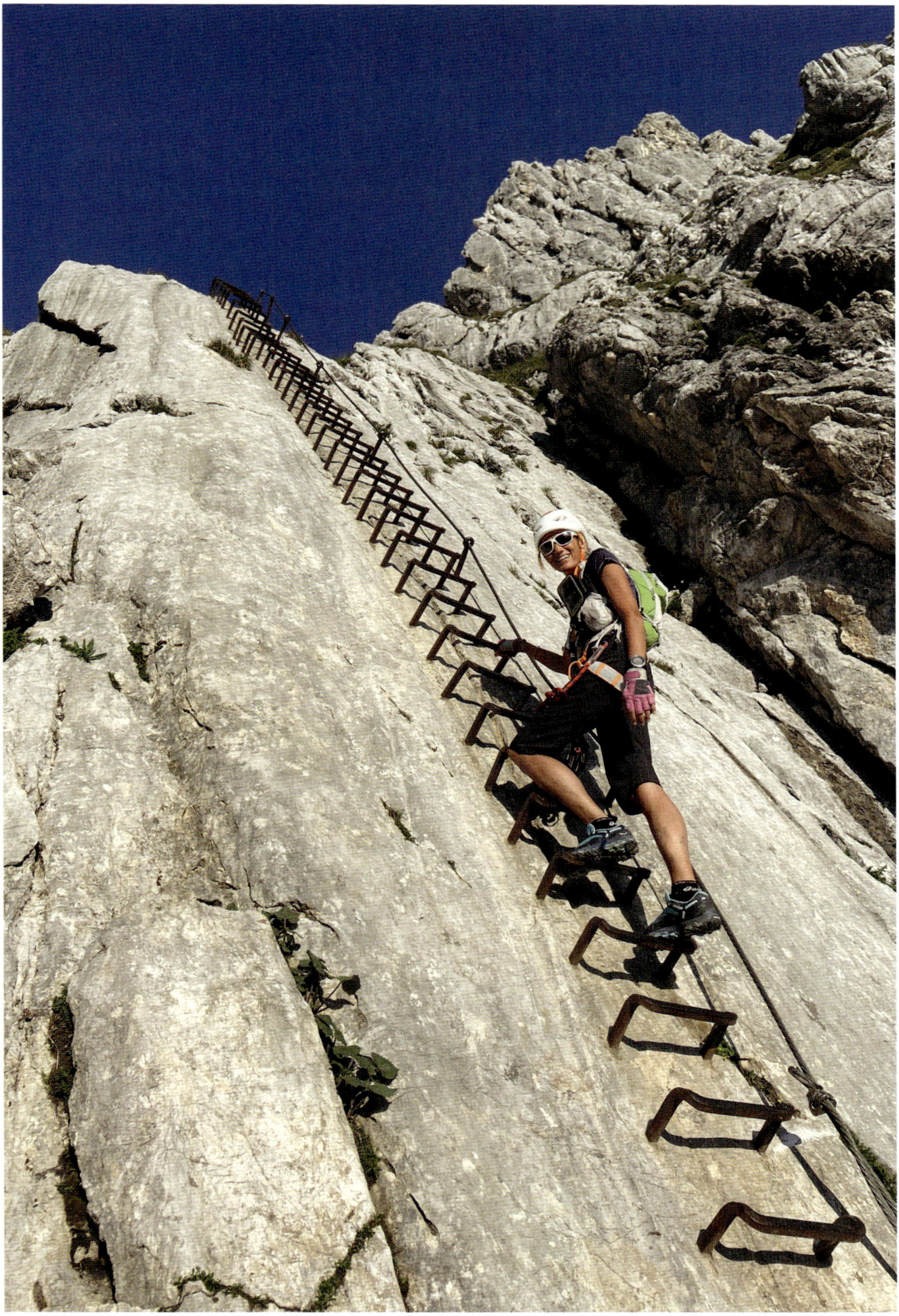

Die Zugspitze gehört seit ein paar Jahren zu meinem Lieblings-Trainingsgelände. Erstaunlich, wenn man bedenkt, dass ich vor meiner Everest-Besteigung nie zu Fuß oben war.

die ich erst in späteren Jahren für mich entdeckte. Natürlich waren wir als Kinder mit unseren Eltern auf der Zugspitze, wir fuhren mit der Gondel hoch, rutschten ein bisschen auf dem Zugspitzplatt herum und nahmen wieder die Gondel ins Tal. Aber ich war, wie mir zu meiner Schande bewusst wurde, als ich 2009 den Mount Everest bestieg, noch nie zu Fuß auf der Zugspitze gewesen.

Diese Scharte wollte ich danach endlich auswetzen. Ich kam aus Nepal zurück und nahm ein paar Tage später am Zugspitzlauf teil, der Laufveranstaltung, die damals vom österreichischen Ehrwald über das Gatterl auf die Zugspitze führte und bei der im Vorjahr aufgrund eines Schlechtwettereinbruchs zwei Menschen zu Tode gekommen waren. Da es wieder Neuschnee gegeben hatte, wurde die Strecke 2009 sicherheitshalber auf eine niedrigere Höhe verlegt. So war ich also wieder nicht aus eigener Kraft auf die Zugspitze gekommen. Es war mir mittlerweile richtig peinlich, auf dem Everest, aber nicht auf der Zugspitze gewesen zu sein. Ein paar Wochen später wollte ich es dann doch wissen und stieg mit meinem guten Freund Andi über den Jubiläumsgrat zum Gipfel.

Inzwischen ist die Zugspitze zu meinem Trainingsberg geworden. Dort bin ich auch in meinen Barfuß-Laufschuhen unterwegs, weshalb mich manchmal andere Bergsteiger, die auch so früh unterwegs sind wie ich, tadelnd anschauen, aber ich fühle mich in diesen Schuhen einfach am wohlsten. Anders als beim Wank muss ich bei meinen Zugspitzläufen einen kleinen Rucksack mit den wichtigen Dingen wie Helm, Klettersteigausrüstung, Verbandszeug und Grödeln, die ich mir bei Bedarf über meine Barfußschuhe ziehe, dabeihaben. Im Sommer 2021 lief ich meine schnellste Zeit: in drei Stunden und 45 Minuten übers Höllental auf den Gipfel. Ich radelte um 4 Uhr morgens von daheim weg und joggte um 5 Uhr in Hammersbach los. Durch die Höllentalklamm und bis zum Einstieg des Klettersteigs rannte ich, dann stieg ich zügig zum Gipfel auf. Mit der Bahn auf die Zugspitze zu fahren könnte ich mir heute nicht mehr vorstellen. Jedoch gönne ich mir nach meinem Berglauf die Gondelfahrt ins Tal.

Die Chefs am Berg

»ES IST BESCHÄMEND, DASS NEUNZEHN MENSCHEN alle Achttausender ohne zusätzlichen Sauerstoff bestiegen haben, aber bis jetzt noch kein einziger Sherpa«, sagte Mingma Gyalje Sherpa entrüstet, als ich ihn zu unserem saisonalen Debriefing für die Himalayan Database im Frühjahr 2022 traf. »Wir Sherpas sind doch viel stärker als unsere westlichen Freunde!« Mingma Gyalje, bekannt unter dem Namen Mingma G, stammt aus dem Rolwaling westlich der Everest-Region und ist einer von 70 ausgebildeten und qualifizierten IFMGA-Bergführern in Nepal, er ist also als Bergführer von der International Federation of Mountain Guides Associations, der Internationalen Vereinigung der Bergführerverbände, anerkannt. »Wir haben lang genug im Schatten der ausländischen Bergsteiger gestanden, jetzt ist es an der Zeit, dass wir etwas bewegen.« Und genau das tut der 35-Jährige auch. Meiner Meinung nach hat er die nepalesische Bergsteigerszene revolutioniert, deswegen ist er heute ein Idol für viele junge Sherpas.

Während unseres Gesprächs im Café Gaia in Thamel informierte mich Mingma G über die vier Achttausender-Expeditionen, die er mit seiner Trekkingagentur Imagine Treks & Expeditions in jenem Frühjahr geleitet hatte. »Es gibt mehr und mehr Menschen, die alle vierzehn Achttausender besteigen wollen, und der Zeitrahmen wird immer kürzer. Da sind die Agenturen und Sherpas gefordert, aber wir müssen bei dieser neuen Art, die höchsten Berge zu besteigen, mitmachen«, sagte er mit krächzender Stimme und mit dem bellenden Husten, von dem viele Menschen, die zu lange in der Höhe waren, geplagt werden. Im Frühjahr 2022 bestieg Mingma G nämlich nicht nur vier Achttausender innerhalb von eineinhalb Monaten, er erfüllte sich auch seinen lang gehegten Traum und erreichte den Gipfel des Mount Everest ohne zusätzlichen Sauerstoff. »Today I fulfilled my dream of climbing Everest without the use of supplemental oxygen«, sagte er am 16. Mai 2022 in einer Videobotschaft vom Dach der Welt. Zu Miss Hawleys Zeiten wäre es ungewöhnlich gewesen, von einem einheimischen Sherpa eine solche Botschaft zu hören. Damals erfüllten nur westliche Aspiranten ihre Träume, die Sherpas verdienten an den hohen Bergen lediglich ihr Geld.

»Ich habe immer noch großen Respekt vor dem Mount Everest oder Chomolungma, wie wir ihn in der Sherpa-Sprache nennen«, ergänzte Padawa Sherpa, der mit am Tisch saß. Der 45-jährige bescheidene Mann aus dem Dorf Pangboche, das auf fast 4000 Metern am Fuß des Mount Everest liegt, stand im Frühjahr 2022 zum 25. Mal auf dem höchsten Punkt der Erde. Das ist nur einmal weniger als der Rekordhalter Kami Rita Sherpa, der im selben Jahr auf 26 Besteigungen kam. Allerdings ist sich Padawa nicht ganz sicher, wie oft er tatsächlich auf dem Gipfel war, denn laut seinem Neffen Tashi Sherpa, der seit vielen Jahren in den USA lebt, fehlen in den offiziellen Aufzeichnungen ein oder zwei Besteigungen. Er kontaktierte mich im Jahr 2018 mit der Bitte, Padawas Everest-Besteigungen zu überprüfen. »Billi, ich beschäftige mich seit fünf Jahren damit, die Zahl von Padawas Gipfelerfolgen richtigzustellen, aber das nepalesische Tourismusministerium erkennt einige seiner Besteigungen nicht an«, schrieb er mir über Facebook Messenger. Ich konsultierte unsere digitale Datenbank und ging die lange Liste von Padawas Besteigungen mehrmals durch – in manchen Jahren erreichte er den Gipfel sogar zweimal –, aber es blieb bei der offiziellen Zahl. Das Problem ist, dass sich damals weder Padawa noch sonst irgendjemand dafür interessierte, ob er vom Tourismusministerium eine Gipfelurkunde erhielt oder nicht. Und heute ist es schwierig, diese noch zu bekommen, besonders wenn man gar nicht mehr genau weiß, wie oft man auf dem Gipfel des höchsten Bergs der Welt gestanden hat. So etwas kann auch nur einem Sherpa passieren.

Im Frühjahr 2016 verweigerte das Ministerium, das für die Everest-Besteigung pro ausländischem Kopf 11 000 US-Dollar kassiert, sogar die Ausstellung von Gipfelurkunden für die Climbing Sherpas. Damals berief sich die Behörde auf die seit 2002 geltenden Regeln für Expeditionen, die besagen, dass jedem Expeditionsmitglied so ein Beweisstück zusteht. »Climbing Sherpas, welche die Route mit Fixseilen sichern oder Kunden zum Gipfel führen, sind im Sinne des Gesetzes keine Expeditionsmitglieder und bekommen deshalb keine Urkunden«, sagte der damalige Direktor des Tourismusministeriums Laxman Sharma in einem Interview mit der nepalesischen Tageszeitung *Himalayan Times*. Wer weiß, vielleicht lag es ja daran,

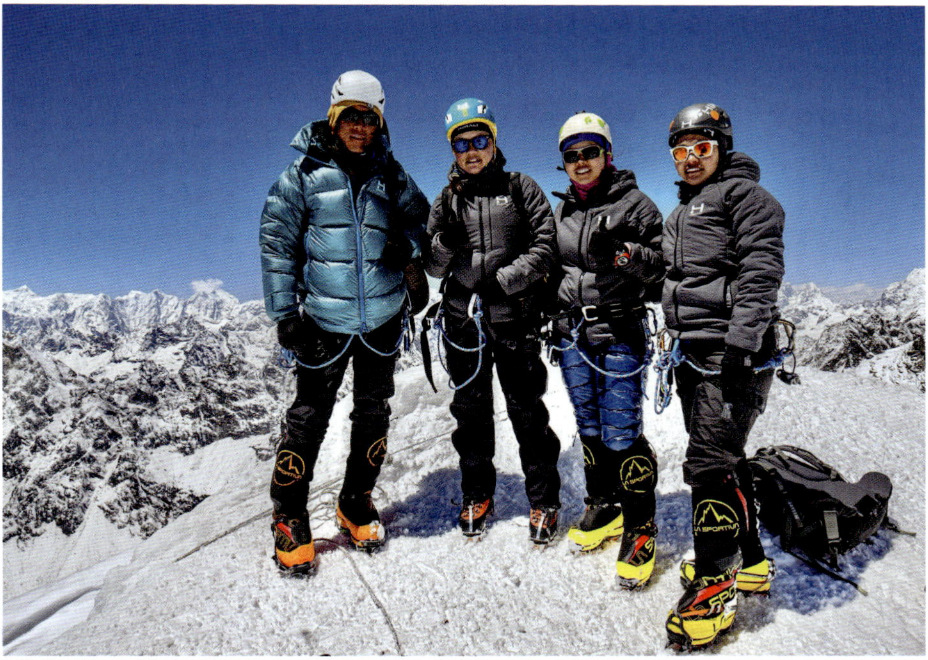

Mingma G mit seinen drei Schwestern Nima Jangmu, Dawa Futi und Tshering Namgya (von links) auf dem Gipfel des Lobuche East.

dass Sherpas und Nepalesen von den saftigen Besteigungsgebühren befreit sind? Wie dem auch sei, diese Regelung wurde im Folgejahr wieder aufgehoben. Zum Glück, denn für »moderne« Sherpas haben diese Urkunden an Bedeutung gewonnen.

Die wenigen Gipfelzertifikate, die Padawa erhielt, hat er aufbewahrt. Ich bezweifle aber, dass er sie, wie so viele seiner westlichen Kollegen, eingerahmt und aufgehängt hat. Denn auch wenn sein Neffe Tashi unbedingt beweisen will, dass Padawa den höchsten Gipfel der Welt öfter bestiegen hat als der Rekordhalter, scheint das Padawa nicht so wichtig zu sein. »Wenn ich Kami Rita unbedingt übertrumpfen wollte, wäre ich dieses Frühjahr dreimal auf den Gipfel gestiegen«, sagte er 2022 mit einem verschmitzten Lächeln. »Meine Freunde und Kollegen haben versucht, mich zu überreden, und boten mir sogar Gratis-Sauerstoff und einen Climbing Sherpa zur Unterstützung an. Aber ich wollte es nicht, außerdem war ich zu müde. Ich hatte den Gipfel bereits zweimal innerhalb von fünf Tagen erreicht.«

Für eine mittelmäßige Bergsteigerin wie mich, die sich nach ihrer Everest-Besteigung erst einmal einen Monat ausruhen musste, klingt das nach einer gewaltigen Leistung. Für die Climbing Sherpas ist das eher normal, denn heutzutage steigen viele zwei- oder gar dreimal innerhalb von wenigen Tagen auf den Gipfel – sei es, um die Seile zu fixieren und den Weg zum Dach der Welt für die Hunderte von Menschen, die im Basislager auf ihre Chance warten, zu öffnen oder um einem Gipfelaspiranten zu helfen, seinen lang gehegten Traum zu erfüllen. Während unseres Debriefings kam auch Ngima Nuru hinzu, der genau wie Padawa für Mingma Gs Agentur Imagine Treks & Expeditions arbeitet. Da saß ich nun mit zwei Everest-Koryphäen, denn Ngima Nuru hat nur eine Everest-Besteigung weniger aufzuweisen als Padawa. Er hatte in diesem Jahr den Gipfel zum 24. Mal erreicht. »An Rekorden bin ich nicht interessiert. Ich will lediglich genug Geld verdienen, um meine Familie zu ernähren«, erklärte der 40-Jährige. »Kami Rita ist mein Cousin, wir stehen nicht im Wettbewerb. Was zählt, ist, dass wir Sherpas endlich Anerkennung bekommen, egal wer im Vordergrund steht.«

KAMI RITA WAR ES LANGE ZEIT GAR NICHT BEWUSST, dass er drauf und dran war, einen Rekord zu brechen. »Ich habe lediglich meinen Job gemacht, und wenn ich ehrlich bin, macht er mir nicht immer Spaß. Viele Bergsteiger kommen hierher, um ihren Traum zu erfüllen, und es ist meine Pflicht, ihnen dabei zu helfen«, erzählte mir der 52-Jährige aus Thame bei einem Gespräch im Frühjahr 2022. »Im Jahr 2018 informierte mich Guinness World Records aus heiterem Himmel, dass ich mit meinen 22 Besteigungen der neue Rekordhalter sei, und schickte mir ein Zertifikat. Ich war völlig überrascht.« Seither ist Kami Rita eine gefeierte Persönlichkeit in Nepal. Er ist auf Instagram und Facebook zu finden, die meisten Einträge sind jedoch nicht von ihm, sondern von anderen Menschen, die seine Errungenschaften würdigen wollen. Kami Rita ist trotz seines Ruhms sehr bescheiden und demütig geblieben. Er hat weder Sponsoren noch ein luxuriöses Haus oder ein großes Auto. Zu unserem Interview kam er auf seinem kleinen Motorrad angerast, und er nahm sich viel Zeit für unser Gespräch. Hätte ein »westlicher« Bergsteiger oder ein junger aufstrebender Sherpa das erreicht, was Kami Rita 26-mal geschafft hat, könnte er sich vor Telefonanrufen, Nachrichten und Anfragen wohl kaum noch retten. Bei Kami Rita ist das nicht der Fall, obwohl er in der Himalaya-Szene inzwischen bekannt ist wie ein bunter Hund, was Vorteile, aber auch Verpflichtungen mit sich bringt. »Ich bekomme viele Anfragen von ausländischen Bergsteigern. Sie meinen, dass sie mit mir bessere Gipfelchancen haben«, sagte er.

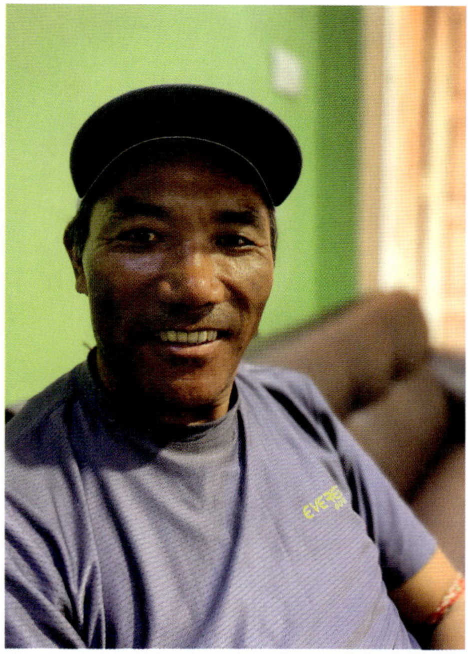

Der Everest-Rekordhalter Kami Rita Sherpa. Trotz seines Ruhms hat er sich seine Bescheidenheit bewahrt.

Wie so viele Ehefrauen von Climbing Sherpas ist auch Kami Ritas Frau Lakpa Jangmu besorgt um das Leben ihres Mannes. »Ich sage ihm immer wieder, dass wir uns andere Jobs suchen und ein kleines Unternehmen gründen könnten. Aber er hört nicht auf mich«, wird Lakpa Jangmu in mehreren Interviews zitiert. Sie hatte vermutlich gehofft, dass sich ihr Mann zur Ruhe setzen würde, als er 2018 mit dem Rekord gekrönt wurde. Kami Rita hingegen fühlt sich weiterhin verpflichtet: »Ich sage ungern Nein, da ich befürchte, arrogant zu wirken, deswegen mache ich weiter.«

Bevor Kami Rita zum »Mister Everest« gekürt wurde, hielten Apa Sherpa, der wie Kami Rita aus Thame stammt, und Phurba Tashi aus dem benachbarten Dorf Khumjung mit jeweils 21 Besteigungen den Rekord. Der Unterschied zwischen den beiden damaligen Rekordhaltern war, dass Apa in den Medien groß gefeiert wurde, während Phurba Tashi außer durch seine Auftritte in der Discovery-Serie *Everest: Beyond the Limit* kaum bekannt war. Vielleicht lag es daran, dass Apas Trekkingagentur Asian Trekking den damals 56-Jährigen medial pushte, oder einfach an der Tatsache, dass Phurba Tashi nicht an Ruhm interessiert war. »Ich habe oft versucht, Sponsoren für Phurba zu finden, aber das war ihm nicht wichtig«, erzählte mir Russell Brice, der Phurba Tashi in den Neunzigerjahren »entdeckte«, als er für

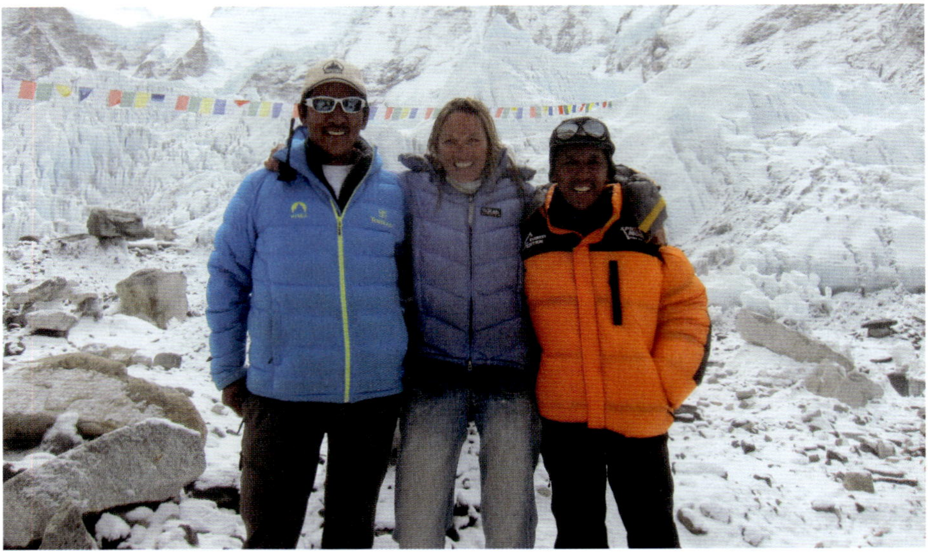

Begeistert und demütig darf ich zwischen zwei Everest-Legenden stehen. Phurba Tashi (links) und Apa Sherpa hielten mit jeweils 21 Besteigungen bis 2011 den Rekord.

Asian Trekking als Koch arbeitete. »Als ich diesen jungen Mann sah, war mir sofort klar, dass er zu mehr fähig war, als nur kochen.« Russell hatte ein gutes Näschen, denn für mich und viele andere, die mit Phurba Tashi auf Himalaya-Gipfel gestiegen sind, ist er ein ganz besonderer Mensch. Er hat eine wundervolle Aura und in den Bergen eine exzellente Intuition. Ich hatte das Glück, vier meiner sechs Achttausender – Mount Everest, Lhotse, Makalu und Manaslu – unter der Leitung von Russell und Phurba Tashi besteigen zu dürfen. Nach unserer ersten, etwas unglücklichen Begegnung im Everest-Basislager wurden Russell und ich über die Jahre gute Freunde. Nachdem ich 2009 unter seiner Leitung den Gipfel des Mount Everest erreicht hatte, heuerte er mich sogar als Bloggerin an. Ich schrieb ein paar Jahre unter dem Namen »Billi the Blogger« seine Expeditionsberichte, denen wir den passenden Namen *The Daily Moraine* gaben. Es war eine Win-win-Situation – die Freunde und Familien von Russells Expeditionsteilnehmern waren bestens über die Fortschritte ihrer Liebsten informiert, und ich durfte zu günstigeren Preisen die hohen Berge besteigen, wobei zu den Gipfelerfolgen nicht nur Russell, sondern auch Phurba Tashi und sein Sherpa-Team einen großen Teil beitrugen.

Phurba Tashi war seit vielen Jahren Russells Sirdar, er war also für das gesamte Sherpa-Team verantwortlich. Russell galt zwar bei den Sherpas als der »Big Boss«, doch die Fäden hielt Phurba Tashi in der Hand. Er traf wichtige Entscheidungen und schweißte das Team zusammen. Als ich 2010 mit den beiden zum Manaslu, dem achthöchsten Berg der Welt, unterwegs war, wollte ich eigentlich ohne Sauerstoffmaske aufsteigen. Mein Körper machte jedoch nicht so recht mit, ich war müde und langsam. Im Schneckentempo und total erschöpft schleppte ich mich ins Lager 2 auf 6100 Metern. Meine Teamkollegen waren schon längst in ihre warmen Schlafsäcke eingemummt, als Russell und Phurba Tashi die Köpfe aus ihren Zelten streckten. »Billi, you are supposed to impress us, not depress us«, meinte Russell trocken. Damit war alles gesagt, und ich verstand seinen Entschluss, mich nur mit Flaschensauerstoff auf den Manaslu loszulassen. Für einen Expeditionsleiter sind Teilnehmer ohne Maske eine zusätzliche Last, da sie viel stärker den Gefahren der Höhenkrankheit und der Kälte ausgesetzt sind. Mithilfe von Lhakpa Nuru und Phurba Tashi, der mir kurz unter dem Gipfel noch schnell meinen schief sitzenden Rucksack richtete und den schlampig angezogenen Daunenanzug zurechtzupfte, erreichte ich am 1. Oktober 2010 den – vermeintlichen – Gipfel des Manaslu. Denn seit 2021 wird dieser Punkt in der Himalayan Database nur noch als Vorgipfel erfasst. In jenem Jahr wagte sich Mingma G mit seinem Team auf der langen Wechte des Manaslu noch ein Stück weiter und erreichte einen höheren Punkt. Seither wird nur dieser als eigentlicher Gipfel anerkannt.

Einerseits war meine Freude groß, dass ich es trotz meines erschöpften Körpers auf den (Vor-)Gipfel geschafft hatte, andererseits war ich enttäuscht, dass mein Plan, ohne zusätzlichen Sauerstoff aufzusteigen, nicht aufgegangen war. Russell gab mir im Folgejahr noch einmal die Chance, als »Billi the Blogger« zu einem vergünstigten Preis an seiner Manaslu-Expedition teilzunehmen, und dieses Mal schaffte ich es. Ich war überglücklich, als ich am 4. Oktober 2011 ohne Zusatzsauerstoff auf dem (Vor-)Gipfel des Manaslu stand.

Doch zurück zu Kami Rita und Padawa. Der eine ist Rekordhalter, der andere könnte es sein, wenn er sich nur an all seine Everest-Besteigungen erinnern könnte. Padawas Neffe Tashi hat seine Mission jedoch nicht aufgegeben. »Es ist mir sehr wichtig, dass Padawa die Anerkennung bekommt, die er verdient«, schrieb mir Tashi erneut im Jahr 2022. »Jeder kennt Kami

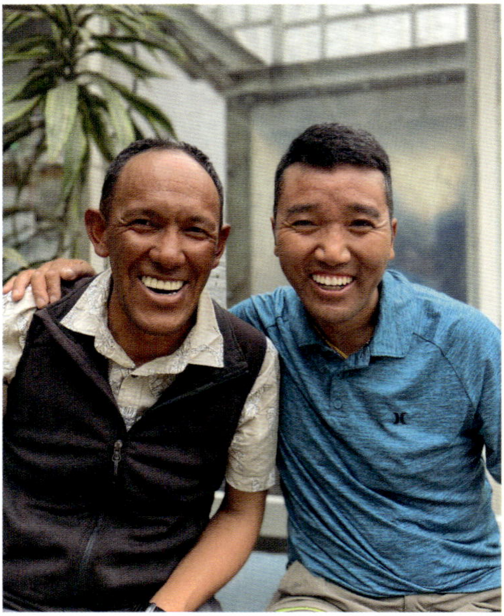

Das charakteristische Sherpa-Lächeln, das vielen Menschen in Erinnerung bleibt. Padawa (links) und Ngima Nuru erzählen heiter von ihren Erfahrungen in ihrem Job.

Rita, aber niemand weiß, wer Padawa ist.« Padawa selbst hält jedoch nicht viel davon, sich zu profilieren. Er ist weder auf Facebook noch auf Instagram, und auch wenn er ein Smartphone besitzt, benutzt er es eher selten. Jedenfalls schien er etwas unbeholfen, als er mir Bilder von seiner Zeit als Küchenjunge und Träger zu schicken versuchte. Doch junge, aufstrebende Sherpas wie Mingma G stellen sicher, dass solche Legenden wie Padawa nicht in Vergessenheit geraten. »Die versteckte Perle des Himalaya«, schreibt Mingma G auf seiner Facebook-Seite und schildert Padawas fast übermenschliche Leistungen. »Ich habe Respekt vor diesen Bergsteigern, die zufrieden mit ihrem einfachen Leben sind. Sie suchen keinen Ruhm und sind glücklich, wenn sie anderen Menschen dabei helfen können, ihren Traum zu erfüllen«, lobt er sein Idol. Es mag sich unglaublich anhören, aber die älteren Sherpas sehen das teilweise wirklich so, auch wenn es oft sehr harte Arbeit ist. »Wir tragen niemanden auf den Gipfel, aber es kann schon passieren, dass wir unsere Kunden von hinten anschieben oder am Seil hochziehen müssen«, sagt Ngima Nuru. »Es ist manchmal sehr anstrengend, aber ich tue es aus tiefstem Herzen. Ich helfe den Leuten, ihren Traum zu erfüllen, und das macht mich glücklich.«

Es ist fast überraschend, dass es solche Sherpas wie Ngima Nuru noch gibt, denn der Trend geht seit ein paar Jahren in eine andere Richtung. Wie es die »westlichen« Himalaya-Bergsteiger bereits seit Jahrzehnten machen, vermarktet sich die neue Sherpa-Generation heute genauso, wenn nicht sogar besser. Junge Sherpas sind auf Facebook und Instagram zu finden, sind stolz auf das, was sie tun, und zeigen der Welt über die sozialen Medien, dass sich die wenigsten Menschen ihren Achttausender-Traum ohne ihre Unterstützung erfüllen könnten. Aber warum hat diese Entwicklung so lang gedauert? Um diese und andere Fragen zu klären, besuchte ich Dawa Steven Sherpa, Managing Director von Asian Trekking, in seinem modernen Büro mitten im Touristenviertel Thamel. Dawa Steven ist ein langjähriger Freund und großer Unterstützer der Himalayan Database und kannte Miss Hawley bereits seit seiner Kindheit. »Wir drei Brüder hatten immer Angst, wenn Miss Hawley in ihrem Käfer vorfuhr, um meinen Vater zu besuchen«, erinnerte er sich. »Sie war nie besonders freundlich; ich denke, sie hatte nicht viel für Kinder übrig. Sie lächelte uns jedenfalls nie an.« Ich erinnere mich noch gut an ihre Antwort auf meine Frage, ob sie es nie bereut hätte, keine Kinder zu haben. »Certainly not«, entgegnete sie mir. »I never know what to do with children when I see them.«

Miss Hawleys Besuche bei Dawa Stevens Vater waren selten von geselliger Natur. Sie kam, um ihre Besteigungsdaten zu bekommen, denn Ang Tshering Sherpa hatte 1981 mit Asian Trekking eine der ersten Trekkingagenturen Nepals gegründet. »Mein Vater war immer panisch, wenn Miss Hawley kam, und das hat sich auf uns alle übertragen. Jeder fürchtete sich vor Miss Hawley – die Trekkingagenten, die Bergsteiger und sogar die Politiker«, sagte er mit einem Lächeln, das zeigte, dass er Miss Hawley trotz ihrer ruppigen Art sehr schätzte.

DAWA STEVEN WAR DER MEINUNG, dass die Sozialen Medien eine große Rolle bei der Entwicklung der modernen Sherpas spielten. »Die Himalayan Database spielt sich heute auf Facebook und Instagram ab«, sagte er. Den sogenannten »Machtkampf am Everest«, der sich 2013 zwischen drei westlichen Bergsteigern und einer Gruppe Sherpas abspielte, betrachtet er dabei als Wendepunkt. Damals gerieten der Schweizer Ueli Steck, der Italiener Simone Moro und der Brite Jonathan Griffith auf etwa 7000 Meter Höhe auf der Everest-Südroute in einen Streit mit einer Gruppe Sherpas, die in der steilen Lhotse-Wand Seile fixierten. »Die Route zu präparieren ist eine delikate und schwierige Aufgabe«, erklärte Tashi Sherpa, der zu diesem Zeitpunkt mit dem Fixing Team am Berg war, dem Journalisten Deepak Adhikari. Dieser verfasste für die Online-Ausgabe der amerikanischen Bergzeitschrift *Outside* einen Artikel mit dem Titel *Everest Brawl: a Sherpa's Tale.* »Wir baten die Bergsteiger, nicht aufzusteigen, damit wir in Ruhe

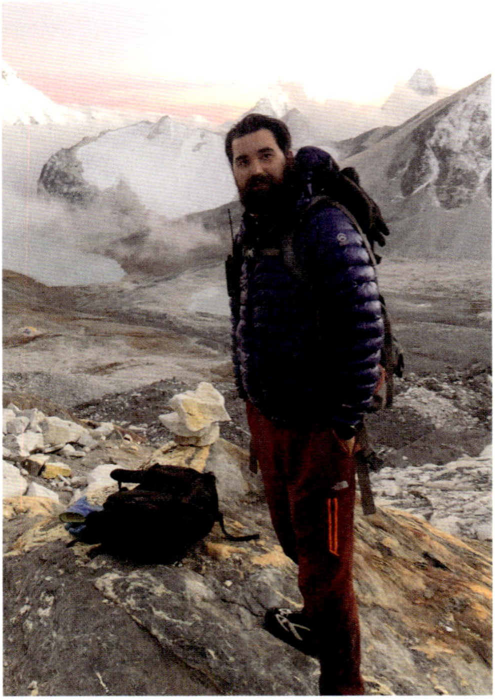

Guter Freund und unerschöpfliche Informationsquelle: Dawa Steven steht mir immer, wenn ich ihn brauche, mit Rat und Tat zur Seite.

arbeiten konnten.« Diese Bitte ignorierten die drei Alpinisten, sie stiegen trotzdem auf. Die Sherpas fühlten sich in ihrer Arbeit gestört und pöbelten die Bergsteiger an. Laut Tashi wurde ein Sherpa von einem Eisbrocken, den angeblich einer der drei Bergsteiger versehentlich losgetreten hatte, getroffen und verletzt, worauf sich die Lage zuspitzte. Mit seinen dürftigen Nepali-Kenntnissen beschimpfte Simone Moro den Gruppenleiter mit einem nepalesischen Wort, das so viel wie »Motherfucker« bedeutet, was die Sherpas dazu bewegte, ihre Arbeit abzubrechen. Sie stiegen wutentbrannt ins Lager 2 ab. Als ein paar Stunden später das Trio ebenfalls im Lager 2 ankam, wurden sie von den Sherpas verbal und körperlich angegriffen, was Ueli Steck noch lange in seinen Träumen verfolgte. In Interviews sprach er immer wieder von der Angst, dass die Sherpas ihn umbringen wollten. »Das stimmt nicht«, sagte Tashi Sherpa. »Wenn wir sie wirklich hätten töten wollen, dann wäre wohl keiner mehr am Leben.«

Ich war zu jener Zeit ebenfalls im Everest-Basislager, da ich mit einem kleinen Team unter der Leitung von Russell am Nuptse unterwegs war, dem Berg, an dem Ueli Steck fast auf den Tag genau vier Jahre später tödlich abstürzen sollte. Da ich damals noch für SWI swissinfo.ch – vormals Swiss Radio International – berichtete, erwartete ich, dass die Redaktion ein Exklusivinterview mit Ueli wünschen würde. Ueli und ich kannten uns bereits viele Jahre; ich würde sagen, dass wir enge Bekannte waren. Der Gedanke, Ueli gerade jetzt zu belästigen und eine der vielen Journalistinnen zu sein, die ein Interview mit ihm wollten, war mir äußerst unangenehm. Der Skandal ging um die Welt wie ein Lauffeuer, und es dauerte nicht lang, bis er die Redaktion von SWI swissinfo.ch in Bern erreichte und das befürchtete E-Mail von Chefredakteur Dale Bechtel in meiner Inbox landete. In solchen Momenten verlässt mich mein journalistischer Ehrgeiz. Mir graute davor, Ueli um ein Interview zu bitten, aber andererseits war ich das meiner Gilde schuldig. Schließlich war ich Journalistin, kannte Ueli gut und war zudem nur ein paar Meter von ihm entfernt. Mir blieb nichts anderes übrig, als all meinen Mut zusammenzunehmen, mir mein Aufnahmegerät unter den Arm zu klemmen und Ueli aufzusuchen, der nach dem Streit im Lager 2 noch am gleichen Tag mit Simone und Jonathan ins Basislager abgestiegen war.

Ich fand ihn im Gemeinschaftszelt mit einer Tasse Tee in der Hand. Ueli stand der Schrecken noch ins Gesicht geschrieben. Ich fühlte mich wie ein Eindringling und freute mich deshalb umso mehr, dass er aufstand und mich mit einer Umarmung begrüßte. Mein Anliegen lehnte er allerdings ab, was ich sehr gut verstehen konnte. Es war fast eine Erleichterung, denn sein Nein ersparte mir, ihm unangenehme und forsche Fragen zu stellen, wie es von einer Journalistin erwartet wurde. Ich war einfach froh, ihn lebend zu sehen, denn laut seinen Aussagen hatte er oben im Lager 2 Todesängste ausgestanden. Als ich mich verabschieden wollte, meinte er plötzlich: »Billi, lass uns das Interview doch machen. Ich vertraue dir!« Das war eines der größten Komplimente, die er mir als Journalistin machen konnte, und so gehörte ich zu den Ersten, die mit Ueli direkt im Basislager über den Vorfall sprachen. Er schilderte mir den Vorgang und betonte, dass er dieses Ereignis nicht vergessen und nie mehr in die Region zurückkehren werde. »Ich will dieses Spiel nicht mehr mitspielen, und das muss ich auch nicht. Es gibt noch viele andere schöne Berge auf der Welt«, sagte er und bezog sich mit dem Wort »Spiel« auf den immer größer werdenden Konkurrenzkampf zwischen Sherpas und westlichen Bergsteigern. »Was dort oben geschah, ist Ausdruck einer Wut, die über die Jahre gewachsen ist. Es ist eine Kluft zwischen zwei Welten, und der Vorfall hat gezeigt, dass der Neid in den letzten Jahren größer geworden ist«, erklärte er mir.

Auch Tashi Sherpa äußerte sich in einem Interview mit *Outside online* zu diesem Vorfall. »Ich denke, dass die Beziehung zwischen den Sherpas und den westlichen Bergsteigern nicht darunter leiden wird«, sagte er. »Wir haben Jahre auf ein gemeinsames Ziel hingearbeitet, und diese Zusammenarbeit hat sich über die Jahre hinweg gefestigt. Aber dieser Vorfall war absehbar, und er wird sich wiederholen, solange die Sherpas gedemütigt werden.« Tashi war jedoch sehr enttäuscht, dass die Medien wenig oder gar kein Interesse an Interviews mit ihm oder den anderen Sherpas hatten. »Kein einziger Journalist oder Blogger kam auf uns zu«, sagte er in dem Interview, das *Outside online* erst vier Monate nach dem Vorfall veröffentlichte. »Man interessierte sich einfach nicht für uns. Nicht einmal der Verbindungsoffizier der Regierung hatte Interesse, mit uns zu sprechen.« Da muss ich mir als Journalistin selbst an die Nase fassen. Auch ich suchte damals kein Gespräch mit den Sherpas, was ich im Nachhinein bereue. Es wäre sehr wichtig gewesen, gleich nach dem Vorfall ihre Meinung zu hören und sie mit ihren Namen zu erwähnen. Die Medien nannten in ihrer Berichterstattung nur die Namen der drei westlichen Bergsteiger, alle anderen, die am Konflikt beteiligt waren, wurden meist nur als »die Sherpas« bezeichnet.

Trotz seines Entschlusses, nie wieder ins Khumbu zurückzukehren, kontaktierte mich Ueli im Frühjahr 2015. Er wollte zum Nuptse, konnte jedoch nicht einschätzen, wie die Sherpas darauf reagieren würden. Ich schlug ihm vor, Dawa Steven zu konsultieren. Er war eine gute Anlaufstelle für solche Fragen, da in ihm ein belgisches und ein Sherpa-Herz schlagen. Dawa Stevens Antwort auf Uelis Frage war eindeutig: »Die Aggressionen waren nicht gegen dich gerichtet, sondern gegen Simone«, erklärte er. »Da gab es schon vorher Reibereien, und du warst sozusagen der Kollateralschaden. Wenn du allein ins Khumbu zurückkehrst, wirst du keine Probleme haben.« Und so war es auch. Ueli ging im Herbst 2015 mit dem Amerikaner Colin Haley zur Nuptse-Südwand, wo sie sich an der technisch herausfordernden Bonington-Route versuchten. Sie akklimatisierten sich an niedrigeren Bergen im Khumbu und wurden von den Sherpas freundlich aufgenommen. Vom »Machtkampf am Everest« war nichts mehr zu spüren.

Für Dawa Steven zeigt der Vorfall von 2013 symptomatisch das veränderte Selbstverständnis der neuen Sherpa-Generation. »Früher wussten die Sherpas nicht, wie sehr die Leute, die sie auf den Everest führten oder manchmal sogar schleppten, zu Hause gefeiert wurden. Heute sehen sie auf den sozialen Medien, wie sich ihre Kunden profilieren und aufgrund ihrer

Everest-Besteigung Karriere machen«, analysierte Dawa Steven. »Sie fragen sich verständlicherweise, warum der Typ, der vor Angst am Berg fast in die Hosen gemacht hat, zu Hause als Held gefeiert wird, während sie immer noch in ihren Kartoffelfeldern stehen. Das ist heute anders. Die Sherpas, die in den Konflikt 2013 verwickelt waren, wollten beweisen, dass sie die Chefs am Berg sind. Für sie war das ein Moment der Gerechtigkeit.«

Simone Moro sieht das anders. Bei einem Kaffeeklatsch im Hotel Marriott in Kathmandu sprachen wir kurz über diesen Vorfall, den Simone eine Momentaufnahme nannte. »Dieser Streit hat keine Kluft zwischen den Westlern und den Nepalis geschaffen. Es waren junge, ehrgeizige Sherpas, die in ihrer Ehre verletzt waren, als drei Hellhäutige eine Strecke, für die sie drei Tage benötigt hatten, in drei Stunden zurücklegten. Und noch dazu, ohne ihre Fixseile zu benutzen«, so Simone. »Aber jetzt ist es vorbei, und wir sprechen nicht mehr darüber.«

EIN JAHR NACH DEM VORFALL WURDEN Chomolungmas Flanken ein weiteres Mal erschüttert. Am 18. April 2014 ging eine Lawine im Khumbu-Eisbruch ab und riss sechzehn Sherpas in den Tod. Bis zu diesem Zeitpunkt war dies das größte Unglück in der Geschichte des höchsten Berges der Erde. Im darauffolgenden Jahr wurde die Schreckensbilanz dann nochmals getoppt, als bei dem katastrophalen Erdbeben in Nepal im Everest-Basislager 21 Menschen ums Leben kamen.

Nach der Lawinentragödie von 2014 konnten und wollten die Sherpas nicht zur Tagesordnung übergehen und streikten. Viele Expeditionsleiter überlegten nicht lang und brachen ihren Aufstieg ab, manche weigerten sich. Die Situation im Basislager war zunehmend angespannt. Die Sherpas trauerten um ihre Kollegen, Brüder und Freunde, aber nachdem der erste große Schock vorbei war, wuchs ihr Zorn. Der Zorn gegen die rücksichtslosen Expeditionen, die unbedingt weitermachen wollten, vor allem auch der Zorn gegen die Regierung. Die Sherpas wollten bessere Bedingungen für ihre Arbeit und forderten eine Rente, kostenlose Bildung für die Kinder verunglückter Climbing Sherpas und eine Erhöhung der Versicherungssumme. Die Saison an der Südseite des Berges war vorbei. Zuletzt mussten alle Expeditionen ihre Zelte abbrechen und ihre Teilnehmer mit leeren Händen nach Hause schicken. Der Traum, auf dem höchsten Punkt der Erde zu stehen, war für jenes Jahr zerplatzt. Die Expeditionsleiter statte-

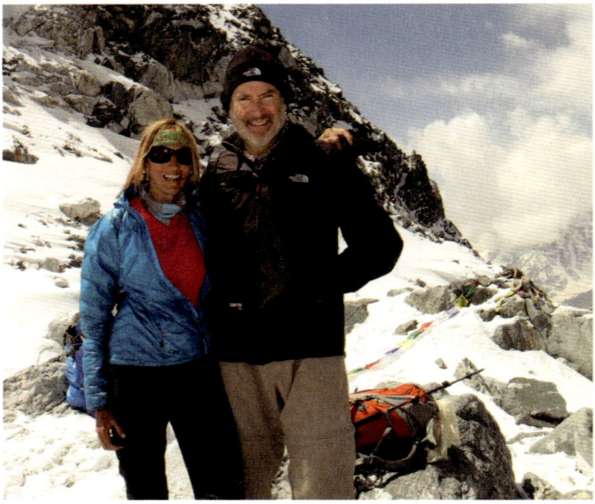

Mit Andrew Lock auf der Passhöhe des Cho La, auf unserem Weg zum Everest-Basislager im Jahr 2014. Wir konnten noch nicht ahnen, was uns dort erwarten würde.

ten ihren Kunden zwar den beachtlichen Expeditionspreis nicht zurück, aber die nepalesische Regierung erklärte sich bereit, die Gipfelgebühr von 11 000 US-Dollar für die kommenden fünf Jahre gutzuschreiben. Im September des gleichen Jahres gab sie bekannt, die Versicherungssumme für Climbing Sherpas werde von einer Million auf 1,5 Millionen Rupien erhöht und ihre Krankenversicherungssumme verdoppelt.

An jenem 18. April war ich mit Andrew Lock auf dem Weg zum Everest-Basislager. Andrew wollte den Everest erneut, aber dieses Mal ohne Flaschensauerstoff besteigen, da er ihm in seiner Sammlung der vierzehn Achttausender ohne Maske noch fehlte. Dreizehn Gipfel hatte er bereits ohne zusätzlichen Sauerstoff bestiegen, nur am Everest hatte er zur Flasche greifen müssen. »Ich arbeitete als Bergführer, und es wäre den Kunden gegenüber unverantwortlich gewesen, ohne Flaschensauerstoff aufzusteigen«, war seine Erklärung. Es wäre sein dritter und letzter Versuch gewesen, jedoch kam er aufgrund des Sherpa-Streiks in dieser Saison nicht einmal aus dem Basislager hinaus. Ich hingegen wollte zum Makalu, dem fünfthöchsten Berg der Welt, an dem ich bereits 2012 mit einer Schweizer Expedition von Kobler & Partner einen Versuch gemacht hatte. Leider war uns damals ein Fehler unterlaufen, wir hatten das Hochlager an der falschen Stelle aufgebaut und mussten unverrichteter Dinge wieder absteigen. Deshalb freute mich riesig, dass Russell mir 2014 die Möglichkeit gab, als »Billi the Blogger« zu diesem wunderschönen Berg zurückzukehren.

Da ich wie gewöhnlich wegen meiner Arbeit bei Miss Hawley erst zehn Tage nach den anderen Teilnehmern zur Expedition starten konnte, entschied ich mich, mit Andrew zum Everest-Basislager zu trekken und von dort aus mit dem Helikopter zum Makalu zu fliegen. Wir waren nur noch ein paar Stunden vom Basislager entfernt, als wir die Schreckensnachricht vom Khumbu-Eisbruch hörten. »Viele Sherpas sind von einer Lawine in den Tod gerissen worden«, ging es wie ein Lauffeuer durch das Khumbu, das inzwischen von dem ohrenbetäubenden Geknatter der Rettungshubschrauber erfüllt war.

Ich werde die Bilder, die sich mir bei der Ankunft am Basislager boten, niemals vergessen. Leblose Körper hingen an den Rettungsseilen der Helikopter, die zwischen der Unglücksstelle und dem Basislager hin und her flogen. Die Stimmung war zwiegespalten. Einerseits herrschte Stille. Die Menschen saßen entgeistert vor ihren Zelten und starrten ins Leere. Sie konnten nicht fassen, was gerade geschehen war. Andererseits war da ein Gewusel von Menschen, die versuchten, das Chaos zu bewältigen. Expeditionsleiter und Sherpas hingen an ihren Funkgeräten, um die Rettungsflüge zu koordinieren. Ärzte, Krankenschwestern und alle, die medizinisches Wissen oder keine Scheu hatten, Hand anzulegen, verarzteten die unzähli-

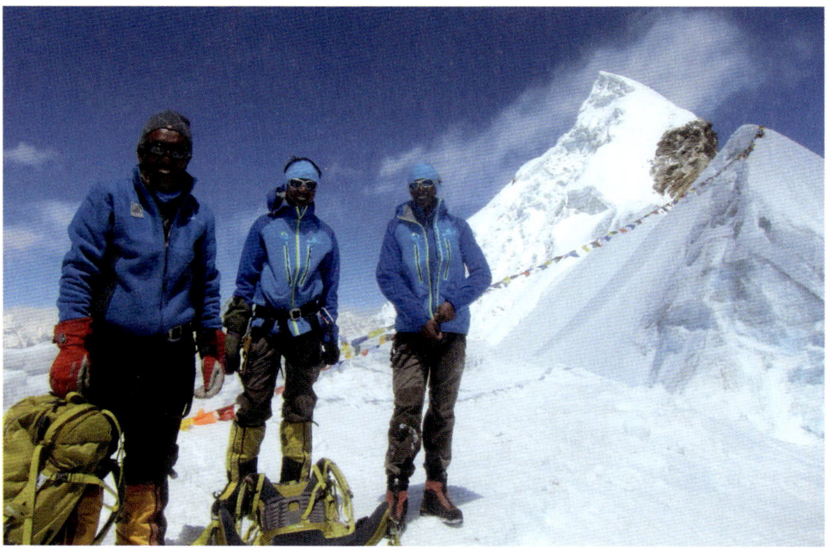

Ohne Russells starkes Sherpa-Team – hier am Lobuche – wären mir und vielen anderen Menschen die Achttausendergipfel verwehrt geblieben.

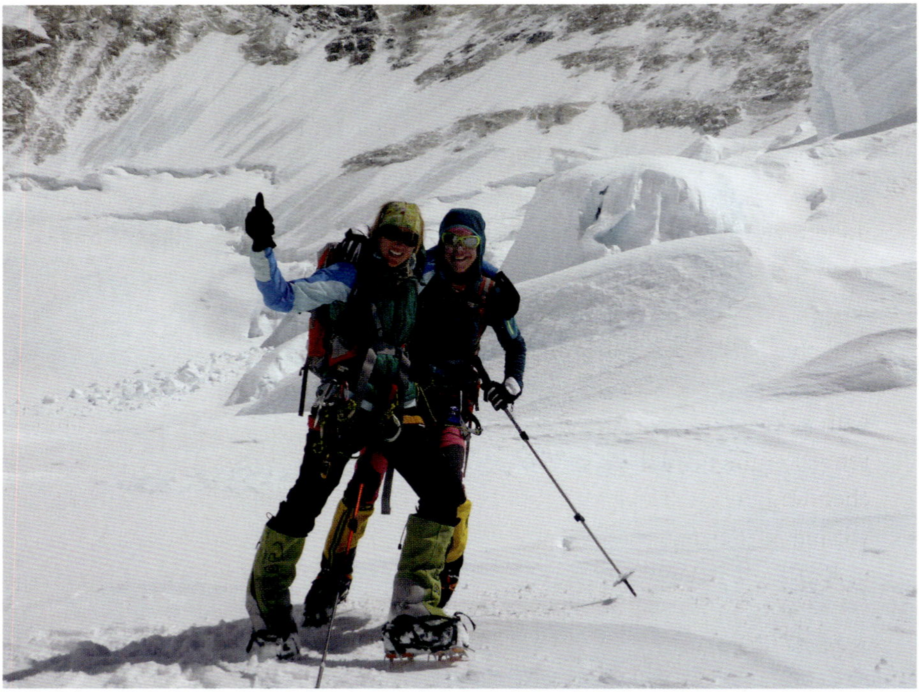

Gemeinsam mit Heidi Sand (rechts) aus Stuttgart erreichte ich als eine der beiden ersten deutschen Frauen den Gipfel des Makalu.

gen Verletzten, die aus dem Eisbruch ausgeflogen wurden. Wir gingen zum Lager von Russell, der ebenfalls am Funkgerät war und versuchte, etwas Ordnung in das Chaos zu bekommen. »Offenbar gab es zum Zeitpunkt des Lawinenabgangs unterhalb einen Stau, und deswegen wurden so viele Sherpas getötet und verletzt«, sagte er betroffen. »Wir versuchen, die Situation in den Griff zu bekommen, aber ich denke, dass dieses Unglück ein Nachspiel haben wird.« Zu diesem Zeitpunkt war Russell bereits bewusst, dass noch einiges auf sie zukommen würde.

Ich setzte mich hin und fühlte mich wie vom Schlag getroffen. Was sollte ich tun? Wie konnte ich nach dieser Tragödie noch zum Makalu gehen? Wäre es nicht egoistisch, meinen Traum zu verwirklichen, auf dem fünfthöchsten Berg der Welt zu stehen, während Familien im Khumbu um ihre verstorbenen Männer, Väter oder Söhne trauerten? Gleichzeitig waren die anderen Expeditionsteilnehmer bereits im Makalu-Basislager, die Sherpas hatten alle Vorbereitungen getroffen und standen in den Startlöchern. Es war ein gutes und starkes Team, auf das ich mich sehr gefreut hatte. Aber konnte ich es wirklich rechtfertigen, am nächsten Tag mit einem Helikopter, der vielleicht für Rettungseinsätze gebraucht wurde, zum Makalu zu fliegen? Ich befand mich in einem Widerstreit der Gefühle und war nah daran, die Expedition abzubrechen. Aber Russell beschwichtigte mich. »Billi, du kannst hier nichts mehr ausrichten. Unsere Sherpas am Makalu brauchen ihren Lohn für diese Saison. Ich habe mit ihnen gesprochen, sie wollen weitermachen.« Russells Sherpas waren loyal und hätten wohl in jeder Situation weitergearbeitet, sogar am Everest. Doch Phurba Tashi warnte, dass es nicht klug wäre, wenn Russell die Expedition am Everest fortsetzen würde. Er sah Russell mit einem ernsten Blick an. »Big Boss, mir ist zu Ohren gekommen, dass andere Sherpas unseren Mitarbeitern die Beine brechen und unsere Büroräume in Kathmandu in Brand setzen wollen, wenn wir hier weitermachen.«

Russell entschied sich, die Expedition am Everest abzubrechen und jene am Makalu fortzusetzen, und so flog ich am nächsten Tag vom Everest-Basislager zum Makalu. Ich hatte ein schweres Herz und fühlte mich unsensibel und nutzlos, aber der innere Drang zum Bergsteigen und das Bedürfnis, Russell nicht zu enttäuschen, siegten. Obwohl ich so aufgewühlt war, genoss ich den Flug entlang der imposanten Nuptse-Südwand, an der sich schon viele erstklassige Bergsteiger die Zähne ausgebissen hatten. Es war einer der spektakulärsten Helikopterflüge meines Lebens. Am Makalu angekommen, freute ich mich sehr, meine Teamkollegen und Sherpa-Freunde zu sehen. Sie hatten von der Tragödie am Everest gehört und waren sehr betroffen. Allerdings waren sie zu weit weg davon, um sich die Freude am Bergsteigen nehmen zu lassen. Von dieser Freude wurde ich bald angesteckt. So schaffte ich es trotz meiner Anlaufschwierigkeiten mithilfe von Russells Sherpas, am 25. Mai 2014 auf dem fünfthöchsten Gipfel der Welt zu stehen. Die Stuttgarterin Heidi Sand und ich waren die beiden ersten deutschen Frauen, die den Makalu bestiegen – obwohl der Titel eigentlich Heidi gehört, denn sie war eine Stunde vor mir oben. Doch Heidi betonte immer wieder, dass wir es gemeinsam geschafft hatten, so auch in ihrem Buch: »Ich bestieg den Makalu als erste deutsche Frau 2014 gemeinsam mit Billi Bierling.« Der Satz freute mich sehr, denn wir waren ein großartiges Team.

AM EVEREST GAB ES IM FRÜHJAHR 2014 jedoch eine Frau, die es wissen wollte. Jing Wang aus China, mit der ich auf einigen Expeditionen gewesen war, weigerte sich trotz des Unglücks, ihre Expedition abzubrechen. Sie heuerte ein paar Sherpas an und setzte ihre Besteigung fort, was für Aufruhr in der Bergsteigerszene sorgte. Jing initiierte einen Trend, den wir heute vermehrt sehen: Sie flog mit dem Helikopter ins Lager 2 auf 6400 Metern und begann ihre Besteigung erst dort. Sie hatte im Januar 2014 ihr Projekt 9+2 begonnen, mit dem Ziel, die Seven Summits, also die höchsten Gipfel aller sieben Kontinente, sowie den Mont Blanc in Frankreich und den Mount Kosciuszko in Australien zu besteigen und zusätzlich zum Nord- und Südpol zu gehen. »Ich hatte bereits fünf der Seven Summits sowie die beiden Pole erreicht. Mir fehlten nur noch der Everest und der Denali. So kurz vor dem Ziel wollte ich nicht aufgeben«, erklärte Jing nach der Expedition ihre Motivation bei ihrem Debriefing mit Miss Hawley. Und so flog sie mit fünf Climbing Sherpas, zwei Köchen und ihrer Ausrüstung am 10. Mai 2014 vom Everest-Basislager ins Lager 2 und erreichte am 23. Mai 2014 als einzige »Ausländerin« in diesem Jahr den Gipfel, gemeinsam mit Lhakpa Gyalzen, Pasang Dawa und Riten Jangbu. Was anfangs für die Expeditionsveranstalter, die enttäuschten Everest-Aspiranten, die Sherpas und die nepalesische Regierung ein Skandal war, wurde im Herbst des gleichen Jahres von Nepal geehrt. Jing Wang erhielt für ihre verpönte Besteigung den Titel »International Mountaineer 2014« und wurde von der nepalesischen Regierung zur Sonderbotschafterin für die Beziehungen zwischen Nepal und China gekürt.

Miss Hawley ließ sich jedoch von diesem Titel nicht beirren und markierte Jings Besteigung klar mit einem »aviation-assisted«, was man mit »flugunterstützt« übersetzen könnte. »The Himalayan Database does not give her credit for the full ascent of Mount Everest«, erklärte Miss Hawley einem französischen Journalisten, der den Fall recherchierte. Als er noch einmal nachfragte, fauchte sie ihn an: »She did not use her own two feet to climb the mountain, did she?« Jing und ihre Crew flogen nämlich nicht nur zum Lager 2 hinauf, sondern auch wieder von dort herunter. »She did not do the most difficult part of the mountain and that is not climbing Mount Everest.« Miss Hawley konnte damals nicht ahnen, dass die Kategorie »aviation-assisted« in den Folgejahren immer häufiger Verwendung finden würde.

Ich frage mich oft, wie sie die moderne Art, auf Expedition zu gehen, einschätzen würde. Vielleicht würde sie solche Besteigungen gar nicht mehr in die Datenbank aufnehmen. Leider kann ich das nicht mehr mit ihr besprechen, und es gibt Tage, an denen ich sie und ihren Rat vermisse. »Ich denke, Miss Hawley würde sagen: ›Billi, forget about the eightthousanders‹«, sagte Simone Moro, als wir bei unserem Kaffeeklatsch im Hotel Marriott die Zukunft der Himalayan Database besprachen. »Das Himalaya-Bergsteigen wird sich in Zukunft an den Sechstausendern und Siebentausendern abspielen«, meinte Simone, der Miss Hawley sehr gut kannte. So gut, dass er 2016 sogar ihren berühmten hellblauen VW Käfer kaufte. Er schlug Miss Hawley vor, den Käfer jetzt zu bezahlen, aber ihn erst dann abzuholen, wenn sie ihn nicht mehr brauchte. »You mean when I'm dead«, war ihre trockene Antwort auf seinen Vorschlag, den sie dankend annahm. Sie übergab Simone den Käfer sogar noch vor ihrem Ableben. Simone wollte das Auto nach Italien bringen, doch das stellte sich als bürokratische Herausforderung für die nepalesischen Behörden heraus. So stand der Käfer 2022 immer noch in einer Garage in Kathmandu.

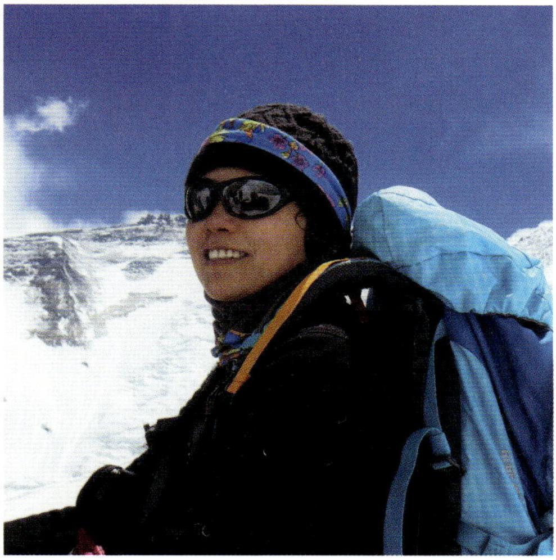

Die Frau, die sich nicht aufhalten ließ: Jing Wang bestieg 2014 nach der tödlichen Lawine im Khumbu-Eisbruch trotz heftiger Kritik den Mount Everest.

DER »MACHTKAMPF« IM APRIL 2013 und die verheerende Lawine, die ein Jahr später Unglück über die Everest-Region gebracht hatte, waren der Beginn einer neuen Ära. Es war das erste Mal, dass sich die Sherpas vereinten – egal ob sie aus der Everest-, Makalu- oder Rolwaling-Region stammten – und klare Forderungen an die Regierung stellten. »Die jungen Sherpas haben eine viel bessere Schulbildung als ihre Väter und wissen, was ihnen zusteht. Früher waren die Sherpas froh, wenn sie einen Job hatten. Heute ist das anders, und das ist gut so«, stellte Dawa Steven fest. Allerdings schätzte er die Zukunftsaussichten für den Beruf der Climbing Sherpas zunehmend düster ein. »Viele junge Sherpas wollen diese harte Arbeit nicht mehr machen und ziehen entweder nach Kathmandu oder gehen ins Ausland. Die Kathmandu-Sherpas schauen oft auf die Dorf-Sherpas herab, da sie der Meinung sind, diese seien schlecht informiert und ungebildet.«

Dawa Steven, dessen Familie aus Khumjung in der Everest-Region kommt, beschäftigt vorwiegend Climbing Sherpas aus der Everest-Region. »Sie haben eine Dorfmentalität und sind nicht an Rekorden interessiert. Keiner meiner Sherpas wollte bis jetzt nackt auf dem Everest stehen«, sagte Dawa Steven mit einem Schmunzeln. Aber das war gar nicht so weit hergeholt: Im Jahr 2006 löste Lhakpa Tharke Sherpa aus Phortse einen Skandal aus, weil er sich auf dem Gipfel des Mount Everest das Oberteil vom Leib riss und seinen nackten Oberkörper in die Sonne streckte. Damals war die Nepal Mountaineering Association empört und verurteilte seinen Gipfel-Striptease als Beleidigung des heiligen Berges. Für Lhakpa Tharke war es jedoch eine religiöse Tat. »Ich wollte den Weltfrieden fördern und die verschiedenen Religionen zusammenbringen«, rechtfertigte er sich, als ich ihn ein paar Monate nach seiner unheiligen Aktion in Kathmandu interviewte. »Ich hielt das internationale Zeichen des Friedens an mein Herz und betete drei Minuten zu den Göttern. Seither ist mein Leben besser.« Ich weiß nicht, was aus Lhakpa Tharke geworden ist, aber laut der Himalayan Database war er 2007 das letzte Mal am Everest. Vielleicht ist er wie viele andere Sherpas nach Kathmandu gezogen, hat dort einen Bürojob und nicht mehr den durchtrainierten Oberkörper, den er damals den Göttern offenbart hat. Jedenfalls hoffe ich, dass seine Aktion, die ihn als »naked Sherpa« bekannt machte, sein Leben tatsächlich verbessert hat.

»MIT 17 JAHREN HATTE ICH DIE WAHL, am Mount Everest als Küchenjunge zu arbeiten oder in Australien zu studieren.« Während unseres Debriefings im Café Gaia erzählte mir Ngima Nuru, dass er zwar in seiner Jugend auf der Suche nach einem besseren Leben war, aber das Angebot, ins Ausland zu gehen, ausschlug. »Ich entschied mich für den Mount Everest, denn als Kinder träumten wir alle davon, in die Fußstapfen von Edmund Hillary und Tenzing Norgay zu treten.« Ngima Nuru kommt aus

Tesho, einem Dorf am Fuß des Mount Everest. Nachdem Tenzing Norgay Sherpa und Edmund Hillary am 29. Mai 1953 die Erstbesteigung des Everest gelungen war, wollte sich Hillary bei den Khumbu-Sherpas revanchieren und versprach ihnen, Schulen zu bauen. Die erste Schule errichtete er mithilfe der lokalen Bevölkerung in Khumjung. Heute stehen in der Region 26 Schulen, die durch den von Edmund Hillary gegründeten Himalayan Trust erbaut wurden. »Die Khumbu-Sherpas waren im Vergleich zu den Sherpas aus anderen Regionen privilegiert«, erklärte Russell Brice, der mit seinem Unternehmen Himalayan Experience 24 Jahre lang kommerzielle Expeditionen organisierte. Die meisten seiner Sherpas kamen aus dem Dorf Phortse, das ebenfalls im Khumbu liegt. »Die Everest-Sherpas bekamen Bildung und hatten den Mount Everest vor der Haustür. Ich denke, dass die jungen Sherpas aus anderen Regionen deshalb ein wenig aggressiver auftreten.«

Die Sherpas sind nicht nur in der Everest-Region, sondern auch im Rolwaling, in der Makalu-Region, im Langtang, Helambu und in der Kangchendzönga-Region zu Hause, sie stammen jedoch alle aus Tibet. Vor rund 300 Jahren soll ein Mann namens Phachen vom tibetischen Hochland über den 5750 Meter hohen Tashi-Laptsa-Pass nach Nepal gekommen sein und sich in der Everest-Region niedergelassen haben. Als er den Einheimischen erzählte, dass er vom »Osten Khams« in Tibet stammte, tauften sie ihn »Sherpa«, was eine Kombination aus der lokalen Bezeichnung für Osten (»sher«) und für Volk (»pa«) ist. Früher waren fast alle Climbing Sherpas ethnische Sherpas, jedoch hat sich das in den letzten Jahrzehnten geändert. Inzwischen arbeiten Männer und auch Frauen aus anderen Volksgruppen wie den Tamang, Rai oder Chhetri an den hohen Bergen, da immer mehr junge Sherpas nach Kathmandu ziehen. Genauer in den Stadtteil Boudnath: Hier steht der berühmte und für Buddhisten sehr wichtige gleichnamige Stupa. Der Legende zufolge wurde dieses Bauwerk im 5. Jahrhundert von einer Geliebten des Königs errichtet, die so viel Land von ihm erbat, wie sie mit einer Kuhhaut abstecken konnte. Dabei ging sie sehr geschickt vor. Sie schnitt die Kuhhaut in hauchdünne Streifen und erhielt so das gesamte Areal, auf dem heute der eindrückliche Stupa mit seinen drei übereinander angelegten Terrassen steht. Als ich über diese Geschichte stolperte, fragte ich mich, ob der deutsche Spruch »Das passt auf keine Kuhhaut« auch von einer solchen Legende herrührt. Das Internet belehrte mich eines Besseren.

Der Spruch stammt aus dem Mittelalter; damals glaubte man, dass der Teufel die Sünden aller Menschen auf Pergament notiert, das zu dieser Zeit aus Ziegen- oder Kuhhaut hergestellt wurde.

DIE TATSACHE, DASS FRÜHER NUR WENIGE SHERPAS in Kathmandu lebten, machte es schwierig für Miss Hawley, Jeevan und mich, sie direkt zu befragen. Sie gingen nach den Expeditionen schnurstracks in ihre Dörfer zurück, um bei ihren Familien zu sein und ihren Frauen bei der Bestellung der Felder zu helfen. Die meisten Ehefrauen von Climbing Sherpas sind nicht gerade begeistert, dass ihre Männer auf die hohen Berge steigen, denn es haben zu viele Sherpas ihr Leben an den Flanken der Achttausender verloren. Auch Ngima Nuru erzählte mir bei unserem Debriefing, dass er ein Familienmitglied verloren habe. Sein Bruder Chhuwang Nima Sherpa, der vor seinem Tod siebzehn erfolgreiche Everest-Besteigungen vorzuweisen hatte, stürzte 2010 im Alter von 43 Jahren am 7129 Meter hohen Baruntse in die Tiefe, als er für eine amerikanische Bergsteigerin die Seile fixierte. »Meine Frau macht sich seither große Sorgen. Deswegen gehe ich wie die meisten Sherpas nach einer Expedition sofort in mein Dorf zurück«, sagte Ngima Nuru, der zwei Söhne im Alter von acht und 17 Jahren hat. Aus diesem Grund interviewte das Himalayan-Database-Team nur die Expeditionsleiter, die alle wichtigen Informationen über Sherpas und Teilnehmer zur Verfügung stellten. Zu Miss Hawleys Zeiten waren fast nur Männer aus dem vorwiegend westlichen Ausland Expeditionsleiter. Jeder »westliche« Expeditionsanbieter arbeitet allerdings mit einer einheimischen Agentur zusammen, welche die Organisation vor Ort durchführt und sich um Genehmigungen, Logistik, Essen, Anstellung der Sherpas und alles, was eine Expedition benötigt, kümmert. Diese nepalesischen Trekkingagenturen sind es, die uns darüber informieren, wer wann und mit welchem Flug in Kathmandu ankommt. Oder zumindest war das in der Vergangenheit so, denn heute ist es fast unmöglich, alle Expeditionen oder individuellen Bergsteiger auf dem Radar zu haben.

Um herauszufinden, wer wann wo ist, riefen Miss Hawley, Jeevan und ich – größer war unser Team damals nicht – vor jeder Besteigungssaison die Trekkingagenturen an, von denen wir wussten, dass sie Expeditionen organisierten. Das war viel Arbeit und nicht unbedingt meine Lieblingsaufgabe, denn wir kontaktierten die Trekkingagenturen zu Beginn der Expeditionszeit, zu der sie wenig Zeit für unsere Anliegen hatten und keine große Begeisterung dafür aufbrachten. Ich denke, dass es unter anderem daran lag, dass sie für diesen »Service« nicht bezahlt wurden. Vielleicht haben Miss Hawley, Jeevan und ich versäumt, unseren nepalesischen Kollegen bewusst zu machen, dass auch sie von der Datenbank profitieren können. Ich bekomme oft Anfragen von Trekkingagenten, die beispielsweise wissen wollen, ob schon einmal eine kubanische Frau auf dem Dach der Welt stand. Für solche Anfragen sind wir die beste Informationsquelle. Von uns bekommen die Trekkingagenturen die gewünschten Daten schneller und problemloser geliefert als vom nepalesischen Tourismusministerium. Außerdem archiviert das Ministerium nur die Besteigungen von der nepalesischen Südseite. Wir tun unser Bestes, auch die Expeditionen von der Nordseite in Tibet zu erfassen. Das ist allerdings eine große Herausforderung, da wir keine direkten Kontakte zu den chinesischen Behörden haben und nicht genau wissen, wie viele Chinesen bereits auf dem Everest standen oder ihren Besteigungsversuch mit dem Leben bezahlen mussten. Seit dem Beginn der Covid-19-Pandemie im Jahr 2020 ist Tibet für Ausländer ohnehin unzugänglich, und niemand weiß, wann China seine Tore für Touristen und Bergsteiger wieder öffnen wird.

Bei manchen Trekkingagenten schob ich meinen Anruf so lange wie möglich auf, da ich fürchtete, dass sie mich entweder anfauchen oder auflegen würden. Am herausforderndsten war es, wenn ich in Miss Hawleys düsterem Büro in Dilli Bazaar war und sie mich nötigte, die Agenturen in ihrer Anwesenheit anzurufen. Sie drückte mir des Öfteren ihren vergilbten Telefonhörer in die Hand und las mir laut und deutlich die Nummer vor, die ich zu wählen hatte. Diese unbeliebten Anrufe wurden nicht leichter, wenn mich Miss Hawley immer wieder unterbrach und mir vorschrieb, was ich sagen sollte. Laut Namita, Miss Hawleys langjähriger Schreibkraft, ging es nicht nur mir so. »Mir tat Jeevan immer so leid, wenn Miss Hawley ihm befahl, die Trekkingagenturen unter ihrer Aufsicht anzurufen«, erinnerte sie sich. »Er war ja damals schon ein älterer Herr, und irgendwie war es entwürdigend. Aber er nahm es mit Humor und ließ sich nicht aus der Ruhe bringen.« Ich habe Jeevan oft für seine Gelassenheit, mit der er Miss Hawley gegenübertrat, beneidet.

Es gab allerdings auch Leute, die sich über meinen Anruf freuten und sogar ein Schwätzchen mit mir hielten. Das waren meist diejenigen, die keine

Expeditionen mehr organisierten und Zeit für ein Gespräch hatten. Prakash Moktan von Himalayan Culture Treks etwa rief ich jede Saison an, obwohl ich wusste, dass er wahrscheinlich keine Expeditionen für mich hatte. »Oh Miss Billi, so schön, von Ihnen zu hören«, war seine gewöhnliche Begrüßung, was eine angenehme Abwechslung zu manch anderem Telefonat war. Prakash kannte Miss Hawley gut und hatte immer eine Geschichte über sie parat. Ende der Neunzigerjahre arbeiteten die beiden gemeinsam in der luxuriösen Tiger Mountain Lodge in Nepals zweitgrößter Stadt Pokhara, wo Miss Hawley die Finanzen verwaltete. Das war einer der unzähligen Jobs, die sie ausübte, bevor sie sich vollkommen auf die Datenbank konzentrierte. »Ich weiß auch nicht, warum sie immer so ruppig war«, meinte Prakash. »Sie hatte aber auch einen guten Humor und ein großes Herz.« Wie so viele andere betonte er bei unseren Gesprächen immer wieder, wie viel er von Miss Hawley gelernt habe.

Miss Hawley hatte den Altersvorteil und war eine Art Autorität, deshalb gingen ihr diese Telefonate leichter von der Hand, zumal sie mir Jahr für Jahr mehr Trekkingagenturen zuwies. Sie behielt die »Perlen« und wälzte die Agenturen, die sich auf individuelle Bergsteiger ohne klassischen Expeditionsleiter konzentrierten, auf Jeevan und mich ab. Leute wie Ang Jangbu Sherpa von Beyul Adventure oder Murari Sharma von Everest Parivar waren solche »Perlen«: »They are helpful and very useful«, pflegte sie zu sagen. Wenn Miss Hawley jemanden als »useful«, also als nützlich, bezeichnete, war das ein großes Kompliment, wie ich später an mir selbst erfuhr. Trekkingagenten wie Ang Jangbu oder Murari waren für sie deshalb nützlich, weil sie exzellent auf die Treffen mit Miss Hawley vorbereitet und mit allen von ihr benötigten Informationen ausgerüstet waren. Die berühmt-berüchtigten Bioforms mit den persönlichen Daten der Expeditionsteilnehmer waren ein wichtiger Teil dieser Informationen. Murari war besonders nützlich, da er immer einen Stapel der Bioforms in der Tasche hatte und diese vor dem Briefing mit Miss Hawley von allen Teilnehmern ausfüllen ließ. Und wenn er sie einmal vergessen hatte, was selten vorkam, lieferte er sie persönlich in Miss Hawleys Residenz ab.

»Billi, wo kann ich die ausgefüllten Formulare denn jetzt abgeben, da Miss Hawley nicht mehr unter uns ist?«, fragte er mich in Frühjahr 2022. Ich erklärte ihm, dass ich die Informationen in elektronischer Form vorziehen würde, und bat ihn, sie mir per E-Mail zu schicken. Murari wollte aber an seinen Formularen festhalten – vielleicht auch in Andenken an Miss Hawley –, und so tippe ich Muraris Formulare heute noch per Hand ab. Dabei sehe ich mir die Handschriften genau an und frage mich immer wieder, was Miss Hawley daran so faszinierte. Sie fand es nämlich spannend, die Bioforms, die immer alphabetisch geordnet sein mussten, zu analysieren. »You can find out a lot about people through their handwriting, but e-mail addresses are equally fascinating«, sagte sie eines Tages und zeigte mir eine E-Mail-Adresse, die so ähnlich lautete wie thegodofeverest@gmail.com.

SO BEGANN JEDE BERGSTEIGERSAISON, egal ob im Frühjahr oder Herbst: Miss Hawley, Jeevan und ich klemmten uns ans Telefon und kontaktierten die Trekkingagenturen. Ich denke, dass wir drei gemeinsam mehr als hundert Anrufe tätigten, um die Namen der Expeditionsleiter, Ankunftsdaten, Hotels, Anzahl der Teilnehmer und Vorhaben der Expeditionen herauszufinden. Heute ist das kaum noch möglich, da in den letzten acht bis zehn Jahren unzählige nepalesische Trekkingagenturen aus dem Boden schossen, deren Expeditionen aus individuellen Bergsteigern zusammengewürfelt sind. Die klassischen Expeditionsgruppen mit westlichen Expeditionsleitern, die ihre Teilnehmer gemeinsam auf den Gipfel führen, werden immer weniger. Heutzutage buchen viele Achttausender-Besteiger bei nepalesischen Agenturen wie Seven Summit Treks und gehen ohne Expeditionsleiter, aber mit einem Climbing Sherpa auf den Gipfel. Dieser Trend war bereits in Miss Hawleys letzten Arbeitsjahren ersichtlich, und es war oft schwierig zu bestimmen, wer denn nun der Expeditionsleiter war: der Kunde, der mitunter wenig Bergerfahrung hatte, oder der Sherpa, der vielleicht schon mehrmals auf dem Everest gestanden hatte. Für mich war klar, dass in solchen Fällen die Sherpas die Expeditionsleiter waren, und so schrieb ich das auf unser Formular. Als ich Miss Hawley einmal ein solches Formular überreichte, sah sie mich perplex an und meinte: »A Sherpa can't be an expedition leader.« Das waren ihre etwas veralteten Ansichten, denn die Sherpas waren zu ihrer Zeit lediglich die Bediensteten und hätten niemals Expeditionsleiter sein können.

Die Zeiten haben sich glücklicherweise geändert. »Als ich vor 30 Jahren das erste Mal nach Nepal kam, waren die Sherpas die Esel«, erzählte mir Simone Moro bei unserem Gespräch. »Heute sind sie keine Esel mehr, und diejenigen, die dachten, dass Esel dumme Tiere seien, haben herausgefunden, dass Esel klüger sind als Pferde.« Heute ist weit mehr als die Hälfte des Expeditionsmarktes in nepalesischer Hand. Auch wenn die westlichen Anbieter ihren großen Marktanteil verloren haben, begrüßen viele diese Entwicklung. »Das ist die Evolution, und es wäre schlimm, wenn es nicht so wäre. Ich habe immer damit gerechnet«, sagte Guy Cotter, neuseeländischer Bergführer und Geschäftsführer des Expeditionsunternehmens Adventure Consultants, der wie sein Landsmann Russell Brice zu Miss Hawleys Favoriten zählte. »Ich frage mich nur, warum es so lang gedauert hat. Aber das spiegelt die nepalesische Mentalität von *bistari bistari* wider – alles dauert ein wenig länger«, fügte Russell hinzu. »Wir wissen, dass nur wenige Everest-Aspiranten ohne die Hilfe der Sherpas auf dem Gipfel gestanden hätten, aber ohne uns wären die Sherpas heute nicht so gut ausgebildet und würden nicht ihre eigenen Unternehmen haben. Ich denke, wir haben uns gegenseitig geholfen«, so Russell.

Es geht der neuen Sherpa-Generation nicht nur um den Geschäftssinn, mit dem sie kleine Imperien gründet wie im Fall der vier Brüder Mingma, Chang Dawa, Tashi und Pasang aus der Makalu-Region mit ihrer Trekkingagentur Seven Summit Treks. Entscheidend ist auch, die Sherpas als erfahrene und autonome Bergsteiger anzuerkennen. Wenn Sherpas früher eine Erstbesteigung gelang, wie etwa Tenzing Norgay 1953 am Everest oder Nima Dorje 1960 am Dhaulagiri 1, galten sie fast ausnahmslos als Helfer der westlichen Teilnehmer. Das hat sich jedoch in den letzten Jahren geändert, was mir zum ersten Mal im Oktober 2015 bewusst wurde. Dawa Gyalje Sherpa aus dem Rolwaling kontaktierte mich per Facebook, da er mich unbedingt treffen wollte. Ich hatte mitbekommen, dass drei Sherpas innerhalb von drei Tagen die Gipfel von drei bisher unberührten Sechstausendern erreicht hatten, und war schon drauf und dran, mich auf die Suche nach diesen Pionieren zu machen. Dawa Gyalje war einer von ihnen. »Billi Didi, wir wollen unsere drei Erstbesteigungen in der Himalayan Database registrieren«, erklärten mir Dawa Gyalje, Nima Tenji und Tashi, als wir uns trafen. Allein diese Aussage machte mich glücklich, denn es war das erste Mal, dass Sherpas auf mich zukamen, um mir von ihrer Besteigung zu berichten. Am ersten Tag gelang dem Sherpa-Team die Erstbesteigung des Raungsiyar (6224 m), am zweiten Tag standen sie auf dem Langdak (6220 m), am dritten Tag komplettierten sie die Trilogie mit dem Thakar-Go East (6152 m). Eine beachtliche Leistung! Im Jahr 2015 war es noch ungewöhnlich, dass

Sherpas einen solchen Ehrgeiz an den Tag legten und Erstbesteigungen für sich beanspruchten. »Mingma G ist mein großes Vorbild«, antwortete Dawa Gyalje auf meine Frage, warum er diese Leidenschaft zum Bergsteigen entwickelt habe, das doch lange »nur« als Job galt. »Seine Führungsqualitäten sind hervorragend, und er arbeitet sehr hart am Berg. Das hat mir immer imponiert.« Die drei Sherpas blicken mittlerweile auf jeweils mehr als dreißig Expeditionen und insgesamt fast dreißig Everest-Besteigungen zurück. Nima Tenji ist seit 2011 international anerkannter IFMGA-Bergführer, Dawa Gyalje qualifizierte sich im Jahr 2017 dafür. Diese hochkarätigen Jungs werden in den Bergen sicher noch einiges bewegen.

Am 28. Oktober des gleichen Jahres setzte Dawa Gyaljes Vorbild Mingma G einen Meilenstein: Mit seiner Solobegehung der Westwand des 6686 Meter hohen Chobutse in seinem Heimattal Rolwaling gelang es ihm als erstem Sherpa, eine technisch schwierige Route im Alleingang zu meistern. Diese Solobegehung fand im Rahmen des Drei-Gipfel-Projekts statt, mit dem die jungen Sherpas aus dem Rolwaling für ihre Region werben und der jüngeren Generation das Bergsteigen schmackhaft machen wollten. »Für die älteren Sherpas war es ein Beruf. Die jüngeren haben Gefallen daran gefunden und die Berge sowie das Klettern zu ihrem Hobby gemacht«, erklärte Mingma G beim Chobutse-Debriefing für die Himalayan Database meinem Kollegen Rodolphe Popier. Mingma erzählte Rodolphe auch, dass er schon lange ein Auge auf den Chobutse geworfen hatte, da er diesen prächtigen Berg bereits als Kind bewundert hatte.

Während seiner Solobesteigung der Westwand, für die er es sich nach langem Hin und Her entschieden hatte, kam es jedoch anders, als er es sich vorgestellt hatte. »Es war das Gefährlichste, was ich je in meinem Leben gemacht habe, und wohl auch das Dümmste«, beurteilte Mingma seine Besteigung. Die Route war technisch so herausfordernd, dass der versierte Alpinist 13 Stunden für die 280 vertikalen Meter zum Gipfel benötigte: »Ich dachte, ich könnte an einem Tag auf- und absteigen, aber da hatte ich mich getäuscht.« Als er um 17.15 Uhr den höchsten Punkt erreicht hatte, wurde er von einem Schneesturm überrascht, der den gefährlichen Abstieg an diesem Tag unmöglich machte. Am Ende verbrachte Mingma G zwei Nächte ohne Zelt, Essen, Gas oder Wasser auf rund 6500 Metern, was für die meisten Menschen unvorstellbar oder gar tödlich gewesen wäre. »Ich schaute ständig auf die Uhr und musste mir die ganze Nacht den Körper reiben, um warm zu bleiben«, erinnerte er sich. Am Morgen des dritten Tages klarte das Wetter auf, Mingma G konnte von rund 6300 Metern mit dem Helikopter gerettet und zu seiner Familie gebracht werden. Als er am nächsten Tag zur medizinischen Untersuchung nach Kathmandu geflogen wurde, stellte man nur kleine Blessuren wie eine Blase am großen Zeh fest. »Chobutse war der schwierigste Berg, den ich jemals bestiegen habe«, schrieb Mingma G in einem Artikel für den American Alpine Club. »Ich nannte die Route ›Dorjee Sherpa‹ in Andenken an meinen verstorbenen Vater.«

Dorjee war Climbing Sherpa, erreichte jedoch laut Mingma G nie den Gipfel eines Achttausenders. »Er war mit Reinhold Messner am Dhaulagiri 1 und mit Chris Bonington am Lhotse unterwegs, aber ich bezweifle, dass er in der Himalayan Database gelistet ist«, meinte Mingma G bei unserem Treffen nach seiner Everest-Besteigung im Jahr 2022. Ich war überzeugt, dass er sich täuschte, denn Miss Hawley war so akribisch, dass ihr nur wenig entging und die Leute immer wieder überrascht sind, wenn sie ihren Namen in der Datenbank finden, auch wenn sie die Grande Dame des Himalaya nie persönlich getroffen haben. Bei Dorjee Sherpa aus Beding wurden wir allerdings nicht fündig, obwohl er laut Mingma G 1982 als Climbing Sherpa für die zweite erfolgreiche Winterexpedition zum Mount Everest gearbeitet hatte. »Leider verlor mein Vater bei dieser Expedition acht Finger, was ihn für den Rest seines Lebens erheblich behinderte«, so Mingma G. »Er half einem Teilnehmer beim Anziehen der Steigeisen. Dabei erfror er sich die Finger, die ihm später abgenommen wurden.« Diese Winterexpedition aus Japan stand ohnehin unter keinem guten Stern. Nachdem der Expeditionsleiter Yasuo Kato am 27. Dezember 1982 im Alleingang den Gipfel erreicht hatte, wurde er nie wieder gesehen. Man vermutet, dass er gemeinsam mit seinem Bergsteigerkollegen Toshiaki Kobayashi von den starken Winden mit mehr als 150 Stundenkilometern vom Berg gefegt wurde.

Dorjee Sherpa kam zwar zu seiner Familie zurück, doch seine Karriere als Climbing Sherpa war vorbei. »Meine Eltern hatten ein schwieriges Leben. Meine Mutter war nun mit einem Mann verheiratet, der weder Arbeit hatte noch bei der Landwirtschaft helfen konnte«, erinnerte sich Mingma G. Aber sein Vater gab nicht auf und war später als Trekkingführer tätig, womit er bis 2012 – drei Jahre vor seinem Tod – die Familie ernährte. Für

Mingmas Mutter war das Leben mit einem Mann, der verkrüppelte Hände hatte, nicht einfach. Die Berge hatten ihm dieses Schicksal bereitet, und sie wollte nicht, dass ihre Kinder in die Fußstapfen ihres Vaters traten. »Meine Mutter wollte nie, dass wir Kinder in die Berge gehen. Heute unterstütze ich sie zwar finanziell, aber sie ist immer noch nicht glücklich darüber.« Das ist sogar in der Himalayan Database dokumentiert, denn während ich zu Mingmas Chobutse-Expedition recherchierte, fand ich folgende Anmerkung: »Mingma will go to Nanga Parbat in summer 2016 as his mother forbids him to try it in winter.«

Damals konnte seine Mutter noch nicht wissen, dass ihr zweitgeborener Sohn eines Tages aufgrund einer legendären Winterbegehung in den Rekordbüchern stehen würde. Am 16. Januar 2021 gelang Mingma G gemeinsam mit neun seiner Landsmänner die erste Winterbesteigung des K2, des zweithöchsten Bergs der Erde. Gemeinsam mit Nirmal Purja, Mingma David, Mingma Tenzing, Gelje, Pem Chhiri, Dawa Temba, Dawa Tenzing, Kili Pemba und Sona schaffte er etwas, an dem sich die besten und stärksten Bergsteiger die Zähne ausgebissen hatten. Der K2 gilt als einer der gefährlichsten Berge der Welt und war der letzte Achttausender, der im Winter noch nicht bestiegen worden war. »Die Sherpas sind das Rückgrat in der Geschichte der Achttausender-Expeditionen. Hätten wir den K2 aus der Hand gegeben, hätten wir alle Achttausender verloren, und die neue Generation nepalesischer Bergsteiger wäre nie auf einen Nepalesen mit einer ersten Winterbesteigung gestoßen«, sagte Mingma G in einem Interview mit der Website *Dream Wanderlust*.

MINGMA G SCHEINT NICHT NUR an seinem eigenen Ruhm interessiert zu sein. Er ist stolz auf sein Land und seine Leute. Es ist ihm wichtig, den Sherpas, vor allem den Rolwaling-Sherpas, eine Hauptrolle auf der internationalen Bergsteigerbühne zu geben. Ich traf ihn das erste Mal 2013, zwei Jahre nachdem er und drei weitere Sherpas die Trekkingagentur Dreamers' Destination gegründet hatten. Er war 27 Jahre jung, hatte seit seiner ersten Expedition am Manaslu im Jahr 2006 viel Bergerfahrung gesammelt und war dabei, ein internationaler IFMGA-Bergführer zu werden, wofür er sich 2016 qualifizierte. Mingma G wurde von seinem Onkel Nawang, dem ersten Rolwaling-Sherpa, der den Gipfel des Mount Everest erreichte, bergsteigerisch regelrecht ins kalte Wasser geworfen. »Ich hatte null Bergerfahrung, als mich mein Onkel für eine japanische Säuberungsaktion am Manaslu anheuerte. Ich wusste nicht, wie man einen Klettergurt oder Steigeisen anlegt, und hatte noch nie einen Eispickel in der Hand gehalten. Aber ich war einer der stärksten Sherpas und erreichte 7000 Meter«, erinnerte er sich.

Im gleichen Jahr schickte Nawang ihn mit einer japanischen Winterexpedition zur Lhotse-Südwand. Diese Wand ist ohnehin eine technische Herausforderung, aber sie im Winter ohne jegliche Erfahrung zu besteigen ist ungeheuerlich. »Diese Expedition war sehr anstrengend. Ich hatte immer noch keine Erfahrung, war untrainiert, und es war brutal kalt. Aber ich kam bis auf 8300 Meter«, sagte er stolz. Im nächsten Jahr bestieg Mingma G mit einer französisch-österreichischen Expedition den Everest von der Nordseite. Somit war klar: Er würde zum Leidwesen seiner Mutter in die Fußstapfen seines Onkels und seines Vaters treten. »Ich fand die Arbeit interessant, traf immer neue Leute und durfte andere Länder besuchen. Das gefiel mir.« Im gleichen Jahr arbeitete er für seinen Onkel als Küchenjunge am Cho Oyu und erreichte den Gipfel des sechsthöchsten Berges der Welt ohne Flaschensauerstoff. Erfasst wurde das weder beim Ministerium noch in der Himalayan Database. Das bedeutet, dass Mingma G den Cho Oyu für sein Projekt, alle Achttausender ohne Zusatzsauerstoff zu besteigen, noch einmal besteigen muss.

Die Tatsache, dass weder sein Vater für seine Expeditionen noch er für die Lhotse-Südwand oder den Cho Oyu in der Datenbank stehen, verwundert mich einerseits, da Miss Hawley keine Mühe scheute, alle Besteigungen zu dokumentieren. Andererseits zeigt sie, dass die Sherpas früher manchmal einfach vergessen wurden. Vielleicht kämpft Mingma G gerade deshalb so hart für die Anerkennung der Sherpas. In seinen Anfängen kam er kaum zur Ruhe: Er managte Dreamers' Destination, arbeitete als Climbing Sherpa und schaffte es nebenher noch, sein BWL-Studium zu beenden. In dieser Zeit gab er sich den Namen Mingma G. Die Sherpas werden nämlich traditionell nach dem Wochentag benannt, an dem sie geboren wurden. In der Sherpa-Sprache heißt Montag Dawa, Dienstag Mingma, Mittwoch Lhakpa, Donnerstag Phurba, Freitag Pasang, Samstag Pemba und Sonntag Nima. Da unendlich viele Sherpas an einem Dienstag geboren wurden und deshalb Mingma heißen und da sein zweiter Vorname »Gyalje« für die meisten Ausländer schwer auszusprechen ist, entschied er sich schlicht und einfach für Mingma G – einen Namen, der heute einen gewissen Bekanntheitsgrad erreicht hat.

Seinen damaligen Traum, auch noch einen MBA-Abschluss zu machen, musste er aufgeben. »Ich wollte meinen Schwestern eine Schulbildung ermöglichen«, erklärte er. »Ich holte meine zwei jüngeren Schwestern nach Kathmandu und schickte sie ins College.« Das kostete Geld, und da Mingma G selbst studierte, reichten die Finanzen nicht mehr. »Meine Schwestern sollten auch vorwärtskommen, und dafür war ich bereit, meine Karriere als Geschäftsmann an den Nagel zu hängen.« Rückblickend war das sicher die richtige Entscheidung, denn Menschen wie Mingma G werden in Nepal gebraucht. Er setzt sich nicht nur für die Sherpas ein, sondern fördert genauso seine Schwestern und machte auch sie in der Bergsteigerszene berühmt. Am 12. Mai 2021 begleitete er seine Schwestern Nima Jangmu, Tshering Namgya und Dawa Futi zum Gipfel des Mount Everest, was sie als die ersten drei Schwestern am höchsten Punkt der Welt bekannt machte. Seine älteste Schwester Nima Jangmu stand bereits im Jahr 2018 auf drei der vier höchsten Gipfel der Welt: Everest, Lhotse und Kangchendzönga – und das innerhalb von nur 25 Tagen. Sie war die erste Frau und erste Nepalesin, der so eine herausragende Leistung gelang. Damals konnte sich noch niemand vorstellen, dass ein Jahr später der Nepalese Nirmal Purja innerhalb von sechs Monaten und sechs Tagen die vierzehn höchsten Berge der Welt besteigen würde und in den folgenden Jahren mehrere junge Bergsteigerinnen versuchen würden, diesen Rekord zu brechen. Nichtsdestotrotz ist Nima Jangmu eine Pionierin, vor der ich meinen Hut ziehe.

DIE ERSTE NEPALESIN, DIE DEN GIPFEL DES MOUNT EVEREST erreichte, war Pasang Lhamu Sherpa. Sie hatte vor ihrer erfolgreichen Everest-Expedition den Mont Blanc, den Cho Oyu sowie einige Sechstausender bestiegen. Nach zwei vorangegangenen Versuchen stand die 31-jährige Mutter von drei Kindern am 22. April 1993 mit fünf Climbing Sherpas auf dem höchsten Punkt der Erde. Endlich hatte sich ihr lang gehegter Traum erfüllt. Für den höchsten Punkt musste sie jedoch auch den höchsten Preis bezahlen. Pasang Lhamu starb beim Abstieg gemeinsam mit Sonam Tshering Sherpa an Erschöpfung. »She was too driven«, erinnerte sich Miss Hawley. »She wanted to be the first Nepali woman atop of Everest too badly and was under a lot of pressure from her husband.« Der amerikanische

Bergsteiger Todd Burleson, der zur gleichen Zeit am Basislager war, hatte Miss Hawley erzählt, dass Pasang Lhamu von ihrem Mann fast zum Aufstieg gezwungen worden war. »Als Lhakpa Sonam ihr befahl, den Berg zu besteigen, weinte sie«, wird Burleson in der Himalayan Database zitiert. »Er erhoffte sich davon, dass ihre erfolgreiche Besteigung ihn reich machen würde.«

Bei meiner Recherche zu Pasang Lhamus Expedition wurde mir bewusst, dass der Konkurrenzkampf der Nepalesinnen am höchsten Berg der Welt bereits 1993 unerbittlich war. In Pasang Lhamus Team waren zwei weitere nepalesische Frauen: Lhakpa Futi und Nanda Rai. Letztere wurde im Lager 2 höhenkrank und musste ihre Besteigung abbrechen. Als Pasang Lhamu bemerkte, dass ihre Teamkollegin und Konkurrentin Lhakpa Futi um einiges stärker war als sie, schob sie diese in das zweite Gipfelteam ab, das ein paar Tage später aufsteigen sollte. »Ich habe Konkurrenz, da ich den Gipfel vor den Inderinnen und [der Nepalesin] Nimi erreichen muss. Du hast keine«, sagte sie laut der Himalayan Database vor dem Gipfelgang zu Lhakpa Futi. Damit bezog sie sich auf die erste indische Frauenexpedition, die zur gleichen Zeit am Berg war und den Gipfel Mitte Mai erreichte.

Pasang Lhamu war trotz ihrer Erfahrung keine versierte Bergsteigerin. Schon beim Aufstieg war sie extrem langsam. »Normalerweise braucht man 45 Minuten vom Südgipfel zum Hauptgipfel. Pasang Lhamu benötigte für dieses kurze Stück fünf Stunden«, notierte Miss Hawley und fügte hinzu, dass ihr die technischen Kenntnisse zum Bergsteigen fehlten: »Sie wusste nicht, wie man mit Steigeisen umgeht.« Nichtsdestotrotz wurde Pasang Lhamu nach ihrem tragischen Tod zur nepalesischen Nationalheldin. Sie erhielt den Nepali Star, die höchste Auszeichnung des Landes, zierte eine Sonderbriefmarke der königlichen Post und wacht als lebensgroße Statue über die Einwohner von Kathmandu. Außerdem wurden eine Überlandstraße, ein 7135 Meter hoher Gipfel und eine Weizenzüchtung nach ihr benannt. Im Jahr 2000 wurde die Pasang Lhamu Mountaineering Foundation gegründet, eine Stiftung, die nepalesischen Frauen den Einstieg ins Bergsteigen erleichtern soll. Sie wurde zur Ikone für nepalesische Bergsteigerinnen, und sie ist es heute noch.

Es dauerte sieben Jahre, bis es einer zweiten Nepalesin gelang, den Mount Everest zu besteigen. Lhakpa Sherpa aus der Makalu-Region stand am 18. Mai 2000 mit 26 Jahren zum ersten Mal auf dem höchsten Punkt der Erde, und sie kehrte lebend ins Basislager zurück. Damals konnte sie nicht ahnen, dass sie 22 Jahre später diese Meisterleistung zum zehnten Mal vollbringen würde. »Ich möchte ein Vorbild für die jüngeren nepalesischen Bergsteigerinnen sein«, erzählte sie mir, als ich mit ihr, ihrer Familie sowie Sonam Sherpa, dem Ehemann der verstorbenen Pasang Lhamu Sherpa, ihre zehnte Besteigung in Kathmandu feiern durfte. »Ich liebe die Berge, und das Bergsteigen macht mir so viel Freude, auch wenn ich manchmal hart dafür arbeiten musste.«

Lhakpa Sherpa wurde in Tashigaon, einem kleinen Dorf in der Makalu-Region, in ärmsten Verhältnissen geboren. Sie hatte zehn Geschwister, besuchte nie eine Schule und lernte weder lesen noch schreiben. Im Alter von 15 Jahren arbeitete sie zum ersten Mal am Everest – als Küchenhilfe und Trägerin. Ein paar Jahre später lernte sie dort ihren Ehemann kennen, den in Rumänien geborenen Bergsteiger Gheorghe Dijmarescu. Sie zog mit ihm nach Hartford im amerikanischen Bundesstaat Connecticut. »I don't know why Lhakpa married this dreadful man«, pflegte Miss Hawley zu sagen. »He was a very violent person.« Laut dem amerikanischen Reporter und Fotografen Michael Kodas hatte Miss Hawley einen triftigen Grund für diese Aussage. Kodas und seine Frau Anne nahmen 2004 an einer von Dijmarescu geführten Expedition teil, die für Kodas so traumatisierend verlief, dass er sie in einem Buch mit dem unheilvollen Titel *Der Gipfel des Verbrechens* aufarbeitete. Sein Buch vermittelt ein sehr düsteres Bild vom höchsten Berg der Welt und liest sich wie ein persönlicher Racheakt gegen Dijmarescu. In seinen Erzählungen beschreibt Kodas, wie Gheorghe seine Frau im Everest-Basislager verprügelte und sie von anderen Teilnehmern gerettet werden musste.

Lhakpa schien ihrem Mann immer wieder zu verzeihen. Zwischen 2001 und 2006 bestiegen sie den Everest fünfmal gemeinsam. Dann wurden ihre beiden Töchter geboren. Gheorghes letzter Eintrag in der Himalayan Database war im Jahr 2007, als er mit Mingkipa Sherpa, die wie Lhakpa aus der Makalu-Region stammte, auf dem Everest stand. Nach einer langen Pause vom Höhenbergsteigen und der schwierigen und langwierigen Scheidung von Gheorghe kam Lhakpa erst im Jahr 2015 zum Everest zurück. »Ich konnte mit niemandem mehr reden«, erzählte sie *Outside-online*-Redakteur Grayson Schaffer vor dieser Expedition. »Ich vermisste die Berge und musste unbedingt zurück nach Nepal.« In diesem Jahr blieb ihr jedoch – wie allen anderen Aspiranten – der Aufstieg verwehrt, da Nepal am 25. April von dem verheerenden Erdbeben heimgesucht wurde. »Ich konnte nicht früher kommen, da ich für meine Kinder da sein musste«, erzählte mir Lhakpa während der Feier anlässlich ihrer zehnten Everest-Besteigung in Kathmandu im Frühjahr 2022. Nach ihrer Trennung von Gheorghe, der im Jahr 2020 an einer Krebserkrankung starb, war Lhakpa alleinerziehend. Obwohl sie damals bereits die Frau mit den meisten Everest-Besteigungen war, hatte sie weder Sponsoren, noch war sie in der Szene bekannt, was bei jeder »westlichen« Bergsteigerin der Fall gewesen wäre. »Ich arbeite in einem Supermarkt, da meine Kinder in der Ausbildung sind«, erzählte sie mir in ihrem immer noch gebrochenen Englisch. »Aber ich hoffe, dass sie mich bald finanziell unterstützen werden.« Sie schaute liebevoll zu ihrer jüngeren Tochter hinüber, die mir mit dem tiefsten amerikanischen Akzent unterbreitete, dass sie den Fußstapfen ihrer Mutter folgen und auf den Everest steigen wolle.

Die Bergbegeisterung scheint in der Familie zu liegen, denn Lhakpas Bruder Mingma Gelu Sherpa ist Leiter der erfolgreichen Trekkingagentur Seven Summit Club, und ihre jüngere Schwester Mingma war 2003 die jüngste Frau, die das Dach der Welt erreichte. »Ich will noch öfter auf den Everest, aber andere Berge wie der K2 reizen mich ebenso«, sagte Lhakpa und vermittelte mir den Eindruck, dass sie nicht nur wegen der Bezahlung, sondern aus Leidenschaft auf die hohen Berge stieg. Und wie die legendäre Pasang Lhamu motivierte sie junge nepalesische Frauen. »Nach meiner ersten Trekkingtour wusste ich, dass ich auf den Everest will. Frauen wie Lhakpa haben mir gezeigt, dass es möglich ist«, erzählte mir Omnika Dangol, die aufgrund ihrer Everest-Besteigung im Mai 2022 zu Lhakpas Feier eingeladen war. Omnika ist Stewardess und in jenem Jahr 1993 geboren, in dem Pasang Lhamu in Nepal Geschichte schrieb. Sie ergänzte: »Auch ich möchte mit meiner Besteigung andere Frauen motivieren, da die Bergsteigerszene immer noch in männlicher Hand ist.«

Seit Pasang Lhamus Besteigung standen bis 2022 tatsächlich mehr als sechzig Nepalesinnen auf dem höchsten Punkt der Erde, wobei sich die jüngere Generation besser zu vermarkten weiß als Frauen wie Lhakpa, die trotz ihrer Leistungen immer noch im Supermarkt ihr Geld verdienen muss. Nach Omnikas Besteigung konnte die nepalesische Presse nicht

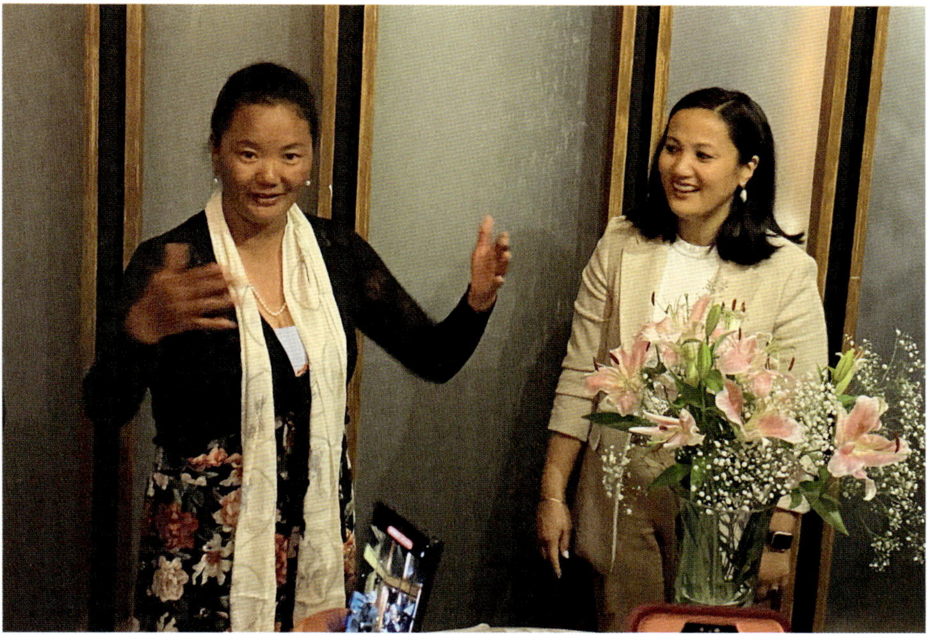

Lhakpa Sherpa bei den Feierlichkeiten zu ihrer zehnten Everest-Besteigung. Eine eindrucksvolle Frau, die trotz ihrer Errungenschaften noch immer im Supermarkt arbeitet.

genug darüber berichten, dass sie die erste Stewardess war, die das Dach der Welt erreicht hatte. Omnika bat mich sogar zu bestätigen, dass in der Himalayan Database noch keine Stewardess gelistet war, denn sie will ins *Guinness-Buch der Rekorde*. Ob das tatsächlich ein Rekord ist?

Ich bekomme viele Anfragen, was »The first« betrifft, und vom Einfallsreichtum der Leute bin ich immer wieder fasziniert. Außer der ersten Stewardess hatten wir den ersten zertifizierten Tierarzt, den ersten Diabetiker oder die Frau mit den längsten Haaren. Aber was mich im Sommer 2022 wirklich schockierte, war ein E-Mail von einem Kanadier, der allen Ernstes wissen wollte, ob es etwas Herausragendes sei, wenn man am Everest einen Eispickel verwendete. »Ich benutzte neben der Steigklemme ein Steileisgerät von Petzl, das ich in der anderen Hand hielt. Das erwies sich als geniale Idee. Gibt es viele andere, die so ein Eisgerät benutzen?«, schrieb er mir – und wartet bis heute noch auf eine Antwort, da es mir bei dieser Frage schlichtweg die Sprache verschlug.

WENN LEUTE DER MEINUNG SIND, sie hätten etwas Herausragendes geleistet, nur weil sie bei der Besteigung des höchsten Berges der Welt einen Eispickel verwendet haben, ist es umso überraschender, dass Frauen wie Lhakpa in der internationalen Bergsteigerszene kaum bekannt sind. Außer der 48-Jährigen standen noch zehn weitere Nepalesinnen mehr als einmal auf dem Everest, aber auch ihr Bekanntheitsgrad hält sich in Grenzen. Was aber noch aussteht, ist eine Nepalesin, die alle vierzehn Achttausender besteigt. Oder eine, die den Gipfel des Mount Everest ohne die Verwendung von Flaschensauerstoff erreicht: »Es ist hart, und ich weiß nicht, ob ich es riskieren würde«, meinte dazu Dawa Yangzum Sherpa. Sie ist Profi-Athletin der Outdoor-Firma North Face und die einzige Nepalesin und Asiatin, die das IFMGA-Abzeichen für qualifizierte Bergführerinnen tragen darf. »Es war mir wichtig, diese Ausbildung zu machen, aber bisher weiß ich von keiner anderen Nepalesin, die das gleiche Ziel verfolgt.« In der internationalen Bergführerszene sieht es ähnlich aus. Unter den weltweit fast 7000 IFMGA-Bergführern sind nur hundert Frauen zu finden.

Dawa Yangzum gehört aktuell zu den erfolgreichsten Bergsteigerinnen Nepals. Nachdem sie 2011 den Gipfel der 6814 Meter hohen Ama Dablam, des Matterhorns Asiens, erreicht hatte, stand sie bereits ein Jahr darauf auf dem höchsten Punkt der Erde. »Ich hatte viel Unterstützung«, erzählte sie mir bei unserem gemeinsamen Frühstück in Boudha und griff sich an den Rücken, der ihr seit ihrer Zeit als Trägerin Probleme bereitet. »Der amerikanische Bergsteiger Conrad Anker hat mir sehr geholfen. Ohne ihn wäre ich nicht auf dem Everest gewesen und wäre nicht da, wo ich heute bin.« Conrad Anker, der mit seiner Frau Jenni das Khumbu Climbing Centre in der Everest-Region gründete, erkannte Dawa Yangzums Talent und heuerte sie 2012 für seine North Face Everest Expedition an. »Ich war sehr aufgeregt, da es seit meinem zehnten Lebensjahr mein Kindheitstraum war, auf dem Mount Everest zu stehen. Ich hätte nie gedacht, dass ich jemals diese Chance bekommen würde.« Dawa Yangzum arbeitete hart auf dieser Expedition. Sie schleppte Lasten von bis zu 20 Kilogramm und begleitete eine Kundin als persönliche Sherpani zum Gipfel. »Heutzutage ist es nichts Besonderes mehr, aber damals war es noch eine riesige Sache für mich«, erzählte sie mir. »Allerdings hat mich meine Everest-Besteigung nicht berühmt gemacht, obwohl ich die erste Frau aus meiner Region war.«

Wie ihr Mentor Mingma G wurde Dawa Yangzum im Rolwaling geboren. Ihr Elternhaus hatte weder Strom noch fließendes Wasser. Bereits als junges Mädchen musste sie Wasser schleppen, Gras für die Yaks schneiden oder Kartoffeln ernten. Dawa Yangzum wusste schon damals, dass sie nicht ihr Leben lang im Kartoffelfeld stehen wollte. Sie sah, wie die Männer ihre Rucksäcke packten, sich von ihren Familien verabschiedeten und von dannen zogen. Dawa wollte mit, jedoch hätte sie sich nie träumen lassen, dass auch sie eines Tages in die Berge ziehen würde. »In unserer Kultur heiratet die Frau, bekommt Kinder und kümmert sich um die Familie«, sagte sie. »Das bedeutet nicht, dass ich keine Familie möchte, aber momentan bin ich noch unabhängig und genieße meine Freiheit.« Im Alter von 15 Jahren verließ Dawa Yangzum ihr Tal, zog nach Kathmandu und arbeitete als Trekkingführerin, bis 2008 die Weichen für ihre Ausbildung als Bergführerin gestellt wurden. Sie absolvierte einen Kurs der Nepal Mountaineering Association. Unter den 42 Anwärtern waren nur fünf Frauen, von denen Dawa Yangzum die jüngste war. »Ich bin froh, dass ich so früh begonnen habe, denn mit 28 war ich bereits ausgebildete Bergführerin und konnte in diesem Beruf arbeiten.« Dawa Yangzum lebt ein paar Monate im Jahr in den Vereinigten Staaten, wo sie als Bergführerin für Alpine Ascents International arbeitet. In unserem Gespräch fiel mir immer wieder auf, wie dankbar sie ist. »Ich lebe meinen Traum. Früher wollte ich viel Geld verdienen und berühmt werden, heute bin ich einfach nur froh, dass ich überall auf der Welt arbeiten kann. Ich habe alles, was ich brauche.«

Am Anfang ihrer Bergsteigerkarriere war Dawa Yangzum nicht so sehr daran interessiert, alle vierzehn Achttausender zu besteigen. Ihren Kindheitstraum hatte sie sich bereits mit 21 Jahren erfüllt, und nach ihrer Everest-Besteigung konzentrierte sie sich mehr aufs Felsklettern und niedrigere Berge. »Im Jahr 2021 änderte sich mein Fokus«, erklärte sie mir. »Ich erreichte die Gipfel von vier Achttausendern in einem Jahr, und als ich am 16. April 2021 auf der Annapurna 1 stand, meinte Conrad Anker, dass man so einen gefährlichen Berg nur besteigen würde, wenn man alle vierzehn im Auge hätte.« Was mir während unseres Gesprächs auffiel, war, dass Dawa Yangzum die Berge mit ihren exakten Namen bezeichnete. Die meisten Bergsteiger lassen bei den Achttausendern Annapurna und Dhaulagiri den Einser weg, ohne zu wissen, dass es an der Annapurna vier und am Dhaulagiri sieben Gipfel gibt. Ich hatte das gleich am Anfang meiner

Karriere bei Miss Hawley gelernt, denn sie bläute mir zu Recht ein, dass es jeweils mehrere Berge mit diesen Namen gab und ich deshalb die Nummer nicht vergessen durfte.

Beim Schreiben dieser Zeilen erhielt ich eine Facebook-Nachricht, die mich darüber informierte, dass Dawa Yangzum als erste nepalesische Frau den Gipfel des Broad Peak erreicht hatte. Sie stand am 20. Juli 2022 auf dem zwölfthöchsten Berg der Welt. Bei unserem Treffen hatte sie mir von diesem Vorhaben erzählt. Ich fragte sie, ob sie mit ihren Freundinnen und Mitstreiterinnen Pasang Lhamu Sherpa und Maya Sherpa im Wettkampf stehe. »Nein, sie sind Freundinnen. Eigentlich hatten wir vor, die drei höchsten Berge der Welt gemeinsam zu besteigen«, sagte sie und bezog sich dabei auf Everest, K2 und Kangchendzönga. »Aber irgendwann wurde es mit der Koordination schwierig. Maya und Pasang Lhamu bekamen Kinder und müssen sich die Zeit oft anders einteilen als ich. Ich hätte kein Problem damit, wenn eine der beiden vor mir alle vierzehn Achttausender erreichen würde.«

Dawa Yangzum wird ihren Weg gehen und weiterhin andere Nepalesinnen inspirieren. Vor ein paar Jahren lancierte sie ihr eigenes Projekt, bei dem sie mit Frauen, die Opfer des Menschenhandels geworden waren, höhere Berge besteigt. »Ich arbeite mit sechs Mädchen, denen ich das Bergsteigen beibringe. Wir standen sogar schon auf einem Sechstausender im Rolwaling«, sagte sie stolz. »Diesen jungen Frauen zu helfen bedeutet mir mehr, als selbst auf den hohen Gipfeln zu stehen. Es macht mich so glücklich, ihnen eine neue Perspektive in ihrem Leben zu geben.«

Abschied von Miss Hawley

ALS ICH AM 26. MÄRZ 2018 AM TRIBHUVAN International Airport in Kathmandu ankam, fühlte es sich anders an als in den vorhergegangenen Jahren. Irgendetwas fehlte. Nachdem ich in meinem Rucksack nach meinem Telefon gekramt hatte, wurde mir plötzlich klar, was es war. Der obligatorische Anruf bei Miss Hawley. Es hatte sich eingespielt, dass ich sofort nach meiner Ankunft bei ihr anrief, um ihr mitzuteilen, dass ich wieder in Kathmandu war. 14 Jahre lang war das mein erster Handgriff, sobald ich in der nepalesischen Hauptstadt landete, und normalerweise orderte mich Miss Hawley sofort zu sich nach Dilli Bazaar. »The expeditions are already arriving. So you'd better get here now«, lautete meist ihre Begrüßung. An jenem Montag im März brach plötzlich eine gähnende Leere über mich herein. Miss Hawley hatte uns exakt zwei Monate zuvor, am 26. Januar 2018, im stolzen Alter von 94 Jahren verlassen. In den letzten beiden Jahren ihres Lebens hatte ich Miss Hawley mindestens einen, wenn nicht zwei Besuche pro Tag abgestattet, was ein wichtiger Bestandteil meiner täglichen Routine geworden war. Anders als in den zwölf Jahren zuvor waren meine Besuche gegen Ende ihres Lebens von geselliger Natur, denn Miss Hawley hatte 2016 ihre Arbeit niedergelegt. Sie hatte genug gehabt und mir die Leitung der Himalayan Database übergeben.

Ich war noch in Bern, wo ich wie jeden Winter in der Zentrale der Humanitären Hilfe als Kommunikationsexpertin arbeitete, als mich im März 2016 ein E-Mail von Lisa Choegyal mit der Bitte erreichte, so bald wie möglich nach Kathmandu zurückzukehren, da Miss Hawley unbedingt in den Ruhestand treten wolle. Lisa, eine Britin, die seit vielen Jahrzehnten in Nepal lebt und genauso wie Miss Hawley in den Aufbau der ersten nepalesischen Trekkingagentur Tiger Tops involviert war, ist wohl die am besten vernetzte Person, die ich kenne. Egal welche Entwicklung Nepal durchmacht, welche Konferenz organisiert wird oder was in der Tourismusbranche geschieht, Lisa steht immer mit Rat und Tat zur Seite. Im Jahr 2010 übernahm sie unter anderem das Ehrenamt der neuseeländischen Konsulin, das Miss

Hawley 20 Jahre lang innegehabt hatte, und sie ist die Rechnungsführerin der Himalayan Database. »Billi, ich habe mit Liz gesprochen, sie kann die Himalayan Database nicht mehr stemmen«, schrieb Lisa, die Miss Hawley sehr nahestand. »Sie will die Leitung an dich weitergeben, aber dazu musst du hier sein.« Wie jedes Jahr hatte ich meinen Flug auf Ende März gebucht, denn das ist der Zeitpunkt, zu dem üblicherweise die Everest-Teams in Kathmandu eintreffen. Ich antwortete Lisa postwendend und informierte sie, dass ich am 27. März in Dilli Bazaar bei Miss Hawley sein würde.

Dass der Beginn ihres Ruhestands so plötzlich und unerwartet vor der Tür stand, dürfte an einem Interview im November 2015 gelegen haben. Damals interviewte Miss Hawley Bill Burke und sein Team, das einen Versuch gewagt hatte, den 6942 Meter hohen Burke Khang in der Everest-Region zu besteigen. Bill Burke hatte im Jahr 2014 als ältester Nordamerikaner den Gipfel des Mount Everest erreicht. Aus diesem Grund hatte die nepalesische Regierung einen noch unbestiegenen Berg nach ihm benannt. Die Expedition musste 2015 rund 50 Meter unter dem Gipfel umkehren, da der Gipfelgrat mit überhängenden Eisblöcken gespickt war, die für die Bergsteiger eine große Gefahr bedeutet hätten. Anschließend besuchten Bill und seine Teammitglieder Miss Hawley zum Debriefing. »My mind went blank in the middle of the interview«, erzählte sie mir später. Für Miss Hawley war dieser Filmriss ein klares Zeichen, dass sie mit den Interviews für die Datenbank aufhören sollte. »I can't do it anymore. Now you can do it«, war ihr kurzer und einziger Kommentar, als ich im März 2016 vor ihr stand. Für Miss Hawley begann ein neuer Lebensabschnitt, und pragmatisch, wie sie war, konnte sie mit ihrer jahrzehntelangen Tätigkeit innerhalb weniger Tage abschließen und blickte nie mehr zurück.

Bill Burke kehrte übrigens dreimal zu dem Berg zurück, der seinen Namen trägt. Schließlich, am 5. Oktober 2017, stand Noel Hannah aus Irland gemeinsam mit Samden Bhote, Nanda Dorje Sherpa und Pemba Tshering Sherpa aus Nepal auf dem Gipfel. Bill Burke war langsamer als das Gipfelteam, das auch noch die Seile für den Aufstieg fixierte, und erreichte am gleichen Tag seinen höchsten Punkt auf 6300 Metern. Eigentlich wollte er noch weiter, doch das Wetter verschlechterte sich, und er gab seinen Gipfelversuch auf. »Als ich hörte, dass die vier den Gipfel erreicht hatten, war es für mich nicht mehr so wichtig, selbst dort oben zu stehen«, erzählte er mir während des Debriefings. »Wir hatten die Erstbesteigung geschafft, und das zählte!«

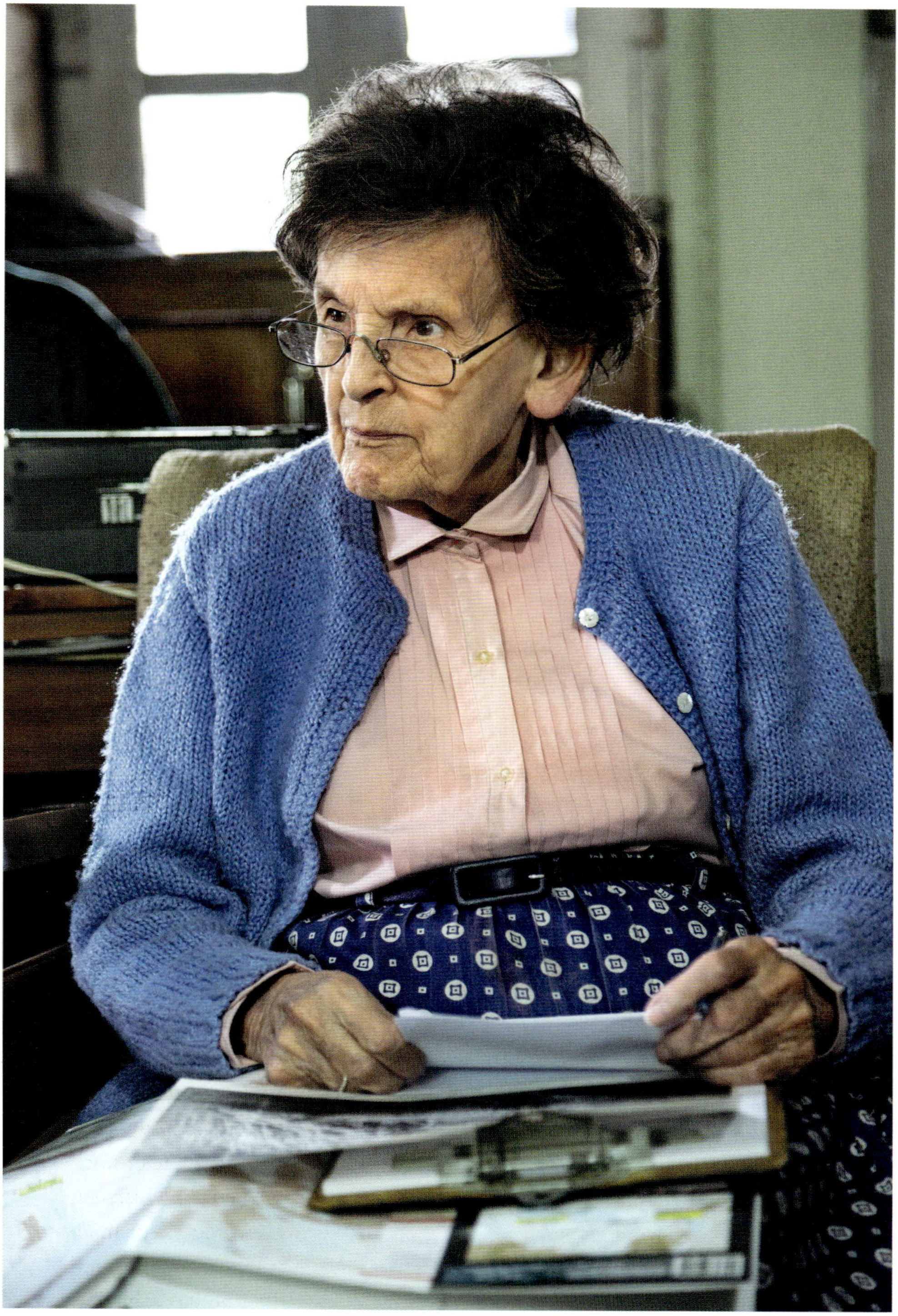

Miss Hawleys durchdringender Blick war ihr Erfolgsgeheimnis bei den Interviews. Damit schüchterte sie die größten und stärksten Bergsteiger ein.

MISS HAWLEYS RÜCKTRITT BEDEUTETE ABER NICHT, dass ich nicht mehr jeden Tag um dieselbe Zeit in ihrer Residenz vorbeischaute. Dieser tägliche Austausch war uns beiden ein großes Anliegen. Da ich Miss Hawley weiterhin in die Arbeit für die Himalayan Database einbeziehen wollte, verabredete ich mich hin und wieder mit den ihr gut bekannten Expeditionsleitern in ihrer Wohnung. Jedoch merkte ich schnell, dass sie kein großes Interesse mehr hatte. Es schien, als hätte sie ihre Leidenschaft für das Expeditionsgeschehen verloren.

Als ich mich erkundigte, wie es sich anfühlte, etwas aufzugeben, wofür man einmal eine große Leidenschaft hatte, blickte sie mich fassungslos an und schüttelte den Kopf: »Passionate? How could you possibly be passionate about a database? I have never been passionate about anything.« Das kam sogar für mich überraschend, denn ich konnte mir nicht vorstellen, wie man etwas so lange und akribisch betreiben konnte, ohne Leidenschaft dafür zu empfinden. Die Tatsache, dass sie nach eigenen Aussagen noch nie eine Leidenschaft für etwas entwickelt hatte, erstaunte mich noch mehr. Als ich meine Überraschung kundtat und nachbohrte, meinte sie nur trocken: »Well, why don't you get a psychologist and find out why!« Das tat ich selbstverständlich nicht, aber ich hakte noch einmal nach, da ich wissen wollte, warum sie die Arbeit für die Datenbank so lange gemacht hatte. »I felt the responsibility. I started it, it was my baby, so I wanted to finish it.«

Vielleicht ist Leidenschaft auch nicht das richtige Wort, um Miss Hawleys Hartnäckigkeit und Hingabe für die Dinge zu beschreiben, die ihr am Herzen lagen, wie zum Beispiel ihre Lieblingsschriftstellerin, die englische Krimiautorin und Dichterin Dorothy Sayers. Egal wann ich in den letzten zwei Jahren ihres Lebens ihre düstere Wohnung betrat, Miss Hawley saß mit einem Buch von Dorothy Sayers, das sie bereits unzählige Male gelesen hatte, an ihrem massiven Eichentisch. »The people in these books are my friends«, antwortete sie auf meine Frage, warum sie all die anderen Bücher auf ihrem Tisch ignorierte. »Why would I read a book about people I don't know and I don't like.« Sie gab mir oft Anweisungen, den großen Stapel mit Taschenbüchern, die sie von Freundinnen und Bekannten bekommen, aber nie gelesen hatte, zurechtzurücken.

Lesen war sehr wichtig in Miss Hawleys Leben. Ob sie viel oder wenig Zeit hatte, ihr Tag begann mit der *New York Times*, deren Inhalt sie regel-

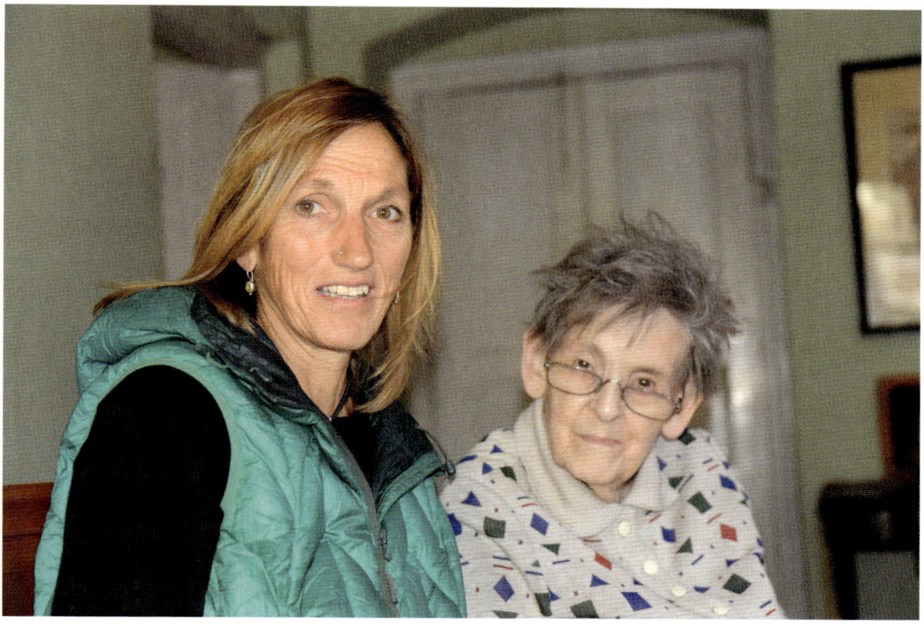

Miss Hawley in ihrem letzten Herbst, im November 2017. Die Stunden, die ich nach ihrer Pensionierung mit ihr verbringen durfte, schätzte ich sehr.

recht aufsog. Dann blätterte sie durch die nepalesischen Tageszeitungen *Himalayan Times* oder *Rising Nepal,* und einmal in der Woche widmete sie ihre Zeit dem *Time Magazine* und der *Nepali Times*. Die *New York Times*, die sie seit ihrem zwölften Lebensjahr täglich las, war zweifellos ihre erste Wahl, und sie sprach oft von dem Tag, an dem es einer ihrer Artikel auf die Titelseite dieser renommierten Tageszeitung geschafft hat. Am 21. Juli 1982 befand sie sich nämlich zufällig im selben Flugzeug wie der erkrankte nepalesische Premierminister Bishweshwar Prasad (BP) Koirala, der nach einer medizinischen Behandlung in Bangkok in seine Heimat Kathmandu zurückkehrte. »They had taken out the seats in the front row and laid him down there. It was immediately clear to me that he was going home to die«, erinnerte sie sich an diese letzte Begegnung mit dem Politiker, den sie sehr respektierte. »I spent the entire flight writing the story and kept checking with the dying BP to make sure I got all my facts right.« Zu Hause angekommen, schrieb sie die Story ins Reine, und just in dem Moment, in dem sie die Exklusivgeschichte per Telex an Reuters schicken wollte, erhielt sie einen Anruf aus dem königlichen Palast mit der Nachricht, dass der Premierminister gestorben war. »It was a sad moment as he was one of the few remarkable men we had in Nepal, and a political leader who stuck to his beliefs«, lobte sie Koirala. Doch sie dachte nicht lange darüber nach, passte das Ende ihrer Story an und landete mit einem Scoop auf der Titelseite der *New York Times*. Ich glaube, das war tatsächlich einer der schönsten und stolzesten Momente ihres Lebens.

DIE STUNDEN, DIE ICH MIT MISS HAWLEY VERBRACHTE, nachdem sie die Arbeit für die Himalayan Database niedergelegt hatte, waren für mich sehr wertvoll. Ich genoss es, ihre Geschichten zu hören, mehr von ihrer Vergangenheit zu erfahren und einfach keine Angst mehr vor ihr zu haben. Ich wagte nun auch, Leute mitzubringen, die Miss Hawley unbedingt kennenlernen wollten, und ich war oft überrascht, wie offen sie war. Manche Menschen fand sie interessant, und man konnte richtig spüren, wie sie das Gespräch inspirierte, manche hingegen langweilten sie, was sie auch nicht verbergen konnte. Eines Tages kam meine gute amerikanische Freundin Suzy Conway mit, die nach der Jahrtausendwende selbst in Nepal lebte. Als wir mit unseren Fahrrädern verstaubt und verschwitzt bei Miss Hawley ankamen, konnte ich meinen Ohren kaum trauen, als Suzy in ihrer amerikanischen Art die Grand Old Lady *Darling* oder *Sweetheart* nannte. »Tell me, darling«, sagte Suzy, »who is your best friend?« Ich machte mich darauf gefasst, dass Miss Hawley Suzy gleich anbellen würde. Das tat sie aber nicht, sondern drehte sich in meine Richtung und sagte nur kurz und bündig: »I guess Billi … and Lisa.« Das war eines der schönsten Komplimente für mich.

Miss Hawley war nicht nur gegenüber den Besuchern offen, sondern auch mit ihren privaten Dingen. Als einmal eine Journalistin alte Bilder von Miss Hawley benötigte und mich bat, ihr dabei behilflich zu sein, fragte ich Miss Hawley nach Fotos. Sie überließ mir eine Kiste mit Bildern, alten Briefen und anderen privaten Sachen. »Go ahead and take what you need. Be my guest!«, war ihre Antwort. Sie hatte keine Geheimnisse, und ich denke, dass sich zuvor viele Leute einfach nicht trauten, ihr persönliche Fragen zu stellen. »Man sprach nicht mit ihr über persönliche Dinge. Sie war Liz Hawley!«, lachte Lisa Choegyal, als ich sie nach persönlichen Anekdoten von Miss Hawley fragte. Ja, sie war Miss Elizabeth Hawley, und keine andere sollte sich mit ihrem Namen schmücken, wie Lisa einmal am eigenen Leib erfuhr. Im Januar 2008 flogen die beiden nach Neuseeland, um am Begräbnis ihres langjährigen Freundes, des Everest-Erstbesteigers Sir Edmund Hillary, teilzunehmen. »Es war eine interessante Reise«, meinte Lisa und erzählte mir, dass Miss Hawley ihre Koffer in Kathmandu vergessen und aus diesem Grund nichts Passendes zum Anziehen hatte. Da es sich um ein Staatsbegräbnis handelte, das bis ins kleinste Detail durchorganisiert war, schickte man einen Herrn zum Flughafen, der mit Miss Hawley einkaufen gehen sollte. »Als wir in Auckland am Flughafen ankamen, kam ein netter Herr auf uns zu und fragte: ›Are you Elizabeth Hawley?‹ Ich wollte hilfreich sein und antwortete: ›Yes‹, worauf mich Liz strafend ansah und mich anfauchte: ›Lisa, I'm Elizabeth Hawley, not you!‹ Und all das nach einem 20-Stunden-Flug!«, berichtete Lisa lachend.

Nach ihrer gemeinsamen Zeit bei Tiger Tops waren Lisa und Miss Hawley über die Jahre gute Freundinnen geworden. »Liz war eigentlich ein sehr geselliger Mensch und verpasste selten eine Party«, erinnerte sich Lisa, wobei ihr eine Festivität besonders im Gedächtnis geblieben war, bei der es zu einem Eklat mit Barbara Adams kam. Barbara Adams war wie Miss Hawley Amerikanerin und Journalistin und lebte seit 1961 in Kathmandu. Miss Hawley und Barbara konnten nicht unterschiedlicher sein. Miss Hawley war überkorrekt, immer wie aus dem Ei gepellt und für ihr strenges Auftreten und ihre bis zur Brust hochgezogenen Röcke bekannt. Barbara hingegen war extravagant, hatte lange blonde Haare, die im Wind wehten, wenn sie mit ihrem Sunbeam-Cabriolet neben Fahrrädern und Pferdekutschen durch Kathmandu brauste, und hatte über lange Jahre hinweg eine Affäre mit dem verheirateten Prinz Basundhara. Sie war die offizielle Geliebte des Prinzen und lebte bis zu seinem Tod 1977 mit ihm im Palast.

Die Tatsache, dass Barbara Adams und Miss Hawley aus dem gleichen Land kamen, denselben Beruf hatten und zwei von nur wenigen Ausländerinnen in Nepal waren, brachte sie trotz ihrer Gegensätze irgendwie zusammen. Sie unternahmen sogar eine gemeinsame Zugreise von London über Polen und Russland nach Hongkong. »Ich glaube, dieser Urlaub war der Anfang des Bruchs zwischen den beiden«, sagte Lisa und erinnerte sich an die Festivitäten zum 50-jährigen Jubiläum der diplomatischen Beziehungen zwischen den Vereinigten Staaten und Nepal. Barbara hatte aus diesem Anlass alles, was Rang und Namen hatte, zu einer Gartenparty eingeladen.

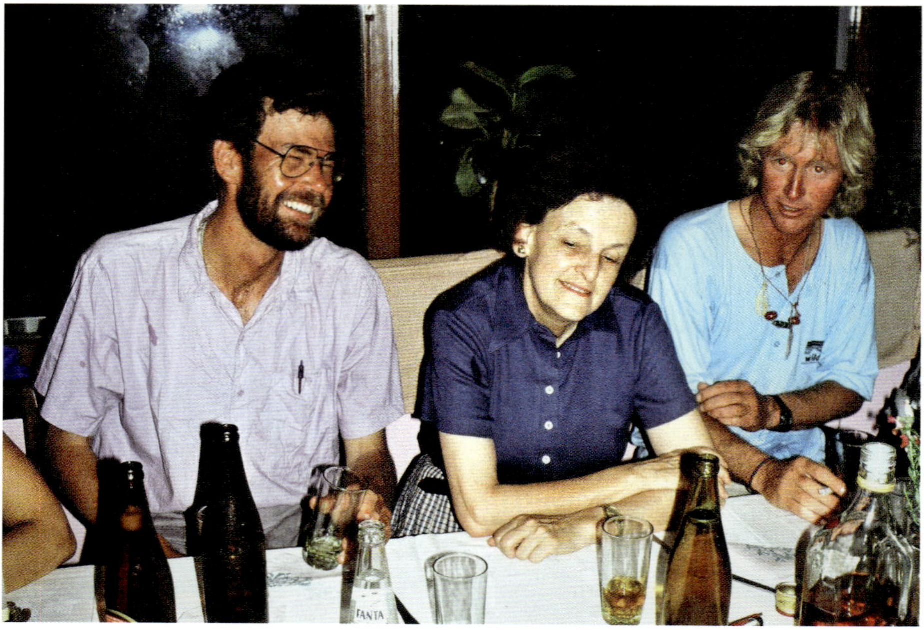

Small Talk mochte sie zwar nicht, aber in jungen Jahren ließ Miss Hawley selten eine Party sausen: mit Rob Hall (links) und Gary Ball in Kathmandu.

Die Konversation zwischen den beiden Journalistinnen drehte sich um Barbaras Visum, das die nepalesische Einwanderungsbehörde nicht verlängern wollte. Miss Hawley, die nicht viel von Barbaras journalistischen Fähigkeiten hielt, schnaubte sie laut Lisas Angaben an und sagte, dass sie sich nicht wundern brauche, wenn sie sich in ihren Artikeln gegen die Regierung und den Premierminister äußerte. Daraufhin wies Barbara Miss Hawley die Tür, sie verließ die Gartenparty, und die beiden Frauen sprachen bis zu Barbara Adams' Tod nur noch das Nötigste miteinander, obwohl Barbara weiterhin ihre Post an Miss Hawleys Postfach schicken ließ.

Ich selbst habe Barbara nur ein- oder zweimal in meinem Leben getroffen, aber da ich für Miss Hawley arbeitete, war sie nicht sonderlich an mir interessiert. Sie starb 2016, zwei Tage vor ihrem 85. Geburtstag. Als ich an diesem Tag bei Miss Hawley zu meiner täglichen Visite eintraf, öffnete ich wie gewohnt die Tür und rief: »Good morning Miss Hawley. How are you?« Ihre kurze und prägnante Antwort war: »Well, I am better than Barbara Adams, aren't I?« Das war alles, was sie über den Tod ihrer langjährigen Freundin und späteren Kontrahentin zu sagen hatte. Ich war ebenfalls froh, dass es Miss Hawley besser ging als Barbara Adams, da sie doch ein wichtiger Bestandteil meines Lebens in Nepal war. Denn auch wenn sie sich zurückgezogen hatte und nicht mehr sonderlich an den Geschehnissen im Himalaya interessiert war, war es mir doch ein Anliegen, zu einigen Dingen Rücksprache mit ihr zu halten. Sie war für mich der Fels in der Brandung, da wir beide – so unterschiedlich wir auch waren – auf der gleichen Welle ritten und in vielen Punkten die gleichen Ansichten vertraten.

MISS HAWLEYS PENSIONIERUNG TAT UNS BEIDEN gut. Wir hatten Zeit, gute und tiefsinnige Gespräche zu führen, und das gab mir die Gelegenheit, ihr persönliche Fragen zu stellen. Ich wollte beispielsweise wissen, warum sie nie geheiratet hatte – eine Frage, auf die sie pragmatisch und ehrlich antwortete: »I simply never met anyone I wanted to marry. I am a very independent type, you know.«

Und dann stellte ich ihr die Frage, von der ich mir nie hätte träumen lassen, dass ich es jemals wagen würde, sie ihr zu stellen. »What about the rumours around you and Edmund Hillary? Were you not in love with him?«

»No, I was not«, sagte sie bestimmt. »I liked him very much and I admired him. He did wonderful things, and I thought he was a great man, but I was never in love with him.«

Ob sie denn niemals verliebt gewesen sei?

»No, I don't think so. I was with a couple of guys at university, but hey, forget about them!«

Auf meine Frage, ob sie mit diesen »guys« eine Beziehung hatte, entgegnete sie: »In my days we did not have relationships. And then I moved to Nepal and in the 60s and 70s it would have been inconceivable for a western woman to have a relationship with a Nepali.«

Ich liebte diese Gespräche. Sie unterschieden sich sehr von den Konversationen, die wir hatten, als Miss Hawley noch meine Chefin gewesen war. Damals lebte ich ständig in der Sorge, etwas Falsches zu sagen, einen Namen nicht richtig zu buchstabieren oder aus irgendeinem anderen Grund von ihr getadelt zu werden. Es war jedoch nicht Miss Hawleys Fehler, dass ich mich so unterdrückt fühlte. Ich erlaubte ihr, mich zu dominieren, und wollte ihr alles recht machen und sie nicht enttäuschen. Ob das aus Zuneigung oder Angst geschah, weiß ich heute nicht mehr so genau – vermutlich beides. Nachdem sie ihr Amt niedergelegt hatte, waren unsere Unterhaltungen entspannt und machten Spaß. Als ich mir in Garmisch das Interview anhörte, das ich 2017 für die deutsche Zeitschrift *Bergsteiger* mit ihr gemacht hatte, meinte meine Schwester Christiane: »Du bist aber ganz schön forsch mit ihr.« Sie hatte recht: Ich sprach mit Miss Hawley genau so, wie sie mit mir gesprochen hat, forsch und manchmal ein wenig ruppig, aber sicherlich mit viel Zuneigung – als hätte ich es von ihr gelernt.

Leider blieb es mir verwehrt, einen letzten Schwatz mit ihr zu halten, bevor sie am 26. Januar 2018 dieser Welt endgültig den Rücken kehrte. Es handelte sich nur um ein paar Stunden, die ich zu spät kam, und das machte mich sehr traurig. Ich war mit meinen Freunden Monica Piris aus Spanien sowie Dean Staples und seiner Partnerin Lydia Bradey aus Neuseeland beim Skitourengehen in Kirgisien – einem Land, das ich schon immer bereisen wollte. Ich kannte die drei aus Nepal: Monica arbeitete viele Jahre für Russell Brice als Expeditionsärztin und ist eine sehr gute Freundin geworden, und Lydia and Dean hatte ich über meine Arbeit mit der Himalayan Database kennengelernt. Beide sind Bergführer und arbeiteten fast jede Saison am Everest.

Als Monica, Lydia, Dean und ich in Bischkek ankamen, war ich bereits darüber informiert, dass Miss Hawley mit einer Lungenentzündung in die CIWEC-Klinik in Kathmandu eingeliefert worden war. »Mach dir keine Sorgen, Billi«, schrieb Lisa. »Sie war ja in letzter Zeit öfter wegen einer Lungenentzündung im Krankenhaus, und es war nie etwas Ernsthaftes.« Das stimmte. Miss Hawley war in den letzten Jahren eine Stammpatientin in der Klinik geworden, hatte es aber immer wieder geschafft, nach Hause zu kommen. Sie war außerordentlich zäh, und ihr Lebenswille sowie ihre geistige Fitness halfen ihr dabei, immer wieder aufzustehen, auch wenn ihr Körper manchmal nicht mehr so richtig mitmachen wollte. Seit einem Sturz im Jahr 2017 war sie gebrechlich geworden und konnte sich nur noch mit einem Gehbock fortbewegen. Doch ihre Lebenslust war immer noch spürbar, sodass ich anfangs keine großen Bedenken wegen ihres Krankenhausaufenthalts hatte.

Nachdem wir in Bischkek unseren Skiführer getroffen und unsere superbreiten Skier für den legendären kirgisischen »bottomless snow« abgeholt hatten, fuhren wir mit dem Bus Richtung Osten nach Karakol am

Issyk-Kul-See. Von dort ging es mit einem Jeep weiter in ein kleines Dorf, wo wir unsere Skier anschnallten und zu unserer Jurte mitten im Tien-schan-Gebirge aufstiegen. Langsam begann ich mir um Miss Hawley Sorgen zu machen, und deshalb war ich froh, in der Jurte Handyempfang zu haben.

Ich war täglich mit Lisa und Miss Hawleys langjähriger Pflegerin Dawa Sherpa in Kontakt. Dawa arbeitete als Krankenschwester in der CIWEC-Klinik, hatte jedoch vom Krankenhaus den Auftrag, ihre Tage bei Miss Hawley in Dilli Bazaar zu verbringen und sich um die betagte Dame zu kümmern. Dawa und Miss Hawley hatten eine interessante Beziehung mit einer schwierigen Dynamik. Einerseits konnten sie sich nicht ausstehen, andererseits waren sie sich in vielen Dingen ähnlich, was wohl der Grund für ihre Reibereien war. Außer Lisa und Dawa kümmerte sich auch Margie McDougal um Miss Hawley. Margie war mit Chuck McDougal verheiratet, der mit Miss Hawley bei Tiger Tops gearbeitet hatte. Nach seinem Tod im Jahr 2016 fiel sie in ein Loch, was wohl auch ein Grund dafür war, dass sie sich so intensiv um Miss Hawley kümmerte. Sie brachte ihr neue Möbelstücke, neue Lampen, unzählige Bücher und kochte manchmal sogar für sie. »It's very nice of her but sometimes it is a bit much, and I don't really like her cooking«, vertraute mir Miss Hawley an. Margies Fürsorge für Miss Hawley beruhigte mich sehr, denn so wusste ich, dass außer Lisa noch jemand nach dem Rechten sah, wenn ich nicht in Kathmandu war.

Margie war auch diejenige, die mich außer Lisa und Dawa auf dem Laufenden hielt und mich während meines Skitourenurlaubs in Kirgisien über Miss Hawleys Gesundheitszustand informierte. Ich war froh, dass ich mit Menschen unterwegs war, die Miss Hawley gut kannten – vor allem Lydia, die 1995 zur 20-Jahr-Feier der ersten Everest-Besteigung einer Frau, der Japanerin Junko Tabei, mit Miss Hawley nach Japan gereist war. Lydia selbst ist wiederum die erste Frau, die den Gipfel des Mount Everest 1988 ohne Flaschensauerstoff erreicht hat. »Es war eine lustige Reise«, erzählte mir Lydia während eines Aufstiegs. »Liz hatte einerseits einen fantastischen Humor, andererseits war sie so steif«, erinnerte sich Lydia, während wir uns durch den tiefen Schnee kämpften. »Ich werde nie vergessen, wie sie in unserem gemeinsamen Schlafsaal wie ein Brett im Bett lag, sich die Decke bis zum Kinn hochzog und ihre Nase rümpfte, während wir anderen noch Radau machten.«

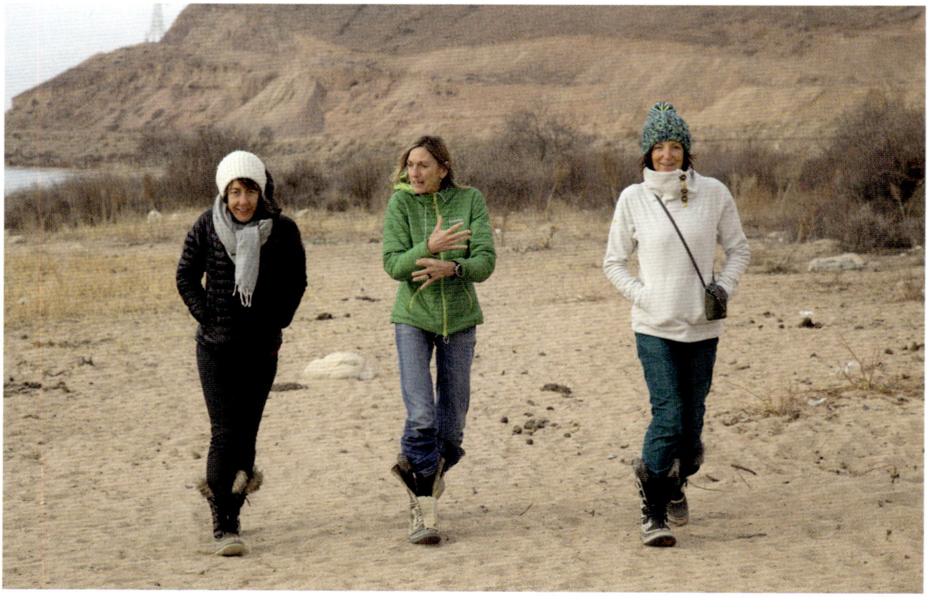

Mit Monica (links) und Lydia (rechts) in Kirgisien. Ich war froh, mit zwei so guten Freundinnen unterwegs zu sein, als ich von Miss Hawleys Gesundheitszustand erfuhr.

Als wir am Gipfel angekommen waren, riefen Lydia, Dean, Monica und ich Miss Hawley im Krankenhaus an, um ihr den Tag ein wenig zu versüßen. Leider konnte sie uns nicht richtig verstehen und hörte sich sehr schwach an. Nach unserem eher unbefriedigenden Gespräch ergriff Margie den Hörer und meinte kurz: »Billi, komm bitte nach Kathmandu. Liz fragt ständig nach dir, und wir wissen nicht, wie lange sie noch unter uns sein wird.« Dieser Satz traf mich wie ein Blitz und machte uns alle betroffen. Wir zogen unsere Felle ab, schnallten die Skier an und fuhren schnurstracks zur Jurte, wo ich sofort meine Freundin Judy Smith kontaktierte. Sie arbeitete in einem Reisebüro in Neu-Delhi, und ich hoffte, dass ich über sie einen Flug nach Kathmandu organisieren konnte. Ich hatte das Gefühl von Dringlichkeit, wusste jedoch, dass der Weg von der abgelegenen Jurte ins Dorf, vom Dorf nach Karakol, von Karakol nach Bischkek und von Bischkek nach Kathmandu geraume Zeit in Anspruch nehmen würde. Judy warf sich ins Zeug und schaffte es, mir zwei Tage später einen Flug von Bischkek nach Kathmandu zu organisieren. Ich hoffte natürlich, dass mir diese Zeitspanne reichen würde, um mich noch persönlich von Miss Hawley zu verabschieden.

AM NÄCHSTEN TAG NAHM ICH VON MEINEN FREUNDEN und den wunderschönen Bergen Kirgisiens Abschied und machte mich auf den Weg in die Hauptstadt, zuerst mit den Skiern ins Dorf, dann mit dem Jeep nach Karakol und zuletzt in einem ungeheizten Bus nach Bischkek. Es war so kalt, dass ich das Eis an den Innenscheiben des Busses abkratzen konnte. Auf der Reise dachte ich viel über Miss Hawley nach. Über die Zeit, als ich mich noch vor ihr gefürchtet und ständig versucht hatte, ihre Gunst zu erwerben. Ich fragte mich, warum ich nie das Handtuch geworfen hatte, wie es schon einige andere vor mir getan hatten, warum ich mich so lange von ihr hatte dominieren lassen und warum es mir so wichtig war, dass sie mich akzeptierte. Die Antwort war einfach: Ich schätzte sie ungemein. Ich war dankbar, dass ich diese unheimlich interessante Frau so gut kennenlernen durfte, für die vielen Stunden, die ich mit ihr verbringen durfte, und ich liebte sie wohl fast so wie eine Mutter oder eine enge Verwandte. Sie war meine Mentorin. Diese Gedanken begleiteten mich auf meiner Reise. Einerseits hoffte ich, dass Miss Hawley sich nicht von dieser Lungenentzündung unterkriegen lassen würde, andererseits war mir auch klar, dass der Tag, an dem sie uns verlassen würde, bald kommen würde. Per Whatsapp tauschte ich mich immer wieder mit Dawa und Margie aus. Sie waren froh, dass ich mich auf den Weg gemacht hatte, und berichteten mir, dass Miss Hawley jedes Mal »This must be Billi« sagte, wenn sie ein Telefon klingeln hörte, und enttäuscht war, wenn es nicht so war. »What is taking her so long to get here? Is she riding her bike from Bishkek, or what?«, würde sie vermutlich sagen. Ich war sehr gerührt und zugleich überrascht. Bedeutete ich ihr wirklich so viel, dass sie mich unbedingt sehen wollte?

Da ich an dem einzigen Wochentag in Bischkek ankam, an dem Fly Dubai nicht nach Dubai und weiter nach Kathmandu flog, verbrachte ich 24 Stunden in dieser bitterkalten und sehr von der Sowjetunion geprägten Stadt. Ich checkte in ein Hotel ein und ging auf Erkundungstour, was eher eine Pflichtübung als ein Genuss war. Es war so kalt, dass ich trotz meiner warmen Expeditionskleidung alle 100 Meter in ein Geschäft musste, um mich aufzuwärmen. Es machte keinen Spaß, in dieser großen Stadt mit ihren unendlich breiten Straßen und imposanten Gebäuden herumzuirren, da ich nur so schnell wie möglich nach Kathmandu wollte. Hier schlug ich lediglich die Zeit tot. Also ging ich zurück ins Hotel, bestellte ein Taxi für 3 Uhr morgens und ging ins Bett, natürlich nicht ohne mir den Wecker auf 2.30 Uhr zu stellen, da ich um 3.30 Uhr am Flughafen sein musste.

Ich weiß nicht mehr genau, was ich träumte, jedenfalls fuhr ich fünf Minuten bevor mein Wecker läutete aus dem Bett hoch und spürte etwas. Ich wusste nicht, was es war, aber es fühlte sich so an, als ob etwas passiert war. Ich verwarf den Gedanken, schob dieses schreckhafte Erwachen auf meine innere Uhr und machte mich in der Eiseskälte auf den Weg zum Flughafen. Kurz nach dem Einchecken piepste mein Handy, und es war mir klar, dass es zu dieser Zeit eine Nachricht aus Nepal sein musste. »Miss Hawley left us two hours ago«, schrieb Dawa. Ich sackte zusammen und fühlte mich unendlich traurig. Jetzt war Miss Hawley gegangen, ohne dass ich mich von ihr verabschieden und ihr die Dinge sagen konnte, die ich ihr gern noch mit auf ihren Weg in ihr neues Sein gegeben hätte. Dawa schrieb, dass sie friedlich eingeschlafen sei, was mich beruhigte.

Es war klar, dass Miss Hawley dann gehen würde, wann sie wollte, und so war ich überzeugt, dass es der richtige Zeitpunkt für sie war. Ich bin ebenso davon überzeugt, dass Miss Hawley mir ein Zeichen schickte, als sie ging, sonst wäre ich morgens um halb drei in Bischkek nicht derart aus dem Schlaf gerissen worden.

Der Australier Bruce Moore, ein langjähriger Freund von Miss Hawley und Senior Director der American Himalayan Foundation, holte mich am Flughafen ab. Ich war sehr dankbar, dass jemand da war, der Miss Hawley genauso schätzte wie ich. Wir umarmten uns und weinten. »Ich weiß, du hättest dich gern richtig von ihr verabschiedet, aber wir können jetzt in die CIWEC-Klinik fahren, wo du es nachholen kannst«, sagte er. Ich erinnerte mich an meinen Besuch in der Leichenhalle bei meinem Vater, der zwölf Jahre zuvor gestorben war. Von ihm durfte ich mich auch nicht persönlich verabschieden, da ich in Kathmandu im Expeditionsstress steckte und Miss Hawley auf meine Anwesenheit gepocht hatte, obwohl mein Vater nach seinem Herzinfarkt im Koma lag. Als ich ihn sah, wusste ich sofort, dass seine Seele bereits seinen Körper verlassen hatte, denn es war lediglich eine Hülle, die dort lag. Bei Miss Hawley war es ähnlich. Sie lag noch in ihrem Krankenbett, aber sie sah, wie damals mein Vater, fremd aus. Es wirkte auf mich, als wäre sie gegangen und hätte vergessen, ihre Hülle mitzunehmen.

Margie, Lisa und Dawa waren noch anwesend, als wir kamen, und Lisa schlug vor, dass sie mich nun mit Miss Hawley alleinlassen würden. Ich war sehr dankbar für diese Minuten mit ihr und setzte mich an ihr Bett, um mit ihr zu reden. Ich entschuldigte mich, dass ich mal wieder zu spät war, dass ich nie stillsitzen konnte und immer auf Berge steigen wollte. Dass ich manchmal in der Expeditionszeit nicht anwesend und gewiss nicht immer einfach gewesen war. Dann bedankte ich mich für all die Dinge, die ich von ihr gelernt habe und die mich in meinem Leben sicherlich weiterbringen werden. Ich dankte ihr für die Geduld, die sie trotz allem mit mir hatte, für die vielen unterhaltsamen Stunden und für das Vertrauen, das sie mir trotz meiner Eskapaden entgegengebracht hat. Natürlich erzählte ich ihr auch ein wenig von meinen Frustrationen und meiner Angst ihr gegenüber, aber irgendwie schien das in diesem Moment nicht mehr so wichtig zu sein. Ich war einfach nur traurig, dass sie gegangen war, und hatte ein wenig Sorge vor der Zukunft mit der Himalayan Database. Wie sollte ich das ohne sie stemmen? Aber das Leben ist vergänglich, und auch diejenigen, die uns unsterblich erscheinen, verlassen uns irgendwann. Das tat Miss Hawley am Morgen des 26. Januar 2018. Mit ihr starb ein Stück Himalaya-Geschichte.

BRUCE FUHR MICH NACH HAUSE, und es tat gut, in Kathmandu zu sein. Eigentlich wäre ich gleich nach meinem Skiurlaub von Kirgisien zurück nach Bern gereist, da ich zu diesem Zeitpunkt unter Vertrag bei der Humanitären Hilfe der Schweiz stand. Zum Glück habe ich dort wunderbare und verständnisvolle Chefs und Kolleginnen, die großes Mitgefühl zeigten und mir erlaubten, so lange wie nötig in Nepal zu bleiben. Darüber war ich sehr froh, denn die Abschiedsfeierlichkeiten für Miss Hawley dauerten fast eine Woche. Am 29. Januar wurde sie im Tempel von Swayambunath eingeäschert. Ihr Neffe Michael Leonard und seine Frau Meg kamen aus den USA angereist, um Miss Hawley die letzte Ehre zu erweisen. Michael war der einzige Sohn ihres Bruders, der in jungen Jahren an Leukämie verstorben war. Michael und Miss Hawley hatten eine enge Beziehung gehabt. Sie waren oft in Kontakt gewesen, und Michael hatte sich um ihre geschäftlichen Angelegenheiten in den USA gekümmert. Meg war bereits von Miss Hawley fasziniert gewesen, bevor sie Michael überhaupt kennengelernt hatte, was die beiden auch zu engen Freundinnen machte.

Die Einäscherung war eine feierliche Angelegenheit, zu der sich viele Menschen einfanden, um Miss Hawley Respekt zu zollen. Sherpas, Expats, Regierungsbeamte, Ärzte und alle, die Miss Hawley kannten und schätzten, trafen in ihrem Haus in Dilli Bazaar ein, in dem ich so viele Stunden verbracht hatte. Ihr Körper wurde vorsichtig in Khatas eingewickelt und in einem Wagen nach Swayambunath gefahren. Der Leichnam wurde nach hinduistischem Brauch auf Bündel von Zweigen und Ästen gelegt, auf eine Art Scheiterhaufen. Ihr Neffe Michael bekam vom Zeremonienmeister eine Fackel überreicht und entzündete das Feuer. Es war ein sehr kraftvoller, feierlicher Akt. Ich war froh, Bruce bei mir zu haben, da er mir emotionalen Beistand leistete und mich in meiner Traurigkeit auffing. Nachdem die Flammen Miss Hawleys sterbliche Hülle ergriffen hatten, begannen die Menschen, die ihr nahestanden, in einer Art Prozession um ihren brennenden Leichnam zu gehen. Ich fühlte mich geehrt, mitgehen zu dürfen, denn Miss Hawley hatte lange Jahre zu meinem Leben gehört, und ich stand ihr trotz unserer anfänglichen Schwierigkeiten sehr nahe. In diesem Moment hatte ich das Gefühl, als ob ein großer Teil meiner Existenz in Nepal wegbrechen würde. Mein Leben in Kathmandu ist ohne Miss Hawley nicht mehr dasselbe, und ich vermisse sie immer noch sehr.

Die weitere Trauerfeier wurde nach Dilli Bazaar verlegt, wo die Gäste mit Dal Bhat verköstigt wurden, bevor sie sich endgültig von Miss Hawley verabschiedeten und sich wieder in die verschiedenen Himmelsrichtungen zerstreuten. Ich blieb mit Meg und Michael noch eine Weile in Miss Hawleys Haus. »Billi, gibt es etwas, was du gern von Liz hättest?«, fragte mich Michael plötzlich. »Wir sind ja nur eine Woche hier und wollen uns um ihre privaten Dinge kümmern.« Bereits zu ihren Lebzeiten hatte Miss Hawley vereinbart, dass der Hauptsitz des American Alpine Club (AAC) in Colorado ihr Papierarchiv für die Himalayan Database, das fast eine Tonne wog, erhalten würde, ebenso ihre unzähligen neuen und antiquarischen Bergbücher, die genauso wie ihre legendären Bioforms alphabetisch geordnet waren. Da waren schon ein paar Schätze dabei, aber mir war bewusst, dass diese historischen Dokumente am besten beim AAC aufgehoben waren. Es lag mir fern, irgendetwas von Miss Hawley in Anspruch zu nehmen, und ich hatte auch nicht das Gefühl, dass mir etwas zustehen würde, aber plötzlich fielen mir die drei Bücher von Dorothy Sayers ein, die sie immer

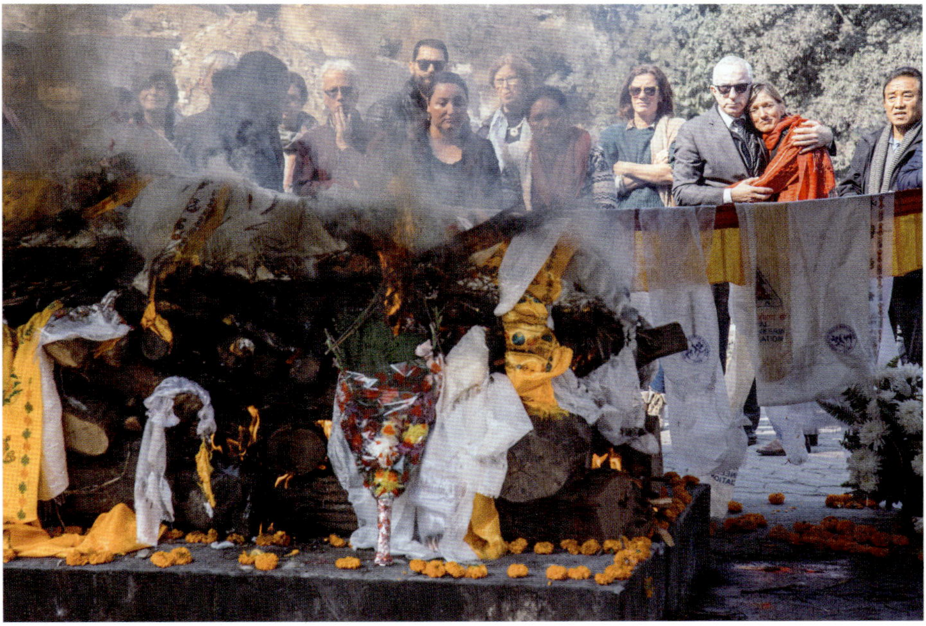

Eine würdige und bewegende Zeremonie: Miss Hawleys Kremation am Tempel von Swayambunath, bei der mir Bruce seelischen Beistand gab.

wieder gelesen hatte. Die wollte ich haben. Michael und Meg sahen mich verwundert an, hatten aber nichts gegen meinen Wunsch einzuwenden. Ich wollte wissen, mit welchen imaginären Figuren Miss Hawley ihre letzten Monate in ihrem düsteren Büro verbracht hatte. Und so wurde ich die stolze Besitzerin dieser drei Bücher, die ich allerdings bis heute noch nicht gelesen habe, da ich mich bis jetzt nicht dazu aufraffen konnte, mich durch dieses alte Englisch zu kämpfen.

Über die folgenden drei, vier Tage gab es noch weitere Feierlichkeiten für Miss Hawley, und es war schön, zu sehen, dass auch die nepalesische Regierung sie würdigte. Man brachte sogar ein Bild und eine Plakette in der Vorhalle des Gebäudes des Nepal Tourism Board an, wo sie nun über die kommenden und gehenden Bergtouristen wacht. Am Tag vor Michaels und Megs Abreise bestellte mich Meg nach Dilli Bazaar, um ihr ein wenig beim Ausmisten von Miss Hawleys Accessoires und Kleidern zu helfen. »Da ist bestimmt noch etwas für dich dabei«, meinte sie. Ich war überrascht, mit welch schrillen Kleidungsstücken Miss Hawley in jungen Jahren Aufsehen

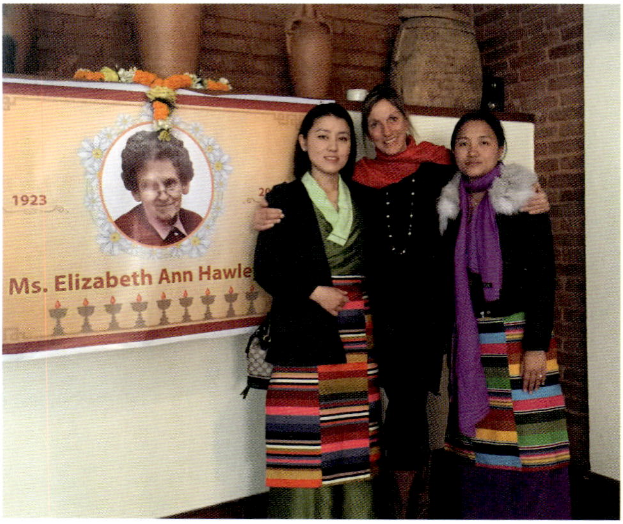

Mit Rista Rai (links) und Dawa Sherpa bei der Trauerfeier. Die beiden kümmerten sich in Miss Hawleys letzten beiden Lebensjahren Tag und Nacht um sie.

erregt hatte. Sie besaß Handtaschen mit Goldbrokat, extravagante Kleider und ausgefallenen Schmuck. Wir fanden sogar einen Anhänger, der aus einem riesigen Elefantenkopf mit einem Rüssel aus echtem Elfenbein bestand, den mir Meg mit weiteren von Miss Hawleys exotischen Besitztümern übergab.

Plötzlich fiel ihr Blick auf das Bild von Everest, Lhotse und Nuptse, das seit Jahrzehnten Miss Hawleys Treppenaufgang schmückte und mich schon immer fasziniert hatte. Es schien eine der ersten Schwarz-Weiß-Luftaufnahmen des berühmten Hufeisens – des Grats, der die drei Berge verbindet – zu sein und war nachkoloriert worden. »Michael bat mich, dich zu fragen, ob du dieses Bild möchtest«, sagte sie. Ich konnte es kaum fassen, denn ich hätte nie gewagt, danach zu fragen. Und ich war überglücklich, dass ich dieses besondere Andenken an Miss Hawley mit nach Bayern nehmen durfte, wo es nun in meinem heimischen Wohnzimmer hängt, das ich mir mit meiner Schwester Christiane teile.

Nach zwei Wochen kehrte ich zurück nach Bern, wo ich meine Arbeit bei der Humanitären Hilfe fortsetzte. Im März flog ich wieder nach Nepal, um im Frühjahr 2018 meine erste Expeditionssaison ohne Miss Hawleys Präsenz zu bestreiten.

Eine neue Ära

WÄHREND ICH IN GARMISCH DIESE ZEILEN schreibe, merke ich immer wieder, wie sehr ich Miss Hawley vermisse. Gerade jetzt, wo sich das Expeditionsbergsteigen an den Achttausendern zu einem Wettrennen entwickelt hat, würde ich gern ihre Meinung darüber hören. Seit der Nepalese Nirmal Purja, bekannt unter dem Namen Nims Dai, mit der Unterstützung eines extrem starken Sherpa-Teams im Jahr 2019 alle vierzehn Achttausender in einer Rekordzeit von sechs Monaten und sechs Tagen bestieg, ist diese Art von *Peak Bagging* zu einem Trend geworden, den ich für mich das »Nims-Syndrom« nenne. Bevor Nims sein Projekt begann, lag der Rekord, der im Jahr 2013 von dem Südkoreaner Kim Chang-ho aufgestellt wurde, bei sieben Jahren, elf Monaten und sechs Tagen. Er erreichte die vierzehn höchsten Gipfel allerdings ohne Flaschensauerstoff, ähnlich wie der polnische Bergsteiger Jerzy Kukuczka, der nach Reinhold Messner der zweite Mensch auf allen Achttausendern war und nur am Everest Flaschensauerstoff zu Hilfe nahm. Kukuczka benötigte für diese Meisterleistung nur acht Tage mehr als sein südkoreanischer Kollege.

Als Nims Anfang 2019 seine Pläne bekannt gab, diskutierte ich dieses Projekt mit dem britischen Bergsteiger Kenton Cool, der 2022 den Mount Everest zum 16. Mal besteigen sollte, womit er den Amerikaner Dave Hahn überholte und zum »Westler« mit den meisten Everest-Besteigungen wurde. Wir beide waren der Meinung, dass das »Gipfelsammeln« in einer so kurzen Zeit niemals zu bewältigen sei. »Wenn er das schafft, fresse ich meinen Hut«, sagte Kenton, und jedes Mal, wenn Nims und sein Team wieder auf einem Gipfel standen, bekam ich eine Whatsapp von ihm, in der er sich über das bevorstehende »hat dinner« Sorgen machte.

Am 29. Oktober 2019 vollendete Nims sein unglaubliches Projekt trotz vieler Widrigkeiten. Er hatte nicht nur mit schwierigen Wetterbedingungen und am Kangchendzönga mit einem Kater nach einer durchzechten Nacht zu kämpfen, sondern hätte auch beinahe die Besteigungsgenehmigung für den niedrigsten Achttausender, die Shishapangma in Tibet, nicht

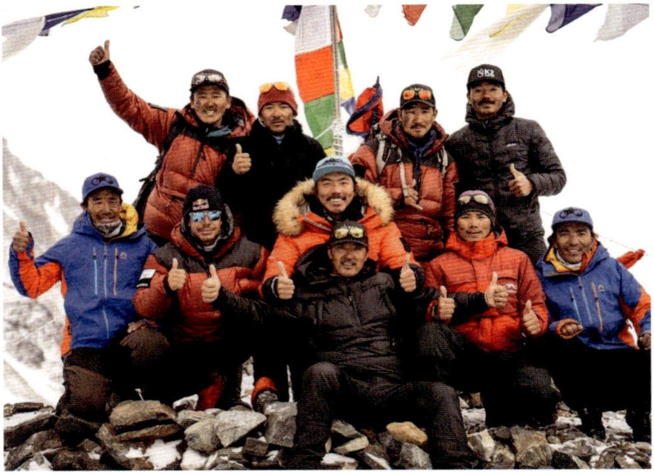

Im Januar 2021 gelang diesem Sherpa-Team die erste Winterbesteigung des K2: Pem Chhiri, Mingma David, Gelje, Dawa Temba (hinten, von links), Dawa Tenzing, Nims, Mingma G, Sona, Kili Pemba (Mitte, von links) und Mingma Tenzing (vorne).

erhalten. Angeblich aus Sicherheitsgründen hatten die chinesischen Behörden erklärt, dass 2019 keine Genehmigungen für die Besteigung des vollständig auf chinesischem Staatsgebiet liegenden Achttausenders erteilt würden. Doch Nims gab nicht auf, und mithilfe der nepalesischen Trekkingagentur Climbalaya und ihres Geschäftsführers Dawa Sherpa erhielt er in letzter Minute grünes Licht, um sein Projekt zu vollenden. Seit dieser unglaublichen Leistung, die Nims, der selbst kein Sherpa, sondern ein nepalesischer »Flachländer« ist, nicht ohne die Hilfe seines Sherpa-Teams und die logistische Unterstützung von Seven Summit Treks erreicht hätte, ist er zum Weltstar geworden. Sein Film *14 Peaks: Nothing Is Impossible* wurde auf Netflix ausgestrahlt und zum absoluten Blockbuster. Nims wiederholt darin immer wieder, dass Aufgeben ihm nicht im Blut liege. »Giving up is not in my blood« lautet das Motto des Films, in dem er mit seiner typischen Geste, die aus einem nach oben gestreckten Daumen und einem seitlich gestreckten kleinen Finger besteht, mehrmals betont, dass er das stärkste menschliche Wesen der Welt sei. In einem Podcast mit dem amerikanischen Showmaster Joe Rogan stellte er klar: »There is only one superhuman on this planet, and he is standing in front of you.« Das ist ein Selbstbewusstsein, von dem viele Menschen träumen. Aber nicht alle singen Lobeshymnen auf Nims, und manche Alpinisten kritisieren ihn für die Zuhilfenahme von Flaschensauerstoff und seine vielen Helikopterflüge. »Das ist keine alpinistische Leistung«, sagte der deutsche Extrembergsteiger David Göttler. »Für mich ist das eher eine Sportart, die mit Alpinismus nicht mehr viel zu tun hat.«

Als ich Nirmal Purja das erste Mal traf, war er Mitglied der 2017 British Gurkha Everest Expedition unter der Leitung von Dick Gale, den ich wie alle Expeditionsleiter vor der Expedition in Kathmandu getroffen hatte. Die Gurkha-Regimenter, in denen nepalesische Elitesoldaten als Söldner im Dienst des britischen oder indischen Militärs stehen, sind ein Überbleibsel aus der Kolonialzeit. Leider verpasste ich Dick Gale nach seiner Expedition und war heilfroh, als ich eine Nachricht von einem gewissen Nirmal Purja erhielt, der mich unbedingt treffen und über seine Expedition sprechen wollte. Nims war mir damals noch nicht bekannt, obwohl er 2014 den Dhaulagiri 1 erreicht und 2016 den Everest bestiegen hatte. Da ich mich immer freue, wenn Bergsteiger mich von sich aus kontaktieren, was allerdings nicht oft vorkommt, setzte ich mich sofort auf mein Fahrrad und sauste am stockenden Verkehr vorbei nach Thamel, wo ich Nims im Himalayan Java Café traf. Er war schon dort, ausgerüstet mit Fotos und genauen GPS-Daten, und erzählte mir, dass er all diese Beweise für das *Guinness-Buch der Rekorde* benötigte. Mir war zunächst nicht klar, warum er glaubte, aufgrund einer Everest-Besteigung in diese Sammlung von Rekorden zu kommen. Ich war gespannt!

Nims war sehr zuvorkommend und sprach erstklassiges Englisch. Das hatte er während seiner Zeit bei den Gurkhas und danach bei einer britischen Spezialeinheit, in der er als einziger Nepalese diente, gelernt. Er hatte jedoch immer noch den typischen und in meinen Ohren liebenswerten nepalesischen Akzent, der sich vor allem dadurch bemerkbar macht, dass die Nepalesen das »s« und das »k« bei dem Wort »ask« verwechseln. Und so sagen die meisten Nepalesen, auch diejenigen, die Queen's English sprechen, »aks«. So auch Nims. Er erzählte mir, dass er am 15. Mai 2017 gemeinsam mit den anderen Gurkhas auf dem Dach der Welt gestanden habe, am 18. Mai mit dem Helikopter nach Kathmandu und am 23. Mai wieder zurück ins Basislager geflogen sei. »Ich fühlte mich fit und wollte versuchen, Everest und Lhotse in weniger als 24 Stunden zu besteigen.« Das gelang ihm auch, und zwar noch viel schneller als geplant – in zehn Stunden und 20 Minuten. Nachdem er das zweite Mal, am 27. Mai um 5.35 Uhr morgens, auf dem Everest gestanden war, erreichte er am gleichen Tag um 15.55 Uhr den höchsten Punkt des Lhotse. Bei beiden Bestei-

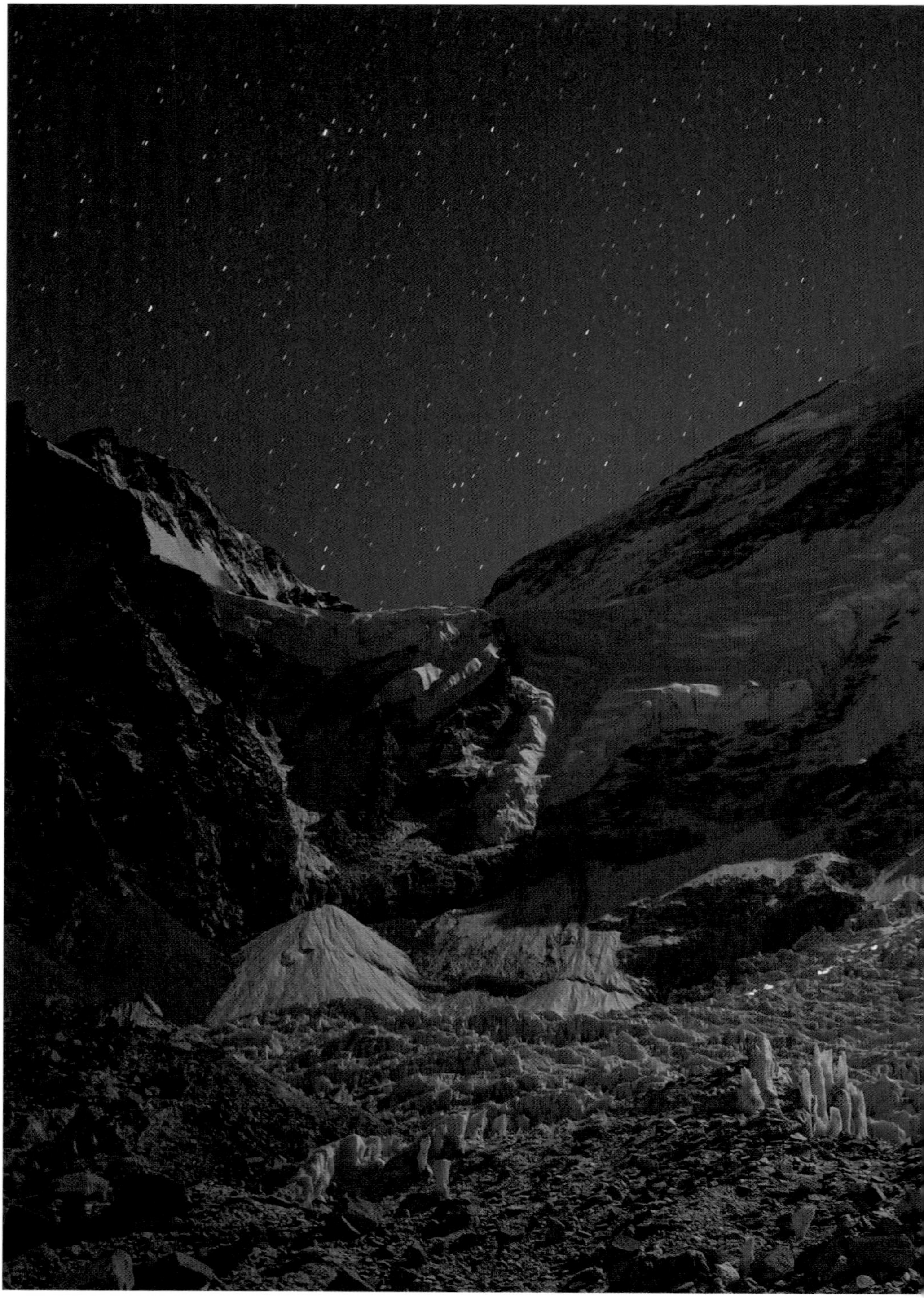

Die Stirnlampen der Bergsteiger bewegen sich am Mount Everest langsam durch den gewaltigen Khumbu-Eisbruch in Richtung Lager 1.

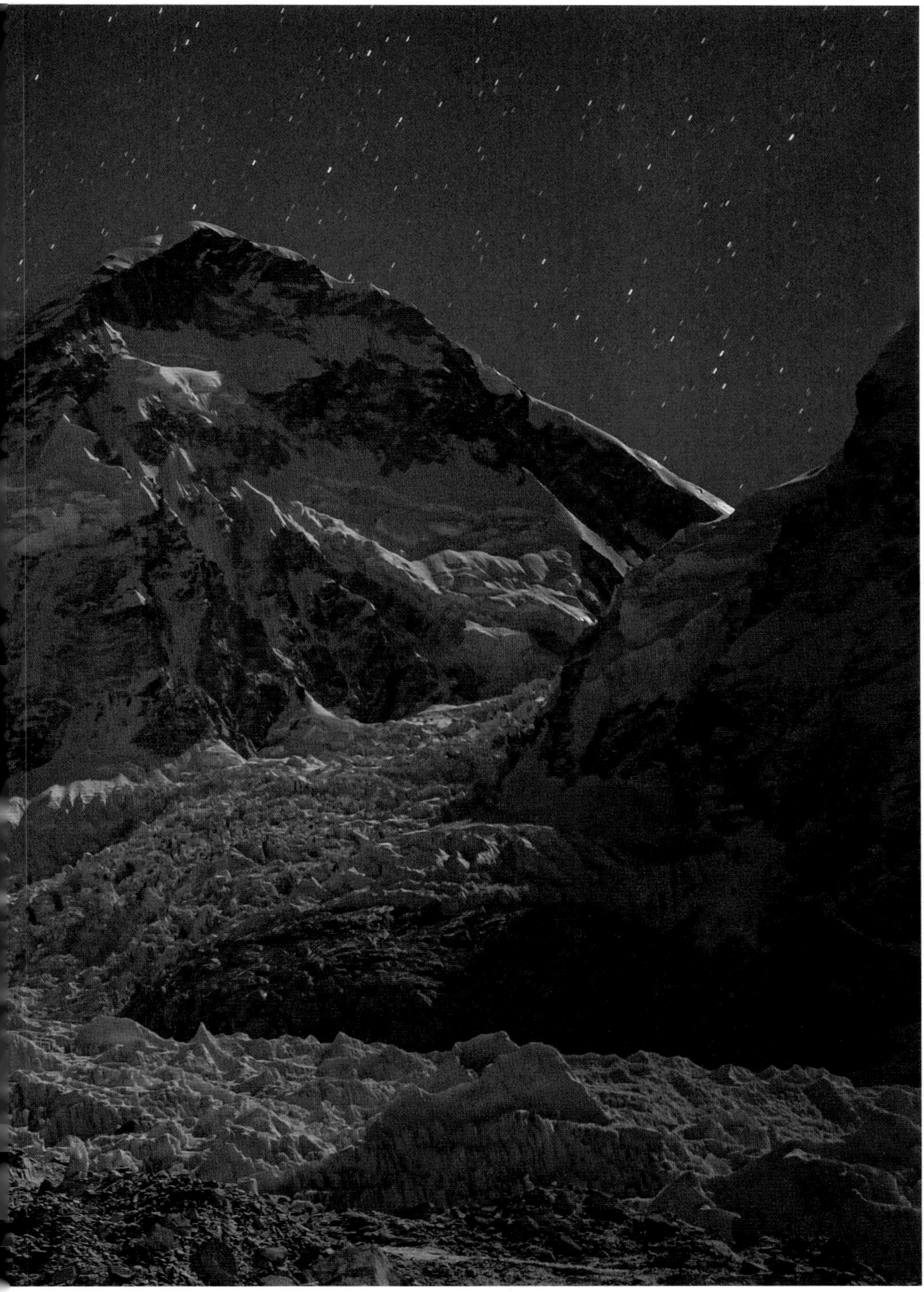

gungen benutzte er Flaschensauerstoff und kletterte mit der Unterstützung eines Climbing Sherpa, jedoch nicht mit demselben. »Nach unserer Everest-Besteigung blieb Lhakpa am Südsattel auf 7900 Metern, und ich ging nach einer kurzen Rast zum Lager 4 des Lhotse, wo Jangbu Sherpa auf mich wartete.« Die beiden blieben wegen des stürmischen Wetters nur ein paar Minuten auf dem Gipfel des vierthöchsten Berges und stiegen am selben Tag noch ins Lager 2 und am folgenden Tag ins Basislager ab.

Er hatte es geschafft, den höchsten und vierthöchsten Berg der Welt in Rekordzeit zu besteigen. Aber das genügte Nims nicht. Vielleicht stellte er bereits in diesem Jahr die Weichen für sein »Project Possible«, wie er seine Mission, die vierzehn Achttausender in weniger als sieben Monaten zu besteigen, nannte. Zwei Tage nach seinem doppelten Gipfelerfolg stieg Nims am Everest-Basislager erneut in einen Helikopter, flog in den Sherpa-Hauptort Namche Bazaar, feierte dort am 29. Mai 2017 das 64-jährige Jubiläum der ersten Everest-Besteigung von Tenzing Norgay und Edmund Hillary mit viel Alkohol und brauste am 30. Mai in Begleitung von drei Climbing Sherpas und mit einem ordentlichen Kater per Helikopter ins Basislager des Makalu. Dort hielten sich die vier Bergsteiger nicht lange auf. Sie starteten sofort in die Hochlager und erreichten zwei Tage später den Gipfel des fünfthöchsten Berges der Welt. »Ich raste auf den Gipfel, führte mein kleines Team an und bahnte uns den Weg durch schweren Schnee, starke Winde und dicke Wolken, bis wir den Gipfel erreicht hatten«, schreibt Nims in seinem Buch *Beyond Possible. One Soldier, Fourteen Peaks – My Life in the Death Zone*. Der Weg war geebnet, und Nims schmiedete einen neuen Plan. Ganz im Sinn von Jules Vernes wollte er die fünf höchsten Gipfel der Welt in 80 Tagen besteigen, was jedoch nicht im Sinn der britischen Armee war, die ihm den eingereichten Urlaub verweigerte. Daraufhin kündigte Nims kurzerhand. Gleichzeitig weitete er sein ehrgeiziges Projekt aus. »Plötzlich kam mir der Gedanke, alle vierzehn Achttausender zu besteigen, und zwar in sieben Monaten, denn ›Project Possible, 14/7‹ klang cool, und alles muss cool sein«, sagte er im November 2021 in einem Interview mit dem amerikanischen Journalisten Stephen Potter.

Es war cool und ist es immer noch. Zwei Jahre nach seinem Everest-Lhotse-Makalu-Rekord vollbrachte Nims etwas, was niemand in der Bergsteigerszene, allen voran Kenton Cool und ich, für möglich gehalten hätte. Am 29. Oktober 2019 stand er auf der 8027 Meter hohen Shishapangma, dem letzten seiner vierzehn Achttausender, und vollendete die Mission in nur sechs Monaten und sechs Tagen, was auch eine coole Zahl ist. Alles um Nims herum scheint cool zu sein. Sein Film, seine Interviews, seine Kundinnen, seine Art, sich auszudrücken, seine Gesten, seine unglaublich starken Sherpas und natürlich seine körperliche Verfassung. »Mein hartes Training bei den Gurkhas und der britischen Spezialeinheit haben mich stark gemacht. Dort habe ich gelernt, dass man, auch wenn man denkt, am Ende zu sein, immer noch 45 Prozent Energie hat.« Ich kann mir vorstellen, dass das nicht für jeden Durchschnittssportler zutrifft, denn Nims ist physiologisch und psychologisch ein Ausnahmefall. Das bestätigt seine Frau Suchi in *14 Peaks: Nothing Is Impossible*: »Als Nirmal für die Aufnahme in die Spezialeinheit trainierte, stand er um 2 Uhr morgens auf, rannte 20 Kilometer mit 35 Kilogramm auf dem Rücken, arbeitete den ganzen Tag und ging hinterher noch bis 11 Uhr abends ins Fitnessstudio. So lebten wir sechs Monate lang.« Nims gab und gibt nicht auf, und er appelliert an seine Mitmenschen, es ihm gleichzutun. »Solange du an dich glaubst, wirst du alles erreichen, aber wenn du nicht an dich glaubst, wird niemand an dich glauben. Ist das nicht so?«, sagte er in einem Podcast mit dem nepalesischen Talkmaster Nirvana Chaudhary.

Nims ist charismatisch, freundlich und ohne Zweifel eine herausragende Führungspersönlichkeit. Das war mein Eindruck bei unserem ersten Gespräch, und das bezeugen auch seine Expeditionsmitglieder. »Von Nims konnte ich viel lernen, vor allem wie man ein starkes Team bildet, es über den Horizont blicken lässt und dabei noch charismatisch inspiriert«, sagte die österreichische Judoathletin Sabrina Filzmoser, die im Frühjahr 2022 mit Nims' Agentur Elite Expeditions den Mount Everest bestieg. »Natürlich hat er eine einzigartige Führungsstärke, aber seine Bereitschaft, stets dazuzulernen, loyal und aufrecht seine Ziele zu verfolgen, um gleichzeitig eine unendliche Integrität mit allen Ecken und Kanten auszustrahlen, die ist ziemlich unschlagbar.«

Nachdem er sein »Project Possible« zu Ende gebracht hatte, wurde es immer schwieriger, einen Termin bei ihm zu bekommen. Ich kontaktierte ihn über E-Mail, Facebook, Instagram und was ich sonst noch an Kontaktkanälen fand, stieß jedoch auf taube Ohren. Mir war es wichtig, mit ihm persönlich über sein Projekt zu sprechen, auch wenn die von mir benötigten Informationen überall in den sozialen Medien zu finden waren. Für ein Treffen war Nims aber nun zu beschäftigt, denn er war über Nacht zum internationalen Star geworden. Heute folgen ihm mehr als zwei Millionen Menschen auf Instagram und über eine halbe Million auf Facebook, sein Film zählte zu den meistgesehenen auf Netflix und wurde 2022 für die British Academy Film Awards nominiert. Im Jahr 2018 verlieh ihm Königin Elizabeth II. sogar einen Orden des Britischen Königreichs (MBE), einen Ritterorden, der Verdienste für das Königreich würdigt. In seinem eigenen Land wurde er als Nationalheld gefeiert, und im Februar 2022 ernannte ihn die nepalesische Regierung zum Botschafter für Tourismus.

Endlich hatte es ein Nepalese geschafft, für seine bergsteigerischen Leistungen in die internationalen Schlagzeilen zu kommen. Nims stand im Rampenlicht, und wenn er auch selbst kein Sherpa ist, verpasste er keine Gelegenheit, seine starken Sherpas, ohne die er diesen Erfolg nicht hätte feiern können, zu würdigen. »Die meisten westlichen Bergsteiger kennen nicht einmal die Namen ihrer Sherpas«, kritisiert er in seinem Film die Bergtouristen. Damit hat er bis zu einem gewissen Grad recht. Mir ist es bei der Himalayan Database des Öfteren passiert, dass die Gipfelstürmer die Sherpas, die mit ihnen den Gipfel erreichten, nicht einmal erwähnten. Auf meine Frage: »Wie viele Leute waren auf dem Gipfel und um wie viel Uhr?«, lautete die Antwort manchmal so ähnlich wie: »Drei Leute – der Max, die Moni und ich.« Wenn ich auf diese Information überrascht reagierte und ihnen dazu gratulierte, ohne Sherpa-Unterstützung den Gipfel erreicht zu haben, kam meist rasch die Antwort: »Nein, es waren noch drei Sherpas dabei.« – »Ah, dann waren also sechs Leute auf dem Gipfel und nicht drei.« Manchmal wissen sie die Namen ihrer Begleiter, manchmal aber auch nicht, und manchmal bin ich absolut überrascht, wie viel die Teilnehmer über ihre Sherpas wissen. Das variiert – im Übrigen auch umgekehrt. Was Nims in seinem Film nämlich nicht erwähnt, ist die Tatsache, dass auch die Climbing Sherpas oft die Namen ihrer Kunden nicht wissen und sie lediglich mit der in Nepal gebräuchlichen Anrede »Dai« (älterer Bruder) oder »Didi« (ältere Schwester) ansprechen. Aber das scheint niemanden zu stören.

Nims' »Project Possible« und sein Film hat Nepal internationale Aufmerksamkeit geschenkt. »Ich denke, dass er viel mehr Leute für eine Nepalreise begeistert als das Nepal Tourism Board, das seit Jahren versucht, mehr Touristen ins Land zu bringen«, so lautet die Einschätzung von Dawa Steven Sherpa von Asian Trekking. Und: Seit Nims sein Projekt vollendet hat, wollen es ihm zahlreiche Aspirantinnen gleichtun – oder ihn übertreffen. Das fiel mir besonders in der Frühjahrssaison 2022 auf, als ich zum ersten Mal von der Norwegerin Kristin Harila hörte. Indem sie sechs Achttausender in Nepal in 29 Tagen bestieg, brach sie zumindest für diesen Teil Nims' Rekord um zwei Tage. »Ich finde es großartig, dass Kristin das macht«, sagte Nims, als ich ihn am Ende der Frühjahrssaison endlich doch noch persönlich im Kathmandu traf. »Wir wissen doch alle, dass Frauen in der Höhe stärker sind und mehr Ausdauer haben als Männer«, würdigte er ihre Leistung. »Aber meinen Gesamtrekord wird sie nie brechen, denn sie kann nur den Fixseilen folgen und keine Leben retten, so wie ich das getan habe.« Nims war überzeugt, dass er seinen Titel des schnellsten Achttausender-Besteigers nicht an Kristin verlieren würde. »Sie wird Probleme haben, nach Tibet zu kommen, denn Chinas Grenzen sind aufgrund der Covid-19-Pandemie immer noch geschlossen. Ich denke nicht, dass sie diese für Kristin öffnen werden.«

Nims sollte recht behalten. Wie sich Ende Oktober 2022 herausstellte, wurde Kristin und ihrem Sherpa-Team trotz sämtlicher Bemühungen das Visum für Tibet verwehrt. »Im Moment versuche ich, die letzten sechs Monate zu verarbeiten, insbesondere die Anstrengungen, die wir unternommen haben, um die Genehmigungen für die beiden letzten Berge Cho Oyu und Shishapangma zu bekommen«, sagte sie in einem Interview. »Ich habe alles aufs Spiel gesetzt, um das zu schaffen, und dass ich mit nur noch zwei fehlenden Gipfeln aufgrund von Faktoren, die außerhalb meiner Kontrolle liegen, nicht mehr weiterkomme, ist etwas, was ich im Moment nur schwer verarbeiten kann.«

Nicht nur Kristin Harila hatte den Plan, Nim's Rekord einzustellen. Es gibt noch zahlreiche andere Aspiranten, vor allem junge Frauen, die ähnliche Rekorde aufstellen wollen. Adriana Brownlee aus Großbritannien strebt beispielsweise an, mit ihren 21 Jahren die jüngste Achttausender-Sammlerin zu werden, während Grace Teng die erste Taiwanesin sein will, der diese Leistung in Rekordzeit gelingt. Dann ist da noch die Kanadierin Jill Wheatley, die nach einem Sportunfall nur noch 70 Prozent ihrer Sehkraft besitzt und an den hohen Bergen Unglaubliches leistet. Im Jahr 2022 stand sie unter der Leitung von Mingma G auf drei der technisch herausforderndsten Berge Nepals – Dhaulagiri 1, Kangchendzönga und

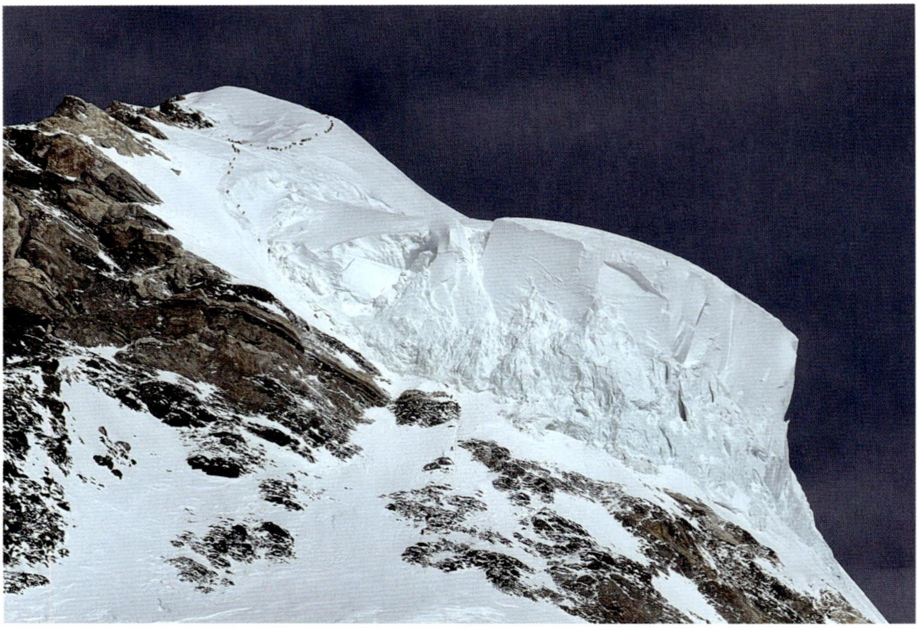

Massenandrang am K2: Am 22. Juli 2022 bestiegen ihn rund 120 Menschen. Er ist inzwischen genauso kommerzialisiert wie der Everest.

Makalu – und erreichte den Gipfel des K2 im darauffolgenden Sommer. »Mingma G hat mir bis jetzt einen perfekten Plan für meine Achttausender zusammengestellt. Ohne seine Führung und Unterstützung würde ich das nie schaffen«, schreibt sie auf Facebook. Jill, die seit ein paar Jahren in Kathmandu lebt, hat sich für die Vollendung ihres Projekts keinen bestimmten Zeitrahmen gesetzt, sie will mit »Vision 8000« eine bestimmte Botschaft vermitteln. »Ich will Menschen helfen, die Stigmatisierung von traumatischen Hirnverletzungen, Sehkraftverlust und Essstörungen zu überwinden. Durch herausfordernde Erfahrungen in den Bergen werde ich beleuchten, welche Kraft in der persönlichen Einstellung und im Nützen der Möglichkeiten liegt«, erläutert sie auf ihrer Website. Ich selbst habe Jill kurz nach der Besteigung ihrer drei Achttausender im Frühjahr 2022 kennengelernt und war von ihrer Energie und Begeisterung hingerissen.

Die Liste derjenigen, die auf den vierzehn höchsten Gipfeln der Welt stehen wollen, ist lang und würde den Rahmen dieses Buches sprengen. Das wäre wohl nicht der Fall gewesen, hätte ich es vor 18 Jahren geschrieben. Als ich im Oktober 2004 meine Arbeit bei Miss Hawley aufnahm, war der Kreis der Achttausender-Aspiranten noch viel exklusiver. Da waren zum Beispiel die österreichische Bergsteigerin Gerlinde Kaltenbrunner und der deutsche Bergführer Ralf Dujmovits, Silvio Mondinelli, Denis Urubko, Andrew Lock, Jorge Egocheaga oder die Italienerin Nives Meroi und ihr Ehemann Romano Benet. Sie alle waren autonome Bergsteiger, die ohne künstlichen Sauerstoff, ohne von Sherpas gelegte Fixseile und ohne persönliche Sherpa-Unterstützung an den hohen Bergen unterwegs waren. »Ich bin froh, dass ich es noch so erleben durfte«, sagte mir Gerlinde Kaltenbrunner, der 2011 als erster Frau die Besteigung aller Achttausender ohne die Verwendung von Flaschensauerstoff gelang und die über die Jahre eine meiner engsten Freundinnen geworden ist. »Ich möchte den anderen Stil aber nicht verurteilen, denn das ist die Entwicklung, die wir auch in den Alpen sehen. Jeder soll so in die Berge gehen, wie er oder sie will, solange man den Respekt nicht verliert.«

Der Respekt für die Berge ist ein Thema, das mich seit geraumer Zeit beschäftigt. Haben die sozialen Medien, die ausgeklügelte Infrastruktur und die harte Arbeit der einheimischen Bergführer und Helfer die Berge so zugänglich und einfach gemacht, dass wir ihre geheimnisvolle Kraft und Macht vergessen? Der K2 galt lange als einer der gefährlichsten Berge der Welt. Angesichts seines Beinamens »The Savage Mountain« versuchten sich bis etwa 2010 nur die besten Bergsteiger an seinen Flanken. Ich war mir sicher, dass der K2, der zweithöchste Berg der Welt, niemals so kommerzialisiert werden würde wie der Everest, da in Pakistan die Bedingungen um einiges schwieriger und rauer sind und die Gefahren am Berg einfach zu groß. Doch ich täuschte mich schwer, denn im Juli 2022 standen innerhalb weniger Tage fast 200 Menschen auf dem Gipfel.

»Wenn das so weitergeht, werden wir wohl bald ein großes Unglück am K2 sehen«, meinte dazu der erfahrene Höhenbergsteiger Ralf Dujmovits. »Ich denke, die Bedingungen waren aufgrund der Wärme in Pakistan sehr schwierig, und die Teams hatten viel Glück.« Das bestätigte mir auch Andreas Neuschmid von Kobler & Partner, der im Sommer 2022 mit einem Team am Gasherbrum II unterwegs war. »Wir waren am Gipfel, aber die Bedingungen waren sehr hart. Gut, dass das Glück auf unserer Seite war«, schrieb er mir vom Basislager. Angesichts der Klimaerwärmung werden sich die Bedingungen im Himalaya in den kommenden Jahren weiter verschlechtern. Die Gefahren werden steigen, da die Gletscher, wie in den Alpen auch, im Rekordtempo schrumpfen. Im Sommer 2022 wurde in Nepals Tourismusministerium, das für die Besteigungsgenehmigungen verantwortlich ist, darüber diskutiert, ob man das Everest-Basislager ein Stück nach unten verlegen sollte. Denn das Eis des Khumbugletschers, auf dem im Frühjahr und Herbst in 5350 Meter Höhe das Basislager aufgebaut wird, wird immer dünner. »Wir bereiten uns jetzt auf die Umsiedlung vor und werden bald alle Beteiligten konsultieren«, erklärte Taranath Adhikari, der Generaldirektor der nepalesischen Tourismusbehörde, im Juni 2022.

DA MICH DIE BESTEIGUNGEN IN PAKISTAN ebenso interessieren, auch wenn sie nicht in der Himalayan Database gelistet sind, checke ich jeden Tag Facebook und Instagram, um zu sehen, was es im Karakorum Neues gibt. Ich bin immer wieder überrascht, wie viele »Rekorde« aufgestellt werden und womit täglich auf den sozialen Medien geworben wird. Für die Sherpas sind Instagram und Facebook ein Segen, denn durch sie haben sie endlich die Möglichkeit, sich selbst ins Rampenlicht zu rücken. Nims Dais Geschäftspartner bei der Agentur Elite Exped, der Supersherpa und IFMGA-Bergführer Mingma David, nutzt die sozialen Medien, um seine und die Errungenschaften anderer Sherpas zu preisen. »Am 22. Juli 2022 erreichte ich den Gipfel des K2 zum vierten Mal, gemeinsam mit meinem Bruder @fahad917. Als ich wieder im Basislager war, wollte ich meine Grenzen austesten und entschied mich, noch einmal aufzusteigen. Das machte Spaß«, schrieb er am 1. August 2022 auf seiner Facebook-Seite. »Am 28. Juli erreichte ich den Gipfel erneut und halte nun mit fünf Mal den Rekord für die meisten Gipfelbesteigungen des K2. Aber denkt daran, Leute! Rekorde sind da, um gebrochen zu werden!«, ermutigte er andere Rekordjäger. Beim Weiterscrollen stolperte ich über einen Eintrag eines gewissen Tsering Sherpa, der den K2 in nur zwölf Stunden, 20 Minuten und 23 Sekunden bestieg. Das Phänomen, dass die Sherpas heute ohne Kunden aufsteigen, um einen Rekord zu erzielen, hätte es zu Miss Hawleys Zeiten nicht gegeben.

Bei der weiteren Durchforstung von Facebook gelangte ich auch auf die Seite von Gina Maria Han-Lee. Sie hat seit ihrer Everest-Expedition im Jahr 2018 unter der Leitung von Mingma G sechs weitere Achttausender bestiegen. Sie wirbt damit, dass sie als erste Amerikanerin auf den drei höchsten Bergen der Welt – Everest, K2 und Kangchendzönga – stand. Ich traf Gina, deren Beruf in der Himalayan Database als »Make-up Artist« eingetragen ist, zum ersten Mal 2021 im Dwarika's, dem besten Hotel Nepals und vielleicht sogar der Welt. Sie kam gerade von ihrer erfolgreichen Annapurna-1-Expedition zurück und sah aus wie frisch aus dem Ei gepellt. Kein Sonnenbrand, keine Erfrierungen, keine Krusten auf der Nase, kein zerknittertes Gesicht, keine schlaffe Haut oder sonst irgendetwas, was darauf hinweisen könnte, dass sie gerade von einem der gefährlichsten Berge der Welt zurückgekommen war. Ich war baff und kam aus dem Staunen nicht mehr heraus, als sie mir erzählte, wie sie zwischen dem Basislager des zehnthöchsten Berges der Welt und Pokhara regelrecht hin- und hergependelt war.

»Nach unserer ersten Rotation am Berg wurde ich im Basislager krank«, berichtete sie mir bei einer Tasse Kaffee im beschaulichen Innenhof des Dwarika's. »Ich hatte so starken Durchfall, dass ich am 7. April mit dem Helikopter nach Pokhara flog, um mich dort in einem Hotel zu erholen.« Allerdings half das nicht viel, denn als Gina am 9. April wieder zurück zur Annapurna 1 flog, ging es ihr nicht viel besser. »Ich dachte, es sei in Ordnung, aber ich hatte mich getäuscht. Während meine Teamkollegen am 1. April Richtung Gipfel aufbrachen, flog ich zurück nach Pokhara.« Dieses Mal wollte Gina nichts mehr unversucht lassen und wies sich selbst ins Krankenhaus ein. »Dort hängte man mich an einen Tropf. Es dauerte nicht lange, und die Kraft kam zurück.« Gina fühlte sich gleich so gut, dass sie am nächsten Tag zurück ins Basislager flog und am 13. April ihren Gipfelgang startete. »Die Infusion muss mir sehr gutgetan haben, denn am 15. April holte ich meine Teamkollegen im Lager 4 ein, und am 16. April standen wir gemeinsam auf dem Gipfel.« Sie zeigte mir stolz ihr Gipfelfoto. Mir fiel auf, dass sie dort oben genauso makellos aussah wie hier im Fünfsternehotel, und ich fragte mich, wie sie das machte, auch wenn ich keine Zweifel an ihrer Glaubwürdigkeit hatte und mir ihre Leistung imponierte.

Diese Massenbesteigungen in der Himalayan Database aufzunehmen wird immer weniger interessant. Die Zeiten, zu denen ich mich ärgerte, eine Expedition verpasst zu haben, oder mich nachts noch aus dem Bett quälte, um ein Team zu treffen, sind lange vorbei. Das liegt einerseits daran, dass es aufgrund der schieren Menge unmöglich ist, alle Expeditionen zu finden, zu treffen und sie zu interviewen, und andererseits daran, dass es im

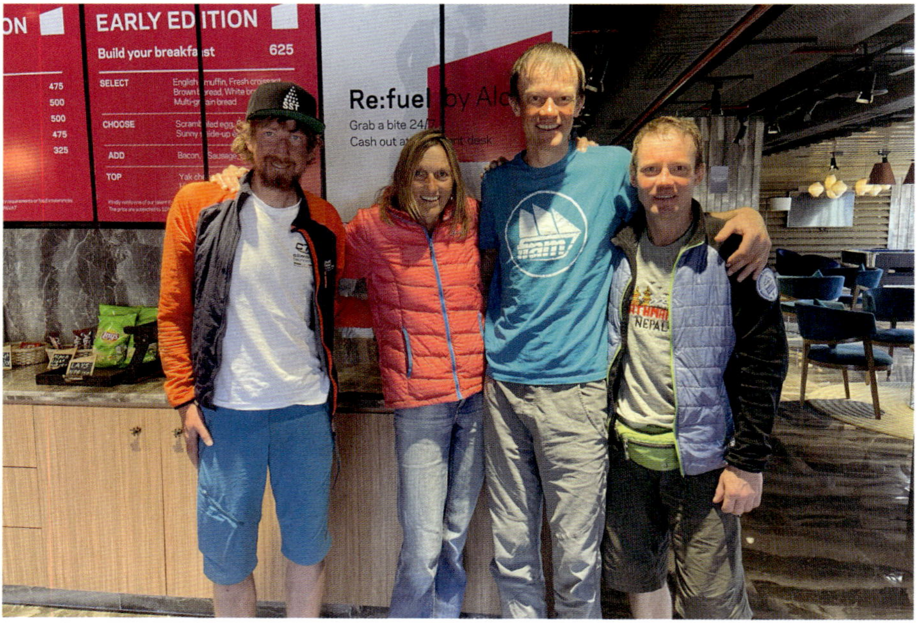

Das Interview mit Nikita Balabanov, Mikhail Fomin und Viacheslav Polezhaiko (von links nach rechts) über ihre Erstbegehung an der Annapurna 3 war spannend wie ein Krimi.

Vergleich zu den kommerziellen Expeditionen nur wenige eindrückliche Besteigungen gibt, die es wert sind, sie zu dokumentieren, beispielsweise auf einen bisher unbestiegenen Berg oder über eine neue Route. Aber es gibt sie noch, und wenn ich solche Teams interviewen darf, glaube ich wieder an den Sinn unserer Arbeit für die Himalayan Database.

Im Herbst 2021 traf ich beispielsweise ein Team aus der Ukraine, das den Gipfel der 7555 Meter hohen Annapurna 3 erfolgreich über den bis dahin unbegangenen Südostgrat erreicht hatte. Mikhail Fomin, Nikita Balabanov und Viacheslav Polezhaiko benötigten für den Aufstieg vierzehn Tage und weitere vier Tage für den Abstieg. Für diese Leistung wurden sie 2022 bei der Verleihung der Piolets d'Or – der »Goldene Eispickel« ist sozusagen der Oscar des Alpinismus – mit einer besonderen Erwähnung ausgezeichnet. Ihre Geschichte war spannend wie ein Krimi und machte mir wieder bewusst, dass es auch zur heutigen Zeit noch echte Pionierleistungen an den hohen Bergen gibt. Und im Gegensatz zu Gina sah man diesen Alpinisten die Anstrengungen noch ein paar Tage nach ihrer Rückkehr nach Kathmandu an. Sie hatten alle zwischen zwölf und 16 Kilogramm Körpergewicht verloren, und obwohl sie vor unserem Treffen sicher bereits mehrere Male geduscht hatten, konnte man den Geruch der Berge an ihnen immer noch wahrnehmen.

Miss Hawley hätte dieses Interview gewiss auch als angenehme Abwechslung empfunden, denn bereits in den letzten Jahren ihrer Arbeit verstärkte sich der Trend zur Achttausender-Kommerzialisierung. Ich frage mich oft, wie sie die Himalayan Database weiterführen würde und ob sie in den letzten Jahren aufgegeben hätte. In einem offiziellen Interview für die Zeitschrift *Bergsteiger* fragte ich sie, was sie davon halten würde, wenn man nur noch neue Routen, Erstbesteigungen und Besteigungen ohne Flaschensauerstoff in die Datenbank aufnehmen würde. »That's alright, even though it wouldn't be nearly as helpful as to record everything. If you are going to cut down what you are covering, it would be a very good idea.« Als ich nachfragte, was sie von den Expeditionen im modernen Stil am Mount Everest halte, sagte sie nur kurz: »They are a joke.« Und das war im Jahr 2017!

IM JULI 2022 VERSETZTE DER DEUTSCHE ARCHIVAR Eberhard Jurgalski die Alpinistenszene in Aufruhr, als er seine sogenannte »Schrumpfliste« veröffentlichte und Bergsteigerlegenden wie Reinhold Messner, Jerzy Kukuczka, Gerlinde Kaltenbrunner oder Ralf Dujmovits ihre Leistung, alle Achttausender bestiegen zu haben, absprach. Laut Jurgalskis Recherche standen bislang von den insgesamt 52 Bergsteigerinnen und Bergsteigern, welche die Besteigung der vierzehn Achttausender für sich beanspruchten, nur ganze drei wirklich auf allen Gipfeln. Die anderen hatten laut seiner Recherchen nicht überall den allerhöchsten Punkt erreicht. Insbesondere geht es hier um den siebthöchsten Berg der Welt, den Dhaulagiri 1, den achthöchsten Berg, den Manaslu, und den zehnthöchsten Berg, die Annapurna 1. Denn diese drei Berge haben – anders als etwa der K2 oder der Everest – keinen klar definierten Gipfel. Der Gipfelbereich besteht dort entweder aus einem Grat mit mehr oder weniger deutlich ausgeprägten Erhebungen oder einer Wechte, die sich je nach Wetterverhältnissen und saisonalen Bedingungen wandelt, sodass es vor den Zeiten von GPS und anderen Trackinggeräten schwierig war, den höchsten Punkt exakt zu bestimmen. »Ich denke, man sollte bei Bergen, die einen langen Grat oder eine Wechte im Gipfelbereich haben, eine Toleranzgrenze einrichten, denn gerade bei einer Wechte kann sich der höchste Punkt von Jahr zu Jahr ändern«, meinte Gerlinde Kaltenbrunner dazu – eine Frau, die immer alles dafür gab, auf dem höchsten Punkt eines Berges zu stehen. »Und wenn sie noch irgendwo einen kleinen Felsen gesehen hat, hat sich Gerlinde da auch noch draufgestellt, um ja den allerhöchsten Punkt zu erreichen«, erzählte mir ihr ehemaliger Mann Ralf Dujmovits bei einem Gespräch.

Ralf hatte Eberhard Jurgalski jahrelang bei seiner Recherche unterstützt, ihm Bilder und Videos zur Verfügung gestellt und seine Arbeit und seinen immensen Einsatz immer wertgeschätzt. Allerdings findet Ralf genauso wie ich, dass man die Geschichte des Höhenbergsteigens nicht neu schreiben sollte. »Wer posthum einem Jerzy Kukuczka oder Erhard Loretan, den Zweiten und Dritten der bisherigen Liste, einem Kraftpaket und Ausnahmeathleten wie Alberto Iñurrategi oder einem Winter-Achttausender-Spezialisten wie Krzysztof Wielicki ihre vierzehn Achttausender aberkennen möchte, ist auf dem Holzweg! Das macht weder Sinn, noch wird das die Mehrheit der Höhenbergsteiger anerkennen«, erklärte er mir. Ralf selbst war 2007 als Bergführer mit einer kommerziellen Gruppe am Manaslu unterwegs und hatte sich im Gipfel getäuscht. »Ich hatte den allerhöchsten Punkt bei den stürmischen Verhältnissen einfach nicht gesehen«, erklärte er. Aus diesem Grund ging er im Herbst 2022 zurück an den achthöchsten Berg, um seinen Irrtum zu korrigieren. Doch die Saison stellte sich als sehr gefährlich, ja tödlich heraus. Es gingen einige große Lawinen ab, von denen eine sogar das Basislager erreichte, und drei Menschen mussten ihren Gipfelversuch mit dem Leben bezahlen. Wie viele andere Bergsteiger entschied sich Ralf, die Expedition nach drei Gipfelversuchen abzublasen. »Es ist ein bitterer Abschied«, sagte er in einer Videobotschaft am 2. Oktober 2022. »Es war eine schlechte Saison mit extrem viel schlechtem Wetter und vielen Unfällen. Und es war eine außergewöhnliche Expedition, von der ich nicht nur Schönes mit nach Hause nehme. Ich habe viel gelernt und gesehen, wie die Expeditionen heute unterwegs sind.«

Ralf war nicht der Einzige, der im Herbst 2022 zum Manaslu zurückkehrte, um den »wahren« Gipfel zu erreichen. Insgesamt gab das nepalesische Tourismusministerium im Herbst 2022 mehr als 255 Besteigungsgenehmigungen für den Manaslu aus, ein neuer Rekord. Die Bilder, die mich vom auf 4800 Meter gelegenen Basislager erreichten, waren fast schockierend und erinnerten mich an den Luxus im Everest-Basislager: riesige Zel-

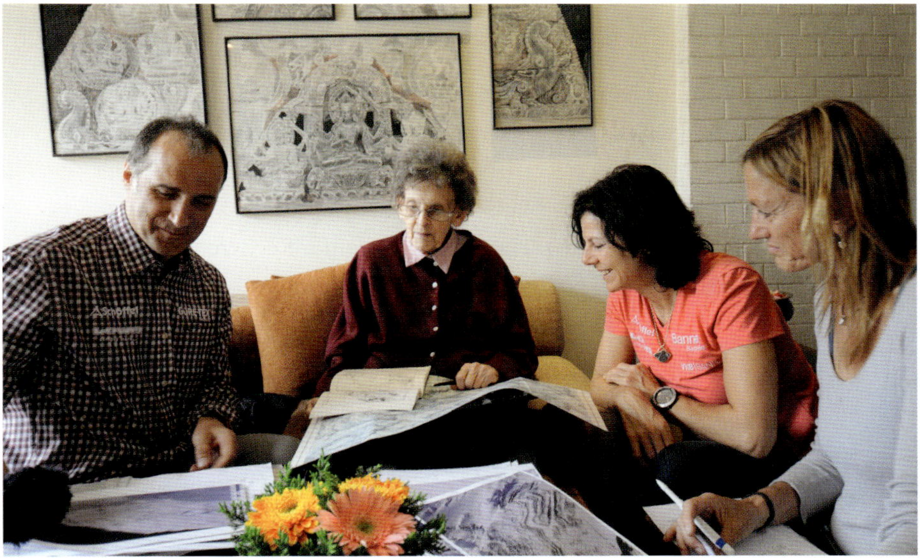

Eines der wenigen Interviews, die ich mit Miss Hawley gemeinsam führte, war 2012 jenes mit Ralf Dujmovits und Gerlinde Kaltenbrunner auf ihrem Weg zum Nuptse.

te mit Sofas, Cappuccino und Cocktails sowie Gipfelaspiranten, die Mühe hatten, selbstständig einen Fuß vor den anderen zu setzen. Für wahre Alpinisten wie Ralf und andere, die sich Eberhard Jurgalskis Vorwürfen stellen wollten, war dieses Spektakel sicher ein Kulturschock; für jene, die das Höhenbergsteigen bisher als Kinderspiel angesehen hatten, war es ein böses Erwachen. Die junge britische Achttausender-Jägerin Adriana Brownlee hatte jedenfalls eine Erleuchtung. »Diese Expedition hat mich gelehrt, wie gefährlich diese Bergsteigerwelt wirklich ist. Profi-Bergsteiger und Sherpas sind in dieser Saison an einem Berg gestorben, von dem viele von uns dachten, er würde eine nette Tour werden«, schrieb sie vom Basislager. »Ich fühle mich gesegnet, sicher zurück im Basislager zu sein. Ich bete, dass ich in Zukunft nie wieder eine Expedition wie diese erleben muss.«

Nach Eberhard Jurgalskis »Schrumpfliste«, die er unter anderem mit Rodolphe Popier und Tobias Pantel, die beide für die Himalayan Database arbeiten, zusammenstellte, standen lediglich der US-Amerikaner Ed Viesturs, der Finne Veikka Gustafsson und der Nepalese Nirmal Purja auf den Gipfeln aller vierzehn Achttausender. Reinhold Messner beispielsweise spricht das Team um Jurgalski die Annapurna 1 ab, der Schweizer Erhard Loretan soll nicht auf dem Dhaulagiri 1 gewesen sein. »Billi, meinst du denn, das ist lustig für mich?«, sagte Eberhard am Telefon zu mir, als wir dieses Thema besprachen. »Ich bin regelrecht zusammengebrochen, als ich herausgefunden habe, dass Erhard Loretan nicht auf dem Dhaulagiri 1 stand.«

Eberhards Liste schlug in der Bergsteigerszene hohe Wellen, zumal er verlangte: »Wir müssen die Geschichte neu schreiben, und diejenigen, die nicht ganz auf den richtigen Gipfeln waren, müssen noch einmal dorthin zurückgehen.« Diese Meinung teile ich nicht, denn außer der Tatsache, dass viele dieser Bergsteiger den Gipfel meist nur um wenige Meter verfehlten, weil sie es nicht besser wussten, wird dieser Revisionismus der Sache nicht gerecht. Sollte etwa auch Kolumbus nochmals in See stechen, um den Weg nach Indien zu finden?

Viele der genannten Alpinistinnen und Alpinisten bestiegen die Achttausender zu einer Zeit, als das Profibergsteigen noch in den Kinderschuhen steckte und die technischen Möglichkeiten der Navigation und Dokumentation noch nicht so ausgereift waren wie heute. Mit der Entwicklung hin zum Profibergsteigen wurde auch die Notwendigkeit einer lupenreinen Dokumentation von Leistungen größer – und zu Recht von der Öffentlichkeit eingefordert. Für Eberhard Jurgalski waren diese Forderungen der Beweis, dass sich seine langjährige akribische Arbeit gelohnt hatte. Allerdings haben er und sein Team die Toleranzgrenze außer Acht gelassen, denn Bergsteigen kann nicht wie ein sportlicher Wettkampf in der Arena genau vermessen werden. Das widerspricht nicht nur der Unberechenbarkeit der Natur und den sich stets wandelnden Bedingungen, unter denen Bergsteigen stattfindet, sondern auch dem alpinistischen Selbstverständnis.

SEIT MISS HAWLEY MIT IHREN BERICHTEN über die erste US-amerikanische Everest-Expedition im Jahr 1963 den Grundstein für die Himalayan Database legte, hat sich in der Geschichte des Alpinismus sehr viel getan. Damals war noch nicht abzusehen, dass sich das Höhenbergsteigen in diese Richtung entwickeln und die Achttausender ein Spielplatz für viele Rekordjäger werden würden. Miss Hawley konnte nicht ahnen, dass es, 60 Jahre nachdem sie in die Rolle der Himalaya-Archivarin geschlüpft war, für ein Team von fünf Leuten schier unmöglich sein würde, die Expeditionen, die sich zu den hohen Bergen in Nepal aufmachen, persönlich zu interviewen.

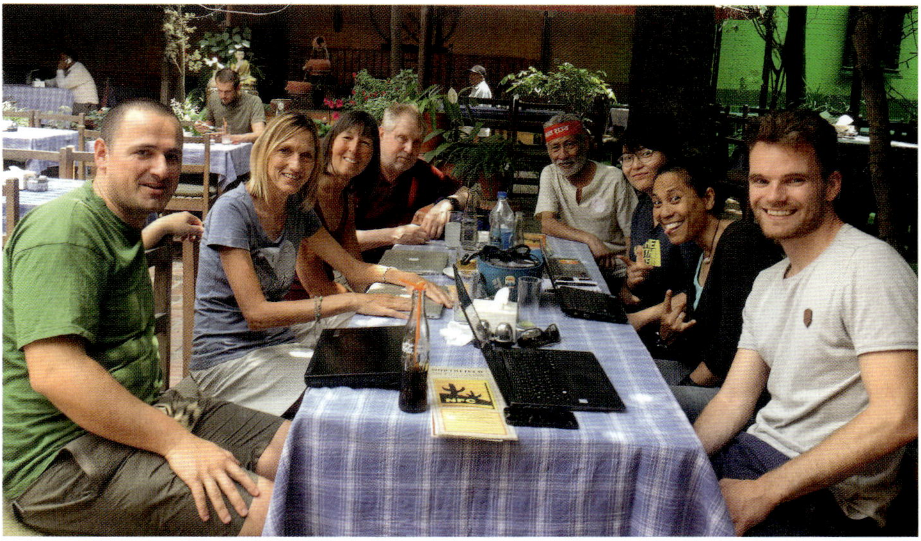

Ohne das leidenschaftliche Engagement des Himalayan-Database-Teams – hier im Jahr 2019 – wäre es kaum möglich, das Archiv weiterzuführen: ganz links Rodolphe Popier, zu meiner Linken im Uhrzeigersinn Sue Harper, Richard Salisbury, Jeevan Shrestha, Yangee Feng, Sareena Rai und Tobias Pantel.

Die Zeiten, in denen ich mit Stadtplan, Clipboard und Formblättern in der Tasche alle Himalaya-Aspiranten in den Bars und Hotels von Kathmandu gesucht habe, sind längst vorbei. Natürlich versuchen wir, die Alpinisten, die etwas Außergewöhnliches wie eine Erstbesteigung oder Erstbegehung einer neuen Route vollbracht haben, in Kathmandu zu treffen. Denn bei solchen alpinistischen Errungenschaften ist es wichtig, die Informationen aus erster Hand in einem persönlichen Gespräch zu bekommen, um etwaigen Fragen oder Ungereimtheiten gleich auf den Grund zu gehen. Solche Interviews machen die Arbeit für die Himalayan Database wieder erstrebenswert, zumal sie ganz im Sinne von Miss Hawley sind. Sie hat dieses Archiv ins Leben gerufen, um herausragende alpinistische Leistungen im Himalaya zu dokumentieren. Für die kommerziellen Expeditionsteams, welche die hohen Berge über die Normalrouten besteigen, haben wir einen elektronischen Fragebogen kreiert, den die Expeditionsleiter und individuellen Bergsteiger nach bestem Wissen online ausfüllen können.

Ich werde oft gefragt, wie wir diese Informationen überprüfen und ob wir uns auf die Richtigkeit der Angaben verlassen können. Das ist ein Thema, das uns auch bei den persönlichen Interviews beschäftigt. Letztlich beruht der Nachweis für eine erfolgreiche Besteigung seit jeher auf den Aussagen der Befragten. Miss Hawley wollte sich nie eine Rolle anmaßen, die ihr nicht zustand. »I am not a judge, I am simply a reporter«, sagte sie immer wieder und widerlegte damit Aussagen, man habe nur auf einem Gipfel gestanden, wenn sie die Besteigung besiegelt habe. »If the evidence against a claim is reasonable, we mark the ascent as disputed«, war ihr Grundsatz. »The readers can then make up their own minds!«

In diesem Sinne möchte ich gemeinsam mit dem Himalayan-Database-Team – Tobias Pantel, Sareena Rai, Yangee Feng, Rodolphe Popier, Jeevan Shrestha und Richard Salisbury – Miss Hawleys Lebenswerk weiterführen. Genauso wie sie möchte ich mir nicht anmaßen, zu urteilen, ob und wie jemand den Gipfel erreicht hat, denn schließlich sind wir nicht dabei gewesen. Wenn uns jedoch eine Aussage unglaubwürdig erscheint oder uns andere Personen handfeste Argumente liefern, die belegen, dass jemand die Wahrheit verdreht hat oder nicht ganz ehrlich zu uns war, stellen wir Nachforschungen an. Wenn diese Beweise hieb- und stichfest sind, wird die Besteigung mit einem »d« für »disputed«, umstritten, markiert.

Letztendlich ist die Himalayan Database keine Zertifizierungsinstitution, niemand bekommt eine Auszeichnung, eine Urkunde oder eine Medaille von uns. Sie ist eine einzigartige Informationsquelle für Bergsteiger, Forscher, Journalisten, Studenten und alle, die mehr über das Bergsteigen im nepalesischen Himalaya erfahren wollen. Gemeinsam mit meinem Team werde ich mein Bestes geben, die wichtigsten Informationen zu sammeln und Miss Hawleys Erbe weiterzuführen. Das bin ich ihr nach all den Jahren, in denen sie mir Einblick in ihr Leben gewährt und mir Vertrauen geschenkt hat, schuldig. Sie war eine besondere Frau, die mich auch weiterhin begleiten wird. Das vertraute rosa Clipboard – es war ja aus stabilem Plastik – blieb trotz der Digitalisierung noch lange neben dem Laptop in meiner Tasche, wenn ich durch Kathmandu radelte. Erst vor Kurzem ist es kaputtgegangen.

Mit dem Bike durch Nepals Hauptstadt

Nachwort von Karin Steinbach

Mein erster Tag in Kathmandu begann mit einem Avocado-Frühstück auf Billis Balkon. Dann zogen wir los, sie auf ihrem Bike voraus, ich auf ihrem Zweitrad hinterher. Ich musste mich erst an den Linksverkehr und an die chaotischen Verhältnisse auf den Straßen gewöhnen und bemühte mich, den Anschluss an Billi nicht zu verlieren – die mir seelenruhig erklärte, dass noch verhältnismäßig wenig Verkehr herrsche, denn es war Samstag, in Nepal der einzige arbeitsfreie Tag. Nach einigen Besorgungen begleitete ich sie zu einem Interview mit dem österreichischen Alpinisten Stephan Keck im Hotel Yak & Yeti, in dem zur Expeditionssaison viele Bergsteiger logieren. Anschließend radelten wir weiter nach Dilli Bazaar, um Miss Hawley zu besuchen. Die Hauptstraßen waren völlig verstopft mit Autos und Motorrädern, die Luft roch nach Abgasen und war staubig, und mich kratzte es schon bald im Hals. Es hieß, vorausschauend zu fahren, denn teilweise waren die Straßen in einem für eine Nepal-Anfängerin wie mich unglaublichen Zustand: tiefe Löcher, ungeteerte Passagen mit groben Steinen – da kam man wirklich nur mit einem Mountainbike durch.

Am Nachmittag genossen wir in Boudha die ruhige, friedliche Stimmung rund um den Stupa, und ich wunderte mich darüber, wie viele Leute Billi zufällig traf und begrüßte. Das ging so weiter, als wir gegen Abend in Sam's Bar vorbeischauten. Sie kannte beeindruckend viele der Gäste und unterhielt sich mal hier, mal da, als Kommunikationsexpertin ganz in ihrem Element. So bekam ich einen lebendigen Eindruck davon, wie Billis Arbeitsalltag für die Himalayan Database aussieht.

Als sie wenige Tage später nach Europa zurückflog, um über den Winter in Bern zu arbeiten, durfte ich weiter in ihrer Wohnung in Lazimpat bleiben und ihr Fahrrad benutzen. Das verlieh mir für meine Ausflüge etwa zum buddhistischen »Affentempel« nach Swayambhunath oder in den hinduistischen Tempelbezirk von Pashupatinath eine sehr hilfreiche Mobilität. Um nicht jeden Abend Halsschmerzen zu haben, gewöhnte ich mir an, mit einer Atemschutzmaske zu radeln. Und als ich eines Morgens nach der

Yogastunde das Rad mit einem platten Hinterreifen vorfand – anscheinend hatte ich es an einem Ort abgestellt, wo das nicht gewünscht war –, wusste ich mir dank Billis Informationen schnell zu helfen. Bald hatte ich die kleine Fahrradwerkstatt gefunden. Was ich wollte, war trotz meiner mangelnden Nepali-Kenntnisse leicht zu verstehen, und zehn Minuten später hatte ich für 500 Rupien einen neuen Schlauch im Reifen. Bis ich schließlich zu meiner Trekkingtour ins Khumbu aufbrach, lernte ich auch, am Abend mit dem Bike früh genug zu Hause zu sein, denn mit der Dunkelheit kam beim Radeln eine neue Herausforderung dazu: rechtzeitig die Schlaglöcher zu erkennen, um zu vermeiden, mit dem Vorderreifen in einem Loch zu landen und zu stürzen.

Wahrscheinlich waren es vor allem diese Einblicke in Billis spannendes Leben, die einige Zeit später die Idee entstehen ließen, es in einem Buch festzuhalten. Und natürlich die Geschichten, die ich nebenbei erfuhr, wenn sie auf der Durchreise von Garmisch nach Bern bei mir übernachtete oder wenn wir zu gemeinsamen Skitouren in die Schweizer Berge aufbrachen. Dabei kannten wir uns noch gar nicht so lange. Als wir uns vor gut zehn Jahren zum ersten Mal auf dem International Mountain Summit in Brixen trafen, hatte jede von uns schon viel von der anderen gehört, aber wir waren uns noch nie begegnet.

Danach hatte ich als Journalistin den einen oder anderen Beitrag über Billi geschrieben. Auch nach dem Erdbeben 2015, als sie im Rahmen eines Soforteinsatzes der Humanitären Hilfe der Schweiz nach Nepal gereist war, hatte sie mir die Lage vor Ort geschildert, und 2021 interviewte ich sie zu den katastrophalen Auswirkungen der Corona-Krise auf den Tourismus und damit auf die Arbeitsmöglichkeiten und die finanzielle Situation der nepalesischen Bevölkerung, speziell der Sherpa-Familien. Dass Billi mich, in Anbetracht meiner Erfahrung mit Büchern, bat, bei ihrem eigenen Buchprojekt mit ihr zusammenzuarbeiten, freute mich sehr. Sie gab mir Einblick in ihre frühen Expeditionstagebücher und wurde nie müde, mir von ihren Erlebnissen zu erzählen, sodass wir am Ende mehr als genug Material hatten. »Wenn ich etwas kann, dann ist es reden«, lautete ihr trockener Kommentar dazu. Bei der gemeinsamen Arbeit an den Texten ergänzten wir uns gut: sie die Schnelle, ich die Genaue. Und wenn Probleme auftauchten, lernte ich einmal mehr ihr Lebensmotto schätzen: »I'll cross that bridge when I come to it.«

Dass Billi wenig von ihren eigenen Expeditionen berichten wollte, bedauerte ich, aber ich akzeptierte ihren Wunsch. Sie ist der Meinung, dass es nichts Besonderes ist, einen Achttausender, wie sie es jeweils tat, im Rahmen einer geführten Expedition auf der Normalroute zu besteigen. Bescheiden, wie sie ist, würde sie sich niemals als gute Bergsteigerin bezeichnen oder herausstellen, dass sie sechs Achttausender bestiegen hat, drei davon ohne zusätzlichen Sauerstoff. Letztendlich sind es eben andere Menschen und deren Geschichten, die Billi interessieren, nicht ihre eigenen.

So gesehen ist die Arbeit als Chronistin für die Himalayan Database eine ideale Tätigkeit für sie. Wo lernt man schon so viele Menschen kennen, die, wenn sie von ihren Expeditionen zurückkommen, alle etwas zu erzählen haben? Auch wenn es, wie sie zugibt, manchmal desillusionierend sein kann, den »Zirkus« mitzubekommen, der um den Everest gemacht wird. Der Stellenwert, der dem höchsten Gipfel der Erde beigemessen wird, lässt sie immer mal wieder den Kopf schütteln. Sie bedauert es, dass das Zusammengehörigkeitsgefühl im Everest-Basislager, das sie in ihren frühen Jahren in Nepal wahrgenommen hat, verloren ging. In ihren Augen liegt das an der immer weiter zunehmenden Zahl der Gipfelaspiranten, die sich am Berg in langen Aufstiegsschlangen nach oben drängeln. Die Covid-Pandemie habe die Tendenz, sich gegen andere abzuschotten, schließlich noch verstärkt.

Weil sie das Achttausenderbergsteigen hautnah miterlebt, nimmt sie die aktuellen Entwicklungen sehr genau wahr. Über die Jahre führte das auch bei Billi zu einer gewissen Ernüchterung, sind doch die Expeditionen zu den höchsten Bergen der Welt vor allem auch ein Geschäft mit Wunschträumen. Ihre Funktion als Chronistin bedeutet aber, sich an Tatsachen zu halten und einen neutralen Standpunkt zu bewahren. Zwar hat sich die Arbeit für Billi und ihr Team durch die vielen Besteigungen auf den Achttausender-Normalrouten vervielfacht, unter denen herausragende Erstbegehungen an anderen Gipfeln beinahe untergehen, die Himalayan Database ist jedoch noch immer die Referenz, wenn es um zuverlässige Besteigungsdaten geht. Obwohl Miss Hawley die Leitung an Billi übergab, bezeichnet sie sich selbst nicht als »Chefin« – sie spricht mit ihrem typischen Understatement davon, dass sie lediglich »das Gesicht der Himalayan Database« sei, und verweist auf ihre Mitarbeiter und Helferinnen.

Möge sie noch lange auf ihrem Rad durch Kathmandu sausen und das Geschehen an den nepalesischen Expeditionsgipfeln dokumentieren!

Dank

Als mich Anette Köhler vom Tyrolia Verlag mit dem Vorschlag kontaktierte, ein Buch über mein Leben zu schreiben, war mein erster Gedanke: »Nein danke. Es gibt schon zu viele Bücher auf dieser Welt, und es braucht nicht noch ein weiteres von mir.« Bei einem köstlichen veganen Mittagessen im Verlag in Innsbruck, an dem auch unsere gemeinsame Freundin Karin Steinbach teilnahm, erfuhr ich, dass die beiden während einer Wanderung Buchprojekte besprochen hatten, wobei auch mein Name fiel. »Wenn jemand etwas zu erzählen hat, dann ist es Billi«, soll Karin gesagt haben. Ja, erzählen kann ich viel, aber all meine Erfahrungen in einem Buch niederschreiben? Das war mir ungeheuer. Bei unserem Treffen entstand die Idee, dass ich das Buch gemeinsam mit Karin schreiben könnte. Plötzlich fühlte ich mich nicht mehr allein und sagte zu. Aus diesem Grund geht das erste große Dankeschön an Anette und meine Co-Autorin und Freundin Karin, ohne die dieses Werk niemals geschrieben worden wäre. Danke für diesen Anstoß und die wunderbare Zusammenarbeit! Es war immer angenehm, ich fühlte mich nie gestresst und hatte an dieser Reise in meine Vergangenheit auch selbst große Freude.

Jetzt stehe ich vor dem Problem der weiteren Danksagungen, da ich damit wohl ein weiteres Buch füllen könnte. Meine wundervolle und unterstützende Familie, die aus meiner Mutter, meiner Tante Christl und meiner Schwester besteht, steht an erster Stelle. Egal ob es in die hohen Berge oder zu humanitären Einsätzen war, sie ließen mich immer ziehen und stärkten mir den Rücken, auch wenn meine Abwesenheit nicht immer einfach für sie war. Meiner Schwester Christiane möchte ich besonderen Dank aussprechen, da sie zu Hause immer die Stellung hält und dafür sorgt, dass es den »Mädls«, wie ich die beiden älteren Damen nenne, gut geht.

Ohne meinen ehemaligen Partner Mike Grocott wäre ich nicht da, wo ich heute bin. Ich bin ihm zutiefst dankbar, dass er mit mir die Welt bereist und mir die Tore zum Himalaya geöffnet hat. Seine Ermutigungen, die Liebe, die er mir entgegenbrachte, und sein unendliches Vertrauen in meine Fähigkeiten waren entscheidend für den Weg, den ich eingeschlagen habe.

Meine langjährige Freundin Elke ist mein Fels in der Brandung, denn sie ist immer für mich da, wenn ich sie brauche. Sie steht mir mit Rat und Tat zur Seite und wird nie müde, mich bei meinen Projekten zu unterstützen oder mich in den verschiedensten Ländern zu besuchen. Für diese enge Freundschaft danke ich ihr von Herzen.

Ganz besonderer Dank geht auch an meine Freundin Gerlinde Kaltenbrunner. Nach unserer ersten Begegnung im Jahr 2006 haben wir viel miteinander erlebt und sind gemeinsam durch Höhen und Tiefen gegangen. Sie hat mich über all die Jahre inspiriert, egal ob es in den hohen Bergen, bei der Festigung meines Selbstbewusstseins oder bei meiner Ernährung war. Ihr Mantra, ihre seelische Unterstützung, Kraft und Energie halfen mir sehr, die Gipfel des Cho Oyu und des Broad Peak zu erreichen.

An diesem Punkt möchte ich mich bei all meinen wunderbaren Freunden auf der ganzen Welt dafür bedanken, dass sie mich immer wieder in ihre Kreise aufnehmen – sei es in Kathmandu, Garmisch, Bern, Islamabad oder Kyiv – und ich mich nie fremd fühlen muss, egal wie lange ich weg war. Die Unterstützung und Liebe, die sie mir entgegenbringen, sind einzigartig und tragen mich durchs Leben.

Auch bedanke ich mich bei Russell Brice, Phurba Tashi, ihrem Sherpa-Team und allen anderen Sherpas, Pakistanis, Tibetern und Expeditionsleitern, mit denen ich unterwegs war, für ihre grenzenlose Unterstützung. Ohne ihre Hilfe hätte ich niemals auf den hohen Gipfeln des Himalaya gestanden. Ganz besonderen Dank möchte ich Russell aussprechen, der mir als »Billi the Blogger« die Möglichkeit gab, an seinen Expeditionen teilzunehmen.

Sportlicher Dank geht an Sandra Zeller, Jo Chaffer, Stine Heiselberg, Preeti Khattri, Michael Weber und alle, die mich körperlich auf Trab halten. Ohne ihre Motivation und Bereitschaft, mich zum Berglaufen, Joggen, auf Skitour oder in die Berge zu begleiten, hätte ich wohl nie die Ausdauer gehabt, die Gipfel des Himalaya zu erreichen oder Ultraläufe zu machen.

Abschließend möchte ich mich bei all den besonderen Menschen bedanken, denen ich auf meinem Weg begegnet bin und die mein Leben bereichert haben. Das sind viele, und auch wenn ich sie hier nicht einzeln aufzählen kann, hoffe ich, dass sie sich angesprochen fühlen.

Garmisch, im Dezember 2022
Billi Bierling

Bildnachweis

Kim Bannister: S. 116
Manuel Bessler: S. 91, 129
Dawa Steven Sherpa: S. 166
Dinesh Deokota: S. 44
DEZA: S. 124
George Farago: S. 115
David Göttler: S. 229
Kristin Harila: S. 222
Archiv Elizabeth Hawley: S. 202
Pim Horvers: S. 211
Preeti Khattri: S. 54
Hiro Kuraoka: S. 84
Mingma G: S. 159
Mingma G/K2 winter team: S. 214
Dan Patitucci: S. 61, 197
Christiane Schupp: S. 131
Sportograf/Alexander Fuchs: S. 152
Dean Staples: S. 206
Karin Steinbach: S. 22, 38/39, 64, 199
Alex Treadway: S. 79, 80, 81, 82, 88, 216/217
UNHCR: S. 108, 109, 112
Sam Voolstra: S. 47
Tim Williams: S. 95
Sandra Zeller: S. 155
Alle anderen Aufnahmen stammen aus dem Archiv von Billi Bierling.